Sports Society & Ethics: 21st Century Task & Vision

스포츠 사회와 윤리

21세기 과제와 비전

저자 **문개성**

박영사

본서는 2022학년도 원광대학교
주산학술연구재단 지원에 의해 연구됨

머리말

　본서 '스포츠 사회와 윤리: 21세기 과제와 비전'을 출간하게 됐습니다. 제목 그대로 이원화된 두 과목에서 스포츠 사회학을 토대로 스포츠 윤리론의 내용까지 추가했습니다. 윤리는 한 인간이 집단 안에서 조화로운 생활을 영위하기 위해 서로 지켜야 할 도리입니다. 즉, 도덕과 법률의 혼합적 성향을 지녔습니다. 이를 바탕으로 형성된 사회에서 우리는 서로 다른 언어, 문화, 종교, 가치관, 규범이라 할지라도 공통분모를 찾으려 합니다.

　특히 20세기 최고의 히트작 중의 하나인 '스포츠'는 그 역할을 하고 있습니다. 1,100여 년 동안 이어오다 중단된 후, 1,500여 년 동안 잠들었던 이벤트를 1896년부터 깨웠습니다. 바로 인류 공통의 유산인 올림픽입니다. 별 볼 일 없을 것 같은 둥근 공 하나로 세계를 들었다 났다 하는 세련된 이벤트도 만들었습니다. 바로 전 세계를 하나로 묶는 월드컵입니다. 냉정한 승부의 세계는 프로 스포츠 상품의 양산으로 이어졌고, 사람들이 열광하는 스포츠 스타도 탄생했습니다.

　　"스포츠를 통해 한국 사회의 문화적 가치를 설명하기 위해선 애환을 빼놓을 수가 없다. 또한 웃픈(웃기면서 슬픈) 사실이 뒤범벅될 수밖에 없다. 한 번도 해보지 않았던 선진사회인들과 스포츠를 통해 경쟁하는 과정은 그야말로 눈물과 콧물 바다를 이루게 할 만큼 짠한 울림의 요인들이다. 웃기기도 하고 슬프기도 하기 때문이다. 처음 하는 것이니 뭘 해도 어설프고, 이왕 시작하는 것이니 했다 하면 꽤 잘 한다(스포마니타스: 사피엔스가 걸어온 몸의 길, p.269)."

우리는 스포츠 강국에서 스포츠 산업 강국으로 진입하려고 노력 중입니다. 이미 여러 종목을 석권했고 웬만한 대형 스포츠 이벤트를 개최하는 역량도 갖췄습니다. 이제 스포츠를 산업으로 발전시켜 부가가치를 높이고자 합니다. 사람들은 점차 세계 최대의 국제 스포츠 이벤트를 치러야 하는 명분을 찾고 역할을 부여하려고 합니다. 이를테면 평화, 공존, 화합, 상생, 환경보존, 기후위기 극복 등 인류가 직면한 이슈를 품고 앞장서 주길 바랍니다. 그 역할을 하는 데 스포츠 강국을 경험한 우리도 예외일 수 없습니다.

스포츠 사회와 스포츠 윤리로 공정함이란 가치, 패자에게도 손을 내밀어 줄 수 있는 따뜻한 배려, 세계가 외면할 수 없는 공감대 찾기, 더 나아가 현대 스포츠를 통해 해결해야 할 과제와 갖추어야 할 비전으로 이어지길 기대합니다. 본서가 나오기까지 물심양면으로 지원해 주신 박영사의 안종만·안상준 대표님, 기획을 적극적으로 추진해주신 최동인 님, 편집·디자인을 세련되게 맡아주신 탁종민 님, 성은희 님께 고마움을 전합니다. 마지막으로 책에 담긴 생각과 태도에 온전히 영향을 주신 아버지, 어머니께 가슴 깊이 존경심을 담아 감사의 말씀을 올립니다.

2024년 따사한 봄, 지덕겸수知德兼修와 도의실천道義實踐 연구실에서

문개성

목차

I

현대 스포츠를 이해하는 큰 그림

PART 01   스포츠 사회학과 윤리의 이해

CHAPTER 01   스포츠 사회학의 이해 ·· 5
1. 스포츠의 본질 ··· 5
2. 스포츠 사회학의 발전 ·· 14

CHAPTER 02   스포츠 윤리와 사회적 기능 ······························ 17
1. 스포츠와 윤리 ·· 17
2. 스포츠의 사회적 순기능과 역기능 ······························ 22

PART 02   스포츠 사회학과 윤리의 이론

CHAPTER 01   스포츠 사회학의 이론 ···································· 25
1. 구조기능주의 ··· 25
2. 갈등이론 ··· 27
3. 비판이론 ··· 29
4. 상징적 상호작용론 ·· 30
5. 사회교환이론 ·· 31

CHAPTER 02 스포츠 윤리의 이론 ··· 32

1. 목적론적 윤리 ··· 32

2. 의무론적 윤리 ··· 34

3. 덕론적 윤리 ·· 35

4. 배려윤리 ·· 36

PART 03 스포츠와 사회화

CHAPTER 01 스포츠 사회화 ··· 41

1. 스포츠 사회화의 정의 ·· 41

2. 스포츠 사회화에 관한 이론 ··· 42

CHAPTER 02 스포츠 사회화의 과정 ··· 45

1. 스포츠로의 사회화 ··· 45

2. 스포츠를 통한 사회화 ·· 46

3. 스포츠로부터의 탈사회화 ··· 50

4. 스포츠로의 재사회화 ··· 51

II

현대 스포츠와 함께 고민할 수 있는 주제

PART 04 스포츠와 정치 · 경제

CHAPTER 01 스포츠와 정치 ··· 57

1. 스포츠와 정치의 관계 ·· 57

2. 스포츠와 정치의 기능과 속성 ··· 58

3. 스포츠와 국내외 정치 ·· 60

CHAPTER 02 스포츠와 경제 ·· 65

1. 새로운 성장동력 스포츠 산업 ·································· 65

2. 스포츠 상업주의 ·· 68

3. 대형 스포츠 이벤트의 경제 ···································· 71

PART 05 스포츠와 문화 · 미디어

CHAPTER 01 스포츠와 문화 ·· 75

1. 스포츠 물질문화 ·· 75

2. 스포츠 비물질문화 ··· 76

3. 스포츠 하위문화 ·· 78

4. 경쟁과 페어플레이 ··· 79

CHAPTER 02 스포츠와 미디어 ··· 84

1. 스포츠와 미디어 관계 ··· 84

2. 핫미디어 스포츠와 쿨미디어 스포츠 ······················ 89

3. 대형 스포츠 이벤트와 미디어 ································· 91

PART 06 스포츠와 교육

CHAPTER 01 스포츠 교육의 역할 ··· 97

1. 스포츠 교육의 개념과 기능 ···································· 97

2. 스포츠 교육의 정책과 제도 ···································· 101

CHAPTER 02 스포츠와 인권 ·· 110

1. 스포츠 인권 ··· 110

2. 학생선수의 인권 ·· 111

PART 07 스포츠와 사회계급 · 계층

CHAPTER 01 스포츠 사회계층의 이해 ·· 117

1. 사회계급과 사회계층 ·· 117

2. 사회계층과 스포츠 참가 ·· 122

3. 스포츠와 계층이동 ··· 127

CHAPTER 02 스포츠와 불평등 ·································· 129

1. 스포츠 성차별 ··· 129

2. 스포츠 인종차별 ······································· 131

3. 스포츠 장애차별 ······································· 132

III

현대 스포츠를 통해 해결해야 할 과제와 갖추어야 할 비전

PART 08 스포츠와 일탈

CHAPTER 01 스포츠 일탈의 이해 ····························· 137

1. 스포츠 일탈의 원인과 기능 ······························ 137

2. 아노미 이론 ·· 139

CHAPTER 02 스포츠 일탈의 종류 ···························· 142

1. 과소동조와 과잉동조 ··································· 142

2. 약물복용과 부정행위 ··································· 143

3. 스포츠 폭력 ·· 146

PART 09 스포츠와 사회조직

CHAPTER 01 스포츠와 사회집단 ···························· 153

1. 스포츠 집단의 응집력 ·································· 153

2. 스포츠 집단의 리더십 ·································· 157

CHAPTER 02 스포츠 조직의 정책과 윤리 ······················ 162

1. 스포츠 조직의 정책 ···································· 162

2. 스포츠 조직의 윤리 ···································· 165

PART 10 미래사회와 스포츠

CHAPTER 01 현대 스포츠 사회의 문제의식 ·· 173

    1. 스포츠 세계화 ··· 173

    2. 스포츠와 환경 ··· 178

CHAPTER 02 스포츠 미래와 인간의 내면 ······································ 185

    1. 스포츠 공격성과 도박심리 ······························· 185

    2. 기술도핑과 유전자 조작 ································· 188

    3. 스포츠 본질과 우리의 과제 ······························· 190

도움을 받은 자료 ·· 199

찾아보기 ·· 206

표 목차

표 1-1_ Caillois의 놀이 분류 ··· 8

표 1-2_ Guttmann의 근대 스포츠의 특징 ······························· 13

표 1-3_ Scheler의 가치서열 기준 ··· 21

표 2-1_ Parsons의 AGIL ·· 27

표 2-2_ 구조기능주의와 갈등이론의 비교 ····························· 28

표 2-3_ Homans의 교환이론 ·· 32

표 3-1_ 스포츠 사회화 과정 ·· 42

표 3-2_ Snyder의 스포츠 전이 조건 ····································· 48

표 4-1_ Eitzen & Sage의 스포츠의 정치적 속성 ·················· 60

표 4-2_ 우리나라의 스포츠 정책 ··· 61

표 4-3_ 남북체육교류사 ·· 62

표 4-4_ 스포츠 산업 특수분류 3.0 ·· 66

표 4-5_ 올림픽의 수익구조 ··· 71

표 5-1_ 스포츠와 문화 분류 ·· 79

표 5-2_ 스포츠 규칙 구조의 요소 ·· 81

표 5-3_ Birrel & Loy의 스포츠 미디어 기능 ························ 86

표 5-4_ IOC의 수익규모 ··· 88

표 5-5_ 핫미디어 스포츠와 쿨미디어 스포츠 ······················· 90

표 5-6_ 올림픽 방송의 역사 ·· 94

표 6-1_ Bailey의 스포츠 교육의 가치 ··································· 99

표 6-2_ 국내 중학교 1~3학년군 신체활동 활용 ·················· 102

표 6-3_ 학교체육진흥법의 주요 내용 ·································· 105

표 6-4_ 대한체육선수위원회의 규정(폭력 등) ····················· 111

표 6-5_ 최저학력제도 시행대상 과목 및 도달수준 ·· 113

표 7-1_ Tumin의 사회계층 특성 ·· 122

표 7-2_ 스포츠 계층의 형성과정 ·· 124

표 7-3_ 스포츠 사회계층의 이동 ·· 129

표 8-1_ 아노미 이론에 따른 선수 일탈행동 유형 ·· 142

표 8-2_ 집합행동 발생이론 ·· 150

표 9-1_ Steiner의 링겔만 효과 원인 ·· 155

표 9-2_ Chelladurai의 다차원적 리더십 모델 ·· 161

여기서 잠깐 목차

도덕 교육론 ·· 19

리코나(T. Lickona)의 통합적 인격 교육론 ························· 19

페미니즘 이론(feminism) ·· 29

헤게모니 이론(hegemony) ·· 29

현대의 공리주의 ·· 34

스포츠 공정성 및 사회정의 ·· 35

결과를 수반하는 과정의 중요성 ·· 37

행동수정기법 혹은 강화기법(Reinforcement) ·················· 43

올림픽 경기의 정치도구화 ··· 64

도덕원리의 검사 ·· 84

저널리즘의 유형 ·· 86

고대 올림픽과 근대 올림픽 ·· 93

스포츠기본법(2021.8월 제정) ··· 103

스포츠 혁신위원회(문체부, 2019) 권고사항(총 7차) ········· 114

부르디외(P. Bourdieu, 1930-2002)의 아비투스(Habitus) ··· 122

사회적 상승이동 매개체로서의 스포츠 ····························· 128

국내 장애인체육 발전과정 ·· 133

폭력에 대한 정의 ··· 147

리더십의 종류 ··· 158

McGregor(1960)의 X-Y 이론 ······································· 159

Blake & Mourton(1964)의 관리격자 이론(Managerial Grid) ··· 160

맹자의 사단으로 본 삶의 자세 ··· 166

프로 스포츠 시행제도 ·· 177

스포츠에 적용 가능한 환경윤리학 ·· 179

동물실험 윤리 3R ··· 182

평범한 일상을 누리기 위한 스포츠 ·· 194

스포츠 사회와 윤리

I

현대 스포츠를
이해하는 큰 그림

PART

01 스포츠 사회학과 윤리의 이해

02 스포츠 사회학과 윤리의 이론

03 스포츠와 사회화

- 스포츠의 본질을 설명할 수 있다.
- 사실판단과 가치판단을 설명할 수 있다.
- 스포츠의 사회적 순기능과 역기능을 설명할 수 있다.
- 스포츠 사회학의 이론을 설명할 수 있다.
- 스포츠 윤리의 이론을 설명할 수 있다.
- 스포츠 사회화의 개념과 이론을 설명할 수 있다.
- 스포츠의 사회화 과정을 설명할 수 있다.

스포츠 사회학과 윤리의 이해

CHAPTER

01 스포츠 사회학의 이해

02 스포츠 윤리와 사회적 기능

CHAPTER 01

스포츠 사회학의 이해

1. 스포츠의 본질

1) 움직임과 동작

현대사회에서 스포츠 경기력Sports Performance을 높이기 위한 노력을 한다. 기본적으로 체력Physical Fitness이 필요하다. 그리고 경기기술Skill이 뒷받침돼야 한다. 덧붙여 엘리트 선수에게 부여되는 환경요인이 있다. 이 같은 조합으로 경기력을 끌어올리고 기록을 단축하고자 한다. 현대인은 그 순간을 만끽하며 열광하는 문화 현상을 만들어냈다.

이와 같은 오늘날의 노력은 본질적으로 움직임Movement에서 비롯됐다. 영장류는 아주 오래 전에 숲속에 살면서 나무를 타면서도 두 발로 걷는 보행이 가능해졌다. 공통조상으로부터 약 600만 년 전에 갈라져 나온 현생인류는 200만 년 전쯤에 인류의 직계조상으로 알려진 호모 하빌리스Homo Habilis가 도구를 사용한 인간으로 목적을 갖고 움직였다.

손에 무언가를 들고 신체부위를 이동시키면서 그 전의 자세나 자리를 수시로 바꿀 수 있는 능력을 지닌 것이다. 직립 보행Bipedalism을 하면 어떤 이로움이 있었을까. 우선 시야를 확보하게 됐다. 20만 년쯤에 등장한 호모 사피엔스는 그들보다 후각이 뛰어난 맹수를 피하기 위해 두 발로 걷는 장점을 한껏 살렸다. 에너지를 절약하는 데 최적인 신체조건인 것이다. 네 발로 걷는 동물에 비해서 같은 거리를 걸어도 이동 시간을 줄일 수 있게 됐다. 뜨거운 동아프리카 태양의 복사열을 흡수하고 냉각시키는 데도 머리와 어깨 정도에 집중된 것이 유리했다.

호모 사피엔스

움직임과 비슷한 용어로 동작Motion이 있다. 같은 신체의 움직임이지만 특정한 형식과 목적을 갖고 있다. 현대의 다양한 스포츠 현장에서는 스포츠 생체역학Sports Biomechanics적 지식을 토대로 운동학습 효과를 높인다.

앞서 설명한 엘리트 선수의 경기력 향상에 도움을 주는 필수 학문이라 할 수 있다. 스포츠 생체역학의 학문영역을 운동학Kinematics과 운동역학Kinetics으로 분류한다.

운동학은 시간과 공간을 고려해 움직임을 연구한다. 골프 드라이빙 스윙 시 클럽헤드 최대속도, 축구 드리블하는 동안의 이동거리, 100m 달리기 시 신체중심의 구간별 속도, 멀리뛰기 발구름 시 발목관절의 각도, 자유투 시 농구공이 날아가는 궤적, 야구 스윙 시 베트의 각속도, 테니스 스트로크 동작 시 팔꿈치 각도 등을 측정하고 분석한다. 위의 분석영역을 살펴보면 힘과는 관계없는 신체의 운동형태만을 분석하는 것이다.

반면, 운동역학은 테니스 포핸드 스트로크에서 그립Grip 압력 크기, 스쿼트 동작에서 대퇴사두근의 근활성도, 축구 헤딩 후 착지 시 무릎관절의 모멘트, 걸어갈 때 지면반력 등을 측정하고 분석한다. 즉, 힘의 작용과 관련된 영역을 연구한다.

철인 3종 경기

이와 같이 움직임과 동작은 차이가 있다. 동작은 정확성Accuracy, 조절성Control, 정밀성Precision이 요구된다. 인체 힘에는 원리와 결과를 갖고 있다. 포식자를 피해 두리번거리다 두 발로 도망쳐야 했던 현생인류나 정확한 거리를 놓고 경쟁해서 달리는 단거리 선수가 동일한 목적은 아니지만, 목적성을 갖고 있다. 육상의 기원을 찾는다면 생존을 위한 달리기였을 것이다. 수영, 사이클, 마라톤 3종목을 완주하는 철인 3종 경기와 같이 압도적인 지구력을 선보이는 동물은 오로지 인류가 유일하다.

2) 놀이와 게임

놀이는 인간의 가장 본능적인 활동이다. 게임과 스포츠의 바탕이 되는 자유로운 활동으로 간주한다. 초기의 문화형태로서 허구적이고 비생산적인 특성이 있다. 오락을 추구하고 흥미를 유발할 수 있는 장치를 마련한다. 놀이는 '갈증'을 의미하는 라틴어의 플라제Plage와 독일어의 스피엘Spiel에서 유래됐다고 한다.

놀이에 대해 진지하게 연구한 학자들이 있다. 동시대 문화인류학자들로서 많이 인용된다. 우선 네덜란드 출신 요한 하위징아Johan Huizinga, 1872-1945가 있다. 놀이하는 인간, 호모 루덴스Homo Ludens란 주제로 유명하다. '놀이가 문화보다 우선한다Play is older than culture.'라는 명제를 제시했다. 놀이가 자유시간에 자발적으로 행해짐으로써 즐거움이 함께하는 것에 주목했다.

프랑스 출신 로제 카유아Roger Caillois, 1913-1978는 놀이의 타락을 중요하게 인식했다. 하위징아와 달리 놀이의 역기능도 강조한 셈이다. 물론 심미적 예술 활동같이 정신적 안정을 추구하는 순기능을 가진 사회문화 현상으로 규정한 것은 하위징아처럼 놀이의 좋은 면도 바라봤다.

카유아는 놀이를 네 가지로 분류했다. 첫째, 아곤Agôn으로 경쟁 놀이가 있다. 경쟁하는 스포츠, 체스, 바둑 등 시합과 경기를 의미한다. 4년마다 어김없이 도래하는 월드컵 결승전에는 수십 억 인구가 동시에 같은 시각에 동일한 현장을 바라볼 만큼 사회문화적 행태로서 오늘날 스포츠가 발전했다.

둘째, 알레아Alea로서 우연성 놀이가 있다. 내기, 제비뽑기, 주사위 놀이, 룰렛, 슬롯머신, 복권 등의 도박처럼 우연과 요행의 의미를 담고 있다. 국가마다 복권을 발행해 기금을 조성하기 위한 정책을 펼친다. 경마Horse Racing, 경륜Cycle Racing, 경정Motorboat Racing은 경쟁하는 스포츠 갬블링이므로 아곤이자 알레아라 할 수 있다.

셋째, 미미크리Mimicry는 역할놀이로서 흉내를 의미하는 것으로 연극, 영화, 가면극, 소꿉놀이 등이 있다. 사람들은 멀티 플렉스에서 영화를 감상하는 동안 잠시나마 일상을 잊고, 역할놀이에 흠뻑 빠져 있게 된다. 누구나 다 어릴 적 소꿉놀이에서 각자가 충실하게 역할에 임하며 즐거움을 누렸다.

마지막으로 일링크스Ilinx로서 몰입놀이가 있다. 이는 소용돌이를 의미하는 것으로 공중서커스, 번지점프, 롤러코스터처럼 현기증을 즐기는 것이다. 많은 사람들은 그와 같은 어지러움을 알면서도 주말마다 현실을 잊고자 놀이공원에 간다.

표 1-1 Caillois의 놀이 분류

구분	놀이개념	내용
아곤(Agôn)	경쟁놀이	• 시합, 경기를 의미(경쟁하는 스포츠, 체스, 바둑 등)
알레아 (Alea)	우연성 놀이	• 우연, 요행을 의미(내기, 제비뽑기, 주사위 놀이, 룰렛, 복권, 슬롯머신 등의 도박)
미미크리 (Mimicry)	역할놀이	• 모방, 흉내를 의미(가면극, 연극, 영화, 소꿉놀이 등)
일링크스(Ilinx)	몰입놀이	• 현기증, 소용돌이 의미(공중서커스, 롤러코스터, 번지점프 등)

놀이는 생존을 위한 생리현상이 아닌 문화현상으로 발전한다. 이에 놀이가 발전된 형태로서 게임이 등장한다. 게임은 '기쁨'을 의미하는 독일어 가만^{Gaman}에서 유래됐다고 알려지고 있다. 이는 놀이보다 규칙과 특화된 목적이 강하다고 할 수 있다. 경쟁에서 이기기 위해 신체의 기능을 이용하고 전략을 사용하는 것이다.

게임은 놀이와 같이 허구성과 비생산성을 갖추고, 더 나아가 신체기능과 기술을 활용해 규칙성, 경쟁성을 포함하게 된다. 이로써 불확실성을 극복하기 위해 확률을 높이고자 하는 노력이 따른다.

하위징아에 따르면 경쟁은 무엇인가를 위해 무엇인가와 함께하는 과정에서 수행된다고 했다. 지식과 부를 축적하고, 영광과 자유를 갈망하는 것 외에도 자기 자랑을 늘어놓거나 남을 속이는 행위까지 경쟁의 범주가 넓어졌다. 다시 말해 문명사회가 도래했다고 해서 그릇된 경쟁 개념이 사라지는 게 아니라 오히려 경쟁의 우위를 앞세우고자 더 치열해졌다.

3) 놀이와 스포츠

지금의 도시 아파트 문화에서는 찾아보기 힘들지만 십수 년 전만 해도 어릴 적 친구들과 개울가에서 물장구를 치며 놀았다. 이러한 행위는 전형적인 놀이의 한 형태가 된다. 이와 같은 놀이는 제도화된 규칙 하에서 이루어지면 상대방과 경쟁하는 형태로서 스포츠라 할 수 있다. 놀이는 나름 규칙이 있지만 스포츠만큼 진지하거나 승자와 패자가 명확히 구분되지 않는다.

카유아R. Caillois는 하위징아J. Huizinga의 규정한 놀이 개념이 모호하다고 비판했다. 카유아는 놀이와 진지함 사이에 존재하는 중요한 차이를 끄집어냈다. 그에 따르면 놀이하는 자가 강요당하지 않는 자유로운 활동으로 놀이를 규정했다. 놀이를 통해 어떤 과정과 결말이 도래할지 모르고, 돈을 벌거나 부를 축적하는 데 영향을 주는 것이 아니라고 했다. 즉, 놀이만을 위한 규칙이 만들어지는 비현실적인 허구적 활동이자 비생산적인 활동으로 바라본 것이다. 그도 하위징아처럼 그리스어 파이디아Paidia와 라틴어 루두스Ludus란 용어를 통해 양극단의 연속관계로 설정했다. 전자는 유희와 어린아이 같다는 의미이고 후자는 일반적인 놀이, 투기, 시합, 경기 등을 의미한다고 했다.

"하위징아가 제시한 놀이의 정의를 요약하면 우선 특정한 시간과 공간 내에서 이뤄지는 자발적 행동이다. 규칙이 있는 활동으로 엄격하게 적용받는다. 그 자체의 목적이 있고 일상생활과는 다른 긴장, 즐거움, 의식이 있다. 질서를 만들고 스스로 하나의 질서가 된다. 경쟁적 요소가 강하다. 신성한 의례는 축제가 되고 궁극적으로 집단의 안녕과 복지에 기여한다. 또한 그리스어로 어린아이들의 놀이라는 파이디아Paidia, 경기라는 뜻의 아곤Agôn, 탁월함을 향한 노력의 과정을 의미하는 아레테Arete 등을 정의하고 분류함으로써 다양한 주제와 엮어 논한다. 예를 들어 놀이와 다른 주제, 즉 법률, 전쟁, 지식, 시, 신화, 철학, 예술, 스포츠, 상거래, 과학, 정치 등 인류가 뿌려놓은 웬만한 요소와 결합해 매우 디테일하게 설명한다. 스포츠는 20세기 최고의 상품으로 발전했다. 하위징아는 스포츠에 대해 놀이와 분리됐다고 인식했다. 프로 스포츠가 태동되고 성장하는 시기였다. 스포츠가 조직화, 제도화되면서 순수한 놀이의 특성이 사라진 것으로 본 것이다. 특히 프로페셔널 스포츠는 자발성과 무사무욕의 정신이 없어짐에 따라 아마추어에게 열등감을 안겨다 준 것으로 봤다. 놀이의 영역에서 벗어나 그 자체로 특별한 종種이 됐다고 표현했다. 고대의 신성한 축제가 전체 부족의 건강과 복지에 필수적으로 작용한 것과 달리 현대 스포츠는 이러한 유대가 단절된 것으로 평가했다. 하지만 그도 대중적 생각과는 다를 수 있음을 인정하면서도 스포츠가 지나치게 진지함 쪽으로 쏠리는 현상을 강조하고 싶었다고 기술한다. 아마 스포츠도 놀이성을 상실하면 진정한 스포츠가 될 수 없음을 얘기하고 싶었던 것은 아닐까. 그의 말대로 돈을 받고 운동하는 선수들을 보면 너무 진지하다. 올림픽은 어떠한가. 메달 색깔에 따라 표정의 변화가 심하다. 오늘날 미디어를 통해 생생하게 그 진지함을 피부로 느낀다. 그럼에도 불구하고 각본 없는 드라마로 인해 대중은 울고 웃는다. 비록 승자에 초점이 맞춰져 있지만 패자로부터 감동을 받기도 한다. 또한 대중은 주최 측에서 성대하게 차려놓은 행사로부터 안녕을 기원 받는 대신 스스로 스포츠에 참여하면서 건강을 챙긴다. 현대인은 자발적인 재미를 느끼기 위해 부단히 몸과 정신을 작동한다^{문개성, 2023a, p.30.}"

스포츠 현장

영국의 사회학자 엘리스 캐시모어^{E. Cashmore, 2000}는 인류사회의 수렵채취적인 삶의 양식에서 스포츠의 기원을 찾았다. 그가 주장한 사냥 동기는 수렵채취에서 정착과정으로부터 생겨난 리더십을 통해 자기 목적적^{Autotelic} 행위의 사냥으로 발전한 것이다. 생존방식에서 벗어난 부족 내의 리더십을 증명할 수 있는 좋은 수단이었던 것이다. 즉, 사냥을 성공하기 위해선 보다 체계화된 전략과 전술이 요구됐을 것이다.

스포츠란 용어는 넓은 의미에서 '전환하다'란 의미의 중세영어 Sporten, Disport, 라틴어 Desporture 등에서 유래됐다고 한다. 더 나아가 방향전환 혹은 나르다를 뜻하는 Port란 단어로부터 오락^{Recreation}, 싸움^{Disputes}이란 개념으로도 확장됐다.

이를 통해 좁은 의미의 스포츠를 경쟁적인 신체활동을 제도화한 형태로 이해할 수 있다. 놀이와 게임이 갖고 있는 허구성, 비생산성, 규칙성, 경쟁성, 불확실성, 신체성 등과 함께 제도화의 특성을 갖게 됐다.

4) 스포츠를 바라보는 관점

스포츠는 제도화된 경쟁적 신체활동이라는 본질을 갖고 있다. 참가자는 내적동기와 외적동기의 결합으로 규정된 시간과 장소에서 복합적 신체기능을 활용한 활동을 수행한다. 오늘날 스포츠에 대해 세 가지 관점으로 분류해 바라보기도 한다. 첫 번째는 사회문화적 관점이다. 스포츠는 '놀이'의 본질에서 시작되어 제도화됐다고 보는 것이다. 앞서 제시한 경쟁화된 놀이의 형태로서 바라본다.

"국내법「스포츠산업진흥법」제2조 제1항에 따르면 스포츠는 "건강한 신체를 기르고 건전한 정신을 함양하며 질 높은 삶을 위하여 자발적으로 행하는 신체활동을 기반으로 하는 사회 문화적 행태를 말한다."고 정의하고 있다. 여기서 중요한 것은 '자발적으로 행하는 신체활동'과 '사회 문화적 행태'다. 전자는 놀이와 관련돼 있고, 후자는 문화와 관련돼 있다. 특히 시대별, 나라별로 달리하는 다양한 문화는 스포츠 현상을 이해하는 데 필요한 요인이다. 예를 들면 세계축구연맹FIFA이 주관하는 월드컵은 일종의 공놀이이지만 특정 시기에 수십억 이상 인구가 시청하는 특이한 현상을 불러일으키는 '인류공통의 상품'이다. 또한 서로 언어가 다르지만 보편적 규칙을 적용하고, 이해하는 과정을 통해 '인류공통의 언어'로서 역할을 한다문개성, 2021a, p.7."

두 번째는 유물론적 관점이다. 인간이 도구를 가지고 '노동'을 시작한 것에 기원을 둔다. 즉, 스포츠도 경쟁과 투쟁의 중심 개념으로 바라본 것이다. 마르크스K. Marx, 1818-1883의 사회계급 이론을 통해 자본가 계급은 지배자이자 착취자이고, 노동자 계급은 피지배자이자 비착취자로 바라봤다. 이를 토대로 갈등론적 관점에서 스포츠는 하나의 계층을 이룬 구조로 바라볼 수 있다. 기본적으로 사회구조는 부와 권력 등이 불공평하게 배분된 것으로 지배집단이 자신들의 이익을 유지하기 위해 스포츠도 하나의 수단으로 인식하게 된다.

셋째, 행동생물학적 관점을 통해 인간에게 내재된 '공격성'을 찾고자 한다. 비교

행동학적 관점에서 본능의 행위로 바라본다. 스포츠 경기 중 난폭한 신체접촉이 일어나기도 한다. 농구의 리바운드 반칙과 같이 외적인 보상을 위해 도구적 공격을 감행하고, 승리보다 상대 선수 부상을 유발하기 위해 야구에서 투수가 타자 안쪽에 위협적인 공을 던지는 적대적 공격행위를 하기도 한다.

5) 근대 스포츠의 특징

근대 스포츠는 18세기 산업혁명에 따른 사회전반의 변혁적 흐름과 무관하지 않게 큰 변화와 성장을 이룬다. '스포츠화Sportization'란 개념을 제시한 엘리아스N. Elias, 1897~1990는 공장에서 기계로 찍어내는 산출물처럼 스포츠 경기도 정확한 결과물을 통해 승자와 패자를 구분해야 하는 시기였던 것이다.

이를 위해선 스포츠 조직과 규정이 필요했다. 캐시모어E. Cashmore, 2000도 스포츠 연구의 출발을 산업혁명 시대로 꼽았다. 다양한 종목의 규제기구들로 하여금 당시 노동계급의 에너지를 공식구조 내부로 흡수하려는 시도로 본 것이다. 산업사회에서 필요한 표준화 모델도 스포츠에 적용됨으로써 스포츠 기구와 규정으로 오늘날 발전하게 됐다.

미국의 문학사가인 알렌 구트만A. Guttmann, 1978은 하위징아의 놀이 개념을 결부시켜 스포츠의 놀이성을 강조했다. 즉, 목적이 없는 자유로운 활동 자체이므로 노동이 아니라 놀이 영역으로 바라보았다. 다시 말해 사전에 규칙이 부여된 놀이의 형태를 스포츠로 인식했다. 또한 소꿉놀이 같은 역할놀이는 비경쟁적이지만, 술래잡기는 경쟁적인 게임으로 일종의 경기라고 했다. 결론적으로 스포츠는 규칙에 의해 통제된 경기로서 경쟁성을 지녔고, 포상을 목적으로 행해진다.

그는 근대 스포츠의 특징을 일곱 가지로 분류하여 제시했다. 고대와 중세 스포츠와의 차이로서 첫째, 세속화가 있다. 근대 스포츠는 정신적이고 종교적인 색채가 아닌 경제적이고 명예를 추구하는 세속적 욕구로 가득 차 있다. 둘째, 평등화로서 근대 스포츠는 특정한 집단만이 즐기는 콘텐츠가 아니다. 누구나 다 참가할 수 있고 관람할 수 있다. 또한 체급을 분류하여 경쟁의 조건을 평등하게 가져간다.

셋째, 전문화가 있다. 이는 오늘날 프로 스포츠 세계가 각광을 받는 것처럼 포지션별 전문 선수가 등장한 것과 무관하지 않다. 선수뿐만 아니라 리그의 세분화를 통해 실력이 출중한 그룹과 다소 떨어지는 그룹으로 분류해 경쟁을 유발시킨다. 넷째, 합리화로서 전통과 관습 등에 의지하지 않고 합리적인 과정을 통해 규칙을 제정하고 적용한다.

다섯째, 관료화로서 규칙을 제정하고 경기를 조직적으로 운영하기 위해 시간이 지날수록 관료주의 성향이 강하다. 여섯째, 수량화가 있다. 근대 스포츠로 오면서 선수기록을 통계화, 계량화하는 데 집중을 한다. 점수, 시간, 거리 등을 표준화된 측정 장비로 기록하고 있다. 마지막으로 기록지향은 선수기량을 높이고 신기록을 수립하기 위한 노력을 지속한다는 것이다. 고대 올림픽에서는 경기장마다 거리와 장비 규격이 달랐다. 즉, 선수기량을 확인하는 방법으로 우승 횟수 정도를 기록에 남겼지만, 오늘날에는 표준화된 거리와 장비로 최고 기록을 경신하는 것이 가장 큰 특징이 됐다.

표 1-2 Guttmann의 근대 스포츠의 특징

구분	내용
세속화 (secularization)	• 고대올림픽은 정신적, 종교적인 색채가 강함 • 근대 스포츠는 즐거움, 건강, 경제적 이득, 명예 등 세속적 욕구충족
평등화 (equality)	• 고대올림픽은 귀족, 성인남자로 제한 • 근대 스포츠는 일반대중 포함, 여성, 어린이, 노인, 장애인도 참가 • 게임규칙, 체급경기, 참가자 성취 지위, 경쟁조건 등 평등의 원칙
전문화 (specialization)	• 프로선수와 포지션별 전문선수 등장 • 포지션의 분화, 리그의 세분화 촉진
합리화 (rationalization)	• 원시 스포츠는 전통과 관습에 의해 제한 • 근대 스포츠의 규칙은 합리적인 과정을 통해 제정
관료화 (bureaucratization)	• 근대 스포츠로 오면서 이전보다 더 조직화 • 규칙을 제정, 경기를 조직적으로 운영
수량화 (quantification)	• 근대 스포츠는 경쟁에 승리하면 인정(선수기록의 수량화, 통계화, 계량화) • 근대 스포츠는 점수, 시간, 거리 등 표준화된 측정 장비로 기록
기록지향 (records)	• 선수기량의 수량화를 통해 신기록을 수립하기 위한 노력(기록추구)

2. 스포츠 사회학의 발전

1) 사회학의 개념

사회학은 사람들이 살아가는 방식과 그 이유에 대해 사회와 연관을 지어서 설명하는 학문이다. 사회과학의 한 분야로서 경험적인 조사를 통해 그 결과를 분석한다. 프랑스의 사회철학자 오귀스트 콩트A. Comte, 1798~1857의 총 6권으로 구성된 '실증철학 강의1830-1842'에서 제4권에 '사회학sociology'이란 학문명칭을 사용하고 사회현상을 연구하는 학문분야로 소개가 되면서 알려졌다.

사회학은 인간의 행위와 사회적 삶에 대해 연구하는 학문이다. 자신의 사회적 행동뿐만 아니라 주변의 사회현상에 대한 다양한 관점에서의 접근을 통해 여러 분야와 접목해 활발하게 논의되고 있다. 예를 들어 전통적으로 사회계층, 사회 이동성, 종교, 법률, 문화, 일탈, 근대성, 세속화 등을 비롯해 군사, 의학, 사회제도, 과학지식, 인터넷을 통한 사회관계에 이르기까지 다양한 범위에서 연구되고 있다.

우리나라에선 1946년에 서울대학교에서 법문학부 내에 사회학과가 설립되면서 기틀을 마련했다. 이후 1954년 경북대학교에서 두 번째로 사회학과가 설립됐다.

2) 스포츠 사회학의 기원 및 개념

스포츠 사회학의 기원을 살펴보면 우선 1921년 프랑스의 사회학자 리세H. Risseh의 'Soziologie des Sports'란 책에서 효시를 찾아볼 수 있다. 또한 1937년 미국의 교육학자 로이드F. S. Lloyd의 'The Sociology of Physical Education'에서 체육사회학이란 용어가 처음으로 등장하면서 체육 혹은 스포츠 분야에 사회학을 접목한 개념이 본격화됐다. 그 이후 신체교육을 의미하는 체육이란 용어대신 보다 포괄적인 개념의 스포츠란 용어로 대체되면서 '스포츠 사회학'으로 통용되고 있다. 우리나라에선 1963년에 장영환의 저서 '체육개론'에서 스포츠 사회학이란 용어가 등장했다.

스포츠 사회학Sport Sociology은 스포츠를 하나의 사회현상으로 바라보면서 사회학 이론과 연구방법을 도입하며 설명하는 학문으로 발전했다. 즉, 스포츠에서 나타나는 행동유형, 사회과정, 사회구조의 측면을 설명함으로써 스포츠 현상을 사회현상으로 규정하고, 이를 사회학적 이론과 연구방법으로 규명하고 있다.

캐넌과 로이Kenyon & Loy, 1965에 따르면 스포츠 사회학을 스포츠의 맥락에서 인간의 사회행동의 법칙을 규명하는 학문이라고 했다. 그들의 'Toward a Sociology of Sport'라는 논문을 통해 스포츠과학의 분과학문으로 최초로 학문성이 언급됐다.

에르바흐Erbach, 1966, 1969는 사회심리학의 지식을 빌려 개인, 팀, 스포츠 집단 등의 활동을 규제하는 사회법칙의 발견에 공헌하는 학문으로서 스포츠 사회학을 규정했다. 또한 맥퍼슨McPherson, 1975은 스포츠 사회학에 대해 사회학의 한 분야로서 사회행동의 과정 및 유형을 스포츠의 맥락에서 설명하고, 특정 조건하에서 인간의 행동을 예측하며 그 이해를 촉진하는 학문으로 규정했다. 덧붙여 레오나드 등Leonard, Schotanus, Reynolds, & Sövik, 1980은 스포츠라는 현상에 사회학적 개념, 특히 사회구조와 사회화 과정의 개념을 응용하여 연구하는 학문으로서 스포츠 사회학을 평가했다.

3) 스포츠 사회학의 범위 및 연구영역

스포츠 사회학의 범위를 살펴보면 스포츠와 사회화 과정, 사회제도, 사회조직, 사회문제로서 크게 네 가지로 분류할 수 있다. 첫째, 스포츠와 사회화 과정을 통해 스포츠 사회가 가지는 문화를 체득하여 자신의 특성을 발휘하는 스포츠 사회화본 저서의 PART 03를 중점적으로 논의할 수 있다. 또한 공정한 기회를 제공할 것 같은 스포츠 분야에서도 불공평한 요소가 많다는 데에 초점을 두어 스포츠와 사회계층의 문제 PART 07를 다룰 수 있다.

둘째, 스포츠 사회제도는 스포츠와 정치·경제PART 04, 문화·미디어PART 05, 교육PART 06 등을 통해 긍정적 혹은 부정적인 영향력을 이해할 수 있다. 셋째, 스포츠와 사회조직PART 09은 스포츠 조직의 가장 기본적인 단위인 스포츠 팀과 같은 사회적 조직의 역할, 지도자 행동유형에 따른 스포츠 조직의 효율성, 선수 훈련 및 관리를 통한 스포츠 매니지먼트 등의 개념과 전략을 다룰 수 있다. 이러한 주제는 궁극적으로 앞으로 스포츠의 미래PART 10를 주도할 비전을 끄집어낼 수 있다.

마지막으로 스포츠와 사회문제는 스포츠 현장의 폭력, 도박 및 환경PART 08에서 인종, 젠더, 종교, 폭력, 도박, 부정기록 등의 문제를 도출하여 그 해법을 찾아볼 수 있다. 또한 선수의 과소동조와 과잉동조의 문제, 약물복용과 부정행위 등으로 만연한 스포츠와 일탈행동PART 08을 파악하고 미연에 방지할 수 있는 방안을 마련하는 데 기초적인 자료로서 활용될 수 있다.

많은 학자들이 스포츠 사회학의 연구영역을 도출했다. 루첸Lüschen, 1980은 사회정치, 경제, 교육, 스포츠와 사회화 등, 사회체계사회제도 및 사회과정, 스포츠 조직, 정책, 리더십, 경력, 아마추어리즘, 프로페셔널리즘, 개인스포츠의 구조 및 변화 등, 사회문제공격성, 폭력, 차별 등를 다루었다. 에이츤과 세이지Eitzen & Sage, 1982는 사회규범, 사회가치, 지위, 역할, 정치, 경제, 종교, 교육, 가족 등의 거시적 영역과 조직목표, 리더십, 상호작용, 경쟁, 협동 등의 미시적 영역을 비롯해 인간행동 등을 다룬 사회 심리적 영역을 제시했다.

코클리Coakley, 1986는 사회제도정치, 경제, 종교, 교육, 가족 등, 사회조직조직, 집단행동, 사회적 상호작용 등, 사회과정사회화, 경쟁, 협동, 갈등, 사회계층, 사회변동 등, 문화 및 상황경험, 문화, 구조, 상황적 요소 등을 통해 스포츠 사회학의 다양한 관점을 제시했다.

그는 스포츠 사회학을 통해 다양한 연구문제를 이해하는 데 의의가 있다고 했다. 예를 들어 스포츠 사회학에 적용할 수 있는 주제를 살펴보면, 특정계층에 의해 수행되는 특정한 활동들이 선정과 지명이 되는 이유, 특정계층에 의해 특별한 방법으로 스포츠가 만들어지고 조직되는 이유, 스포츠 참여가 개인적 혹은 사회적 생활에 포함되는 이유, 스포츠 참여가 신체에 관한 개념에 영향을 미치는 요인, 스포츠 조직·사회적 관계·물질적 상태 및 집단과 사회 내에서 권력과 힘과의 연관성, 스포츠와 가족·교육·정치·경제·미디어 및 종교 등 다양한 사회생활 영역과의 연관성을 들 수 있다.

이러한 맥락에서 코클리Coakley, 1986는 스포츠 제도화의 특성을 다음과 같이 분류하여 제시했다. 첫째, 규칙의 표준화이다. 이는 공식적인 집단에 의해 표준화된 절차 및 규정으로 규칙을 제정할 수 있도록 하는 것이다. 둘째, 공식 규정 위원회 규칙의 집행이 있다. 규칙의 집행을 보장하는 기구를 통해 장소에 따라 다른 기준을 적용하지 못하도록 하는 것이다. 셋째, 행동의 조직성과 합리성을 강조한다. 이는 규칙 준수로 훈련전략과 용품개발 등의 경쟁승리를 위한 선수 및 코치의 활동이 합리적으로 변화하게 됨을 의미한다. 마지막으로 경기기술의 정형화이다.

스포츠가 조직화됨에 따라 전문성이 높아지고, 경기기술 명칭과 방법 등이 정형화가 됐다.

또한 국내의 임번장1994은 거시적정치, 경제, 종교, 교육, 제도, 계층, 성 등, 미시적상호작용, 지도자론, 선수 사기 증진, 공격성, 일탈 등, 전문적학문, 스포츠의 본질 등 영역으로 분류해 스포츠 사회학의 국내 소개에 많은 기여를 했다.

CHAPTER **02**

스포츠 윤리와 사회적 기능

1. 스포츠와 윤리

1) 스포츠의 윤리적 기초

스포츠의 윤리적 기초로서 도덕, 윤리, 선, 법에 대해 이해할 수 있다. 우선 도덕道德, moral이란 모든 인간이 지켜야 할 공통적인 규범과 도리로서 당위의 규범이라 할 수 있다. 도道는 인간이 지켜야 할 도리이고, 덕德은 도리를 스스로 깨닫고 행동으로 옮기는 것이다. 따라서 도덕적인 문제가 발생하면 비난받을 수 있다.

스포츠 도덕 교육의 영역으로 세 가지로 분류할 수 있다. 첫째, 인지적 영역으로 스포츠가 문화로서 가지는 교육적 가치를 실천하는 것이다. 둘째, 정의적 영역으로 인지적으로 습득된 스포츠의 도덕적 가치를 명료화한다. 마지막으로 행동적 영역이다. 스포츠 도덕 교육의 궁극적인 목적으로 도덕적 행위를 할 수 있는 사람을 육성할 수 있다.

윤리倫理, ethics는 특정한 사람이 지켜야 할 도리이다. 즉, 한 인간이 집단 안에서 조화로운 생활을 영위하기 위해 서로 지켜야 할 도리로서 인식하고 있다. 윤倫은 무리와 질서란 의미이고, 리理는 이치와 도리라는 뜻이다. 앞서 도덕적인 문제는 비난으로 그칠 수 있지만 윤리적인 문제가 발생하면 처벌받을 수 있다.

동양에서의 윤리는 대표적으로 공자孔子, 기원전 551년~기원전 479년의 가르침으로 알려진 부자유친父子有親, 군신유의君臣有義, 부부유별夫婦有別, 장유유서長幼有序, 붕우유신朋友有信의 오륜을 통해 인간관계윤리를 강조했다. 서양에서는 윤리에 대해 아리스토텔레스Aristoteles, 기원전 384년~기원전 322년가 제시한 습속 혹은 성격의 의미가 있는 '에토스Ethos'에서 유래됐다.

도덕과 윤리를 유사한 의미로 사용하는 경우는 사회 구성원의 양심, 여론, 관습 등에 따라 스스로 지켜야 할 행동 준칙과 규범으로 인지할 때이다. 즉, 내면적인 원리로서 작용하면서도 법률의 외적 강제력과는 반대의 개념을 갖고 있는 것이다. 또한 인간 상호 간의 관계로서 종교의 신과 인간 간의 관계와는 다른 상호작용을 의미할 때 유사한 의미로 사용된다.

반면, 도덕과 윤리를 구별하여 사용하는 경우는 물리物理가 사물의 이치인 것처럼 인간관계의 이치를 윤리로 본다. 즉, 윤리는 사람에 따라 다르게 나타날 수 있음을 인지할 때 구별하여 사용한다. 또한 도덕은 개인적, 내면적인 특성이 있고 윤리는 사회적, 외면적인 특성을 적용할 때 도덕과 윤리를 구별한다.

흔히 일반윤리라 하면 어떤 사회의 구성원들이 공유하는 도덕적 이상들의 집합이라 할 수 있다. 스포츠 윤리는 스포츠경기라고 하는 특수한 상황에서 요구되는 규범이나 도덕적 기준을 다룬다는 점에서 차이가 있다. 예를 들어 스포츠세계에서 역사적·문화적으로 형성되어온 기풍이나 정신과 같이 스포츠 윤리가 구체적으로 표현된 것이 페어플레이나 스포츠맨십으로 계승되어 오고 있다. 이는 스포츠 규칙을 떠받치는 정신으로서 매우 중요한 역할을 한다. 즉, 스포츠 윤리 교육을 통해 도덕적 자율성을 함양하게 된다. 따라서 도덕적 문제에 대한 비판적, 독립적인 사고를 바탕으로 스포츠 상황에 적용하는 능력을 중시하게 된다.

경기장 안에서의 스포츠 윤리 문제는 의도적 반칙과 심판판정의 오류 등을 들 수 있다. 또한 경기장 밖에서의 스포츠 윤리 문제는 정치, 사회, 경제, 교육 등의 다양한 분야에서 스포츠를 악용하는 경우를 비롯해 테러, 도핑, 승부조작, 성, 환경, 인종차별, 동물윤리 문제 등에 이르기까지 광범위하게 직·간접적인 영향을 주고받는다.

선善은 사람이 사람으로서의 도리를 해주는 것이고, 진리가 인식의 참 가치이
면 선은 실천행위의 참 가치라 할 수 있다. 경기에 패배했음에도 불구하고 상대팀
에게 박수를 보내는 좋은 매너는 도덕적 선의 의미를 내포하는 것이다. 이는 경기
에 패배한 팀에게 조롱하는 행위를 한다면 도덕적 비난을 받을 수 있기 때문이다.
법은 사회정의를 구현하는 수단이자 도덕을 실현시키는 수단이다. 또한 법의 구속
력의 근거는 도덕에 있다는 생각이 남아 있는 것이다.

여기서잠깐!

도덕 교육론

① 뒤르켐(E. Durkheim)의 도덕적 사회화 이론
  • 개인은 사회의 가치체계 습득, 내면화를 통해 공동체 일원이 됨
  • 도덕적 행동은 집단 이익을 위해 행동하는 것임(규율정신, 집단애착, 자율성)
② 베닛(W. Benneitt)의 인성교육론
  • 고전, 인문학에 중점을 둔 전통적인 인격교육 회귀 주장
  • 학생에게 존중, 애국심, 희생, 용기, 정직, 신뢰 등의 가치를 제시
③ 위인(E. A. Wynne)의 도덕교육론
  • 도덕적 습관과 도덕적 행동에 기초를 둔 인격교육 필요 주장
  • 도덕교육은 선을 아는 것, 선을 사랑하는 것, 선을 행동하는 것임
④ 콜버그(L. Kohlberg)의 인지발달론(인지구조론)
  • 도덕교육의 목적이 도덕적 추론의 단계를 발전시켜야 함
  • 도덕교육의 단계를 중시(10세 이전-벌과 복종, 개인적 보상 / 11~15세-대인관
    계조화, 법과 질서 / 16세 이후-사회 계약정신, 보편적 도덕원리 지향)

리코나(T. Lickona)의 통합적 인격 교육론

  • 도덕적 지식: 도덕적 인식, 도덕적 가치들에 대한 지식, 관점채택, 도덕적 추론,
    의사결정, 자기자신에 대한 지식
  • 도덕적 감성: 양심, 자기존중, 감정이입, 선을 사랑하는 것, 자기 통제, 겸양
  • 도덕적 행동: 능력, 의지, 습관

2) 사실판단과 가치판단

스포츠의 가치는 내재적 가치와 외재적 가치가 있다. 내재적 가치는 스포츠를 실천하는 것 자체에서 얻어지는 가치로서 만족감, 성취감, 쾌감 등이 있다. 외재적 가치는 스포츠를 실천한 결과로 얻어지는 가치로서 건강, 체력, 돈, 명예 등이 해당된다. 외재적 가치의 악용으로 국제 스포츠 이벤트를 이용한 테러행위, 도핑금지 규정을 어기고 개인 혹은 국가이익을 극대화시키는 행위, 스포츠 도박과 승부조작에 따른 공정성 훼손 등이 존재한다.

사람들은 일상에서 도덕적 갈등을 해결하기 위해 올바른 판단과정을 거쳐야 한다. 스포츠 현장에서도 사실판단과 가치판단을 통해 구분하면 다음과 같다. 첫째, 사실판단이다. 이는 올바른 도덕적 판단을 하고자 진위를 가릴 때 필요하다. 즉, 관찰이나 과학적 혹은 역사적 탐구 등과 같이 객관적인 사실에 근거한 판단이라 할 수 있다. 또한 참과 거짓의 측정을 통해 파악할 수 있는 사실로서 갈등 해결의 실마리를 제공한다. 예를 들어 코로나19로 1년 연기돼 치러진 2023년 항저우 아시아경기대회에서 한국 축구대표팀이 금메달을 취득한 사실과 우사인 볼트가 100m 달리기 세계기록9.58초 보유자란 사실은 사실판단에 해당된다.

가치판단 장면

둘째, 가치판단이다. 이는 좋고 나쁨, 옳고 그름, 아름다움과 추함, 고귀함과 저속함 등 주관적 가치에 근거한 판단이다. 보편적 가치와 공공의 가치, 사리 분별적 가치판단, 미적인 가치판단 및 도덕적 가치판단 등 당위에 근거한다. 예를 들어 손흥민 선수가 넘어진 상대선수를 일으켜 준 행동을 스포츠맨십의 좋은 예로 생각하거나, 스포츠 선수들의 기부는 사회적으로 긍정적인 영향을 줄 수 있다는 사실은 가치판단에 해당된다.

3) Scheler의 가치서열 기준과 Rest의 도덕적 행동 분류

막스 셀러M. Scheler, 1874-1928가 제시한 가치서열 기준은 네 가지로 분류한다. 첫째, 지속성이다. 즉, 지속적인 것이 일시적인 것보다 추구하는 가치의 서열이 높다. 둘째, 근거성이다. 어떤 가치의 근거가 되는 것일수록 추구하는 가치의 서열이 높다. 다시 말해 수단가치보다 목적가치가 높은 것이다. 셋째, 만족의 깊이도 제시했다. 일시적 쾌락보다 만족이 깊은 것이 추구하는 가치의 서열이 높다. 정신적 만족이 최고의 가치가 되는 이유다. 마지막으로 분할 향유의 가능성이란 것도 있다. 보다 많은 사람들이 가지면서도 각자 몫이 줄어들지 않는 것일수록 추구하는 가치의 서열이 높은 것이다.

표 1-3 Scheler의 가치서열 기준

구분	내용
지속성	• 지속적인 것이 일시적인 것보다 추구하는 가치의 서열이 높음
근거성	• 어떤 가치의 근거가 되는 것일수록 추구하는 가치의 서열이 높음 (목적가치>수단가치)
만족의 깊이	• 만족이 깊은 것이 일시적 쾌락보다 추구하는 가치의 서열이 높음 (정신적 만족이 최고의 가치)
분할 향유 가능성	• 보다 많은 사람이 가지면서 각자 몫이 감소하지 않는 것일수록 추구하는 가치의 서열이 높음

레스트J. Rest, 1994는 한 개인의 도덕적 행동을 네 가지의 구성 요소로 분류했다. 첫째, 도덕민감성moral sensitivity은 도덕적 상황의 인식과 해석 등으로 감수성과 연관이 있다. 이는 스포츠 상황에서 도덕적 딜레마를 지각하게 하는 것으로 이해할 수 있다. 둘째, 도덕추론 혹은 판단moral judgement으로 바람직한 해결방안에 대한 추론을 말한다. 스포츠 상황에서 옳고 그름을 판단하게 하는 것이다. 셋째, 도덕동기화moral motivation는 도덕적 가치를 다른 가치에 둘 수 있는 것이다. 이는 스포츠에서 다른 가치보다 정정당당하게 경기하는 것에 가치를 두게 하는 것이다. 마지막으로 도덕적 품성화moral character는 인내, 용기, 품성 등 도덕적 행동의 표출로서 자아강도

ego strength라고도 한다. 스포츠 상황에서 장애요인을 극복하여 실천할 수 있는 강한 의지, 용기, 인내 등의 품성을 갖게 하는 것으로 이해할 수 있다.

2. 스포츠의 사회적 순기능과 역기능

1) 스포츠의 사회적 순기능

2002년 한·일 월드컵

스포츠의 사회적 순기능에는 우선 사회 정서적 기능으로 개인의 정서를 순화시켜 부정적인 행동을 예방할 수 있다. 또한 사회화 기능으로 스포츠에 참여함으로써 사회생활에 도움이 되는 신념, 가치, 규범 등을 배울 수 있는 기회를 제공한다. 스포츠는 무엇보다 사회 통합의 기능이 있다. 스포츠로 서로 공감하고 하나로 통합되는 경험을 2002년 한·일 월드컵 때 4강 신화를 이룬 길거리 응원 문화를 통해 했다. 이 과정에서 성별, 연령에 관계없이 많은 국민들이 길거리 응원에 참가하며 국가에 대한 애착심과 소속감을 되새겼다.

2) 스포츠의 사회적 역기능

스포츠의 사회적 역기능에는 대표적으로 사회통제의 기능이 있다. 통치 집단은 정치·경제·사회 등 국가적인 문제에 대한 관심을 스포츠로 전환하는 정책을 구사한다. 또한 신체의 소외 현상이 발생할 수 있다. 선수의 신체에 대해 오로지 돈을 벌기 위한 수단으로 전락하게 함으로써 갈등을 부추기기도 한다. 갈등이론 개념 중 운동선수의 재능과 능력을 착취의 대상으로 인식하면서 선수는 이윤추구를 위한 수단으로 전락했다는 비판적 주제의식을 갖게 했다. 스포츠의 흥행을 통해 긍정적인 면도 부각되지만 과도한 상업주의로 인간의 근원적 문제를 소외시키는 역기능이 존재한다. 또한 오랫동안 스포츠 현장에서 묵인되거나 방치돼 왔던 성차별의 문제로서 남성이 여성보다 우월하다는 편견의식을 고착화시켰다는 비판도 있다.

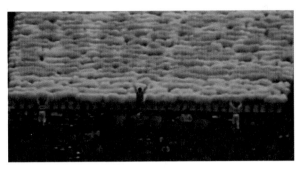

1980년대 한국 프로 스포츠 응원

스포츠 사회학과 윤리의 이론

CHAPTER

01 스포츠 사회학의 이론

02 스포츠 윤리의 이론

CHAPTER 01

스포츠 사회학의 이론

1. 구조기능주의

구조기능주의Structural–Functionalism는 가장 오래된 사회질서의 이론으로 모든 체계에는 충족시켜야할 기능적인 요건이 있음을 전제로 했다. 또한 그 요건은 어떤 구조에 의해 충족된다는 이론으로서 사회를 유기체에 비유한 것이다. 1960년대 초반에 스포츠 사회학이 독립적인 학문분야로 자리매김하는 과정에서 구조기능주의 이론을 통해 체계를 잡는 역할을 했다. 이는 우리 사회가 하나의 유기체로서 서로 관련되고 의존적인 제도로 구성돼 있다는 것이다. 이러한 제도는 사회의 안정에 기여를 하고, 모든 요건이 충족하게 되면 목표를 실현할 수 있다는 것이다. 즉, 구조기능주의에 따르면 사회의 존속을 위해 수행되어야 하는 기능이 있고, 그 기능수행의 지속성이 구조를 이루게 된다.

코클리J. Coakley, 1986에 따르면 사회구성원은 동일한 가치관을 지녔다고 보았다. 또한 가정, 교육, 경제, 정부, 종교, 스포츠 등과 같은 사회의 주요부분은 상호보완적인 조화상태로 인식했다. 예를 들어 구조기능주의 이론으로 설명할 수 있는 스포츠 일탈은 현존하는 사회질서의 유지에 기여한다는 점에서 정상적인 것으로 간주될 수 있다. 도핑은 일탈행위로 발생할 수밖에 없지만 그런 행동을 경멸하고 경각심을 갖게 하는 데 기여를 한다. 이러한 측면에서 구조기능주의는 각각의 개체보다는 전체의 이익에 부합하는 데 초점을 둔다.

구조기능주의가 현대 스포츠 사회학의 이론을 정립하는 데 기여를 했지만, 몇 가지 이유로 비판받기도 한다. 스포츠의 긍정적인 측면만 지나치게 강조하거나 개인의 가치와 역량을 등한시할 수 있는 구조적인 측면만 부각된 현실은 비판의 대상이 된다. 또한 스포츠 현장에서 수도

도핑문제로 인한 경각심 부각

없이 발생하는 다양한 갈등현상을 스포츠를 통해 얻게 되는 안정과 조화만이 중요한 주제로서 다룬다는 점도 구조기능주의 이론의 한계로 지적받고 있다.

파슨스T. Parsons, 1966는 모든 사회체계에 대해 네 가지 기능요건을 충족AGIL 해야한다고 제시했다. 이를 스포츠 상황에 적용하면 다음과 같다. 첫째, 적응Adaptation으로 스포츠가 사회구성원들에게 현실에 적합한 사고, 감정, 행동양식 등을 학습할수 있게끔 한다. 또한 스포츠는 격렬한 신체활동을 통해 체력, 정신력, 극기심 등을 배양하여 사회적 환경에 도전할 수 있게 한다.

둘째, 목표달성Goal Attainment이다. 이는 타인과의 공정한 경쟁으로 이루어지는 목표설정이 중요한 요건으로 작용한다. 스포츠맨십과 페어플레이의 가치가 중요한 개념으로 인식하고, 공정하지 못한 승리에 대해 인정을 하지 않는다. 또한 스포츠 경험을 통해 대중에게 전체사회의 일반화된 목표와 가치를 내면화시키는 기능을 갖고 있다.

남북단일팀에 따른 긴장감 해소

셋째, 통합Integration이다. 사회체계가 하나의 단위로서 효과적으로 기능할 수 있도록 구성원들 간의 유대와 통합을 이루게 한다. 스포츠로 사회구성원을 결속시키고 조직의 일체감을 조성한다. 앞서 설명한 스포츠의 사회적 순기능에 제시됐듯이 스포츠를 통해 반목대신 공감과 일체감을 이뤄 사회통합에 기여하고 있다.

마지막으로 잠재적 유형유지Latent Pattern Maintenance로 긴장과 갈등을 해소시키는 정화작용을 한다. 이는 스포츠로 대중에게 사회의 기본적 가치와 규범을 전달한다는 사실에 관심을 둘 수 있다. 스포츠에 참여하는 자체가 사회구성원의 사고와 행동양식에 영향을 미칠 수 있는 요인에 초점을 두게 한다.

표 2-1 Parsons의 AGIL

구분	내용
적응 (Adaptation)	• 스포츠가 사회구성원들에게 현실에 적합한 사고, 감정, 행동양식 등을 학습하게 함 • 스포츠는 격렬한 신체활동을 통해 체력, 정신력, 극기심 등을 배양하여 사회적 환경에 도전
목표달성 (Goal Attainment)	• 타인과의 공정한 경쟁을 통해 이루어지는 목표설정 • 스포츠 경험이 대중에게 전체사회의 일반화된 목표와 가치를 내면화시키는 기능이 있음
통합 (Integration)	• 사회체계가 하나의 단위로 효과적으로 기능할 수 있도록 구성원들 간의 유대와 통합 • 스포츠를 통해 사회구성원 결속, 조직의 일체감을 조성함
잠재적 유형유지 (Latent Pattern Maintenance)	• 긴장과 갈등을 해소시키는 정화작용 • 스포츠는 대중에게 사회의 기본적 가치와 규범을 전달한다는 사실에 관심을 둠

2. 갈등이론

갈등이론Conflict Theory에선 사회를 본질적으로 상호 다른 관심에 특정 지우고, 공통된 가치관에서 벗어나 끊임없이 변화하는 것으로 보았다. 이 이론은 마르크스 K. Marx의 유산계급과 무산계급을 다룬 유물론에서 시작됐다. 생산수단을 지닌 유산계급과 생산수단을 갖지 못한 무산계급 간 갈등의 결과에 따라 사회가 이뤄졌다고 본 것이다.

일부 지배집단이 자신들의 이익을 증진시키기 위해 스포츠를 이용하고, 자본주의사회에서 어떤 형태로든 이익을 추구하는 소수 지배계급에 의해 형성된 왜곡된 형태의 스포츠 활동을 꼬집었다Coakley, 1986. 따라서 스포츠는 권력을 지닌 자들의 대중통제의 수단으로 인식하기에 이른다Hoch, 1972.

갈등이론을 스포츠 현장에 대입하면 지배계급은 피지배계급을 억압하고 착취하기 때문에 재화의 불평등한 분배는 사회의 본질적 속성으로 간주한다. 즉, 이 이론을 주장하는 사람들은 스포츠로 하여금 일부 지배계급에 의해 그들의 이익을 증대시키는 데 이용되는 거라고 인식했다. 앞서 제시한 스포츠의 사회적 역기능으로서 사회통제 기능, 신체 소외, 상업주의, 성차별 등의 문제를 이와 같은 갈등론적 관점에서 다루고 있다.

이 외에도 국수주의國粹主義, Ultranationalism의 폐해를 들고 있다. 즉, 국익을 다른 어떤 것보다 중요하게 인식하는 극단적인 민족주의의 사상에서 스포츠 현장의 문제를 지적한다. 올림픽 헌장에는 국가 간의 경쟁이 아니라고 명시했음에도 불구하고 대표팀에게 국가를 위해 극단적으로 헌신할 것을 강조하고 있다.

갈등이론은 사회통제를 통해 사회적·경제적·정치적인 문제로부터 시선을 돌리게 한다는 인식, 승리지상주의에서 비롯된 신체소외와 과도한 상업주의의 문제, 성·인종 차별 등에 따른 인권문제에 지적과 비판을 이어오고 있다. 이러한 장점과 더불어 갈등이론 자체도 비판을 받기도 한다. 예를 들어 권력자에 의해 통제되는 정도를 지나치게 과장하거나, 스포츠가 갖는 특성 중에서 경제적인 요인 외의 다양한 요인을 고려하지 않는 점에 대해 이론의 한계로 지적받기도 한다. 또한 스포츠 참가 자체가 집단의 참여만을 부각하다보니 개인 참여에 따른 창의성과 생산성의 장점을 간과하기도 한다.

표 2-2 구조기능주의와 갈등이론의 비교

구조기능주의	갈등이론
• 모든 사회는 사회적 요소들의 비교적 안정적이고 지속적인 묶음으로 이루어짐	• 모든 사회는 어느 시점에서는 변화에 종속되어 있고, 변화는 항상 있음
• 모든 사회는 상호의존적인 부분들의 잘 통합된 체계	• 모든 사회는 모든 시점에서 의견의 불일치와 갈등을 보임
• 사회체계의 모든 요소들은 그 체제의 존속에 공헌한다는 점에서 기능적	• 사회의 모든 요소들은 잠재적으로 그 사회의 해체와 변화에 공헌함
• 모든 사회는 성원들 사이의 가치합의에 기초	• 모든 사회는 어떤 성원들로부터 다른 성원들에 대한 강제에 기초함

3. 비판이론

비판이론Critical Theory은 마르크스주의가 경제론으로 치중할 때 프랑크푸르트학파에 의해 반대의견을 제시하며 발전된 사회학적 이론으로 헤겔Hegel과 마르크스Marx 이론에서 영향을 받았다. 비판이론은 사회의 본질을 보다 명확하게 규명하고자 하면서 1980년대 후반부터 구조기능주의와 갈등이론의 한계를 극복하는 데 인정을 받았다.

인간에게는 기본적으로 환경을 변화시킬 수 있는 능력이 있다는 전제를 갖고, 현대사회의 복잡한 문제의 원인과 해결방안을 제시하고자 했다. 즉, 복수이론을 지향하고 이론과 실재의 결합을 강조했다. 이를 통해 모든 문제는 인간의 관점에서 결정하고 해석돼야 한다는 주장으로 이어졌다. 사회문제들의 본질을 폭로하는 데 중점을 두고 권력과 권위, 자유의 본질과 한계에 대해 연구했다.

비판이론은 스포츠에 대해 더 이상 자기계발과 여가수단이 아니라 자본의 이윤축적을 위한 상품으로 변질되고 있음을 지적했다. 스포츠의 진정한 가치와 이상, 스포츠 참여기회, 선택에 관한 사회집단 혹은 계층 간의 차이, 보다 많은 집단과 계층의 이익을 위한 스포츠 변화방법, 사회구성원 간의 상호작용을 촉진하는 매개체로서 역할을 강조함으로써 비판이론으로 규명을 위한 노력을 했다.

여기서 잠깐!

페미니즘 이론(feminism)
- 19세기 중반 남성 위주의 가부장적 사고방식에 대해 거부하고 여성 참정권 운동을 통해 여권주의 신장의 목적을 가짐. 비판이론의 범주에 속함
- 스포츠 현장에선 참여 기회, 시설 이용 기회, 연봉과 대우의 차등, 참여 제한 등 여러 분야의 차별적 요인에 대한 문제점을 지적함

헤게모니 이론(hegemony)
- 헤게모니란 제도와 사회관계에서 권력을 유지하는 수단으로서 강제의 수단이 아니라 동의의 의한 지배과정으로 비판이론의 범주에 속함

- 스포츠 현장에선 지배집단의 헤게모니 구조를 형성하는 데 중요한 수단으로 인식함·국제올림픽위원회(IOC, International Olympic Committee)가 기획한 올림픽 경기를 매 4년마다 대륙별로 옮겨 다니며 정치적·경제적·사회적 지배체계를 공고히 하고 있음

4. 상징적 상호작용론

미드Mead, 1934에 의해 최초로 구상된 상징적 상호작용론Symbolic Interactionism은 마음, 자아, 사회라는 세 가지 개념으로 제시됐다. 이는 개인의 행동을 결정하는 역할은 객관적인 사회적 조건이 아니라 개인이 그것을 어떻게 주관적으로 인지하고 평가하느냐의 상황을 정의한 것이다. 즉, 인간의 능동적인 사고와 행위의 측면을 설명했다.

루수의 역할

스포츠 상황에서 자아, 일반화된 타자, 역할, 지위, 정체성과 같은 상징적 상호작용론의 구성물이기에 스포츠 상황을 분석할 때 적합하다. 따라서 스포츠 현상에 대한 상징적 상호작용론의 적용으로 세 가지를 분류해 살펴보면 다음과 같다. 첫째, 일반화된 타자가 있다. 이는 투수를 예로 들면 팀의 중심이고, 팀을 리드하며 볼을 잘 던져야 한다는 인식을 갖게 한다. 둘째, 스포츠 의식으로 선수들의 미신, 징크스, 금기사항, 속설 등을 일컫는다. 마지막으로 팀 문화로서 스포츠맨십, 팀워크, 승리와 패배 등의 상징적 가치를 의미한다.

상징적 상호작용론은 다른 이론에 비해 최근에 발전한 이론이다. 거시적 관점을 논의한 구조기능주의와 갈등이론과 달리, 인간의 상호작용을 통해 움직이는 집단과 과정에 대한 미시적 관점을 중요한 주제로 삼았다.

블루머H. Blumer, 1969에 의해 발전된 사회학 연구론으로 세 가지 명제를 통해 상징적 상호작용론을 설명했다. 첫째, 인간은 대상object이 인간에 대해 지니고 있는 의미를 바탕으로 행동한다. 둘째, 대상들의 의미는 사람이 동료들과의 사회적 상호작용에서 비롯된다. 마지막으로 대상에 대한 해석과정 속에서 처리되고 변형된다는 것이다. 예를 들어 경기장에선 다양한 일탈 행동으로 낙인찍힌 선수들이 있다. 상징적 상호작용론의 관점에서 바라보면 동일한 행위도 상황에 따라 일탈로 규정되거나 그렇지 않을 수도 있다.

5. 사회교환이론

사회교환이론Social Exchange Theory은 사회관계를 비용Cost과 보상Reward의 교환이라는 인식에서 분석하는 것이다. 사회교환이론에선 이타주의적 행동이 존재할 수 없다. 다시 말해 자신의 이윤을 극대화하려는 노력이 있는 것이고, 개인 간의 상호관계와 집단 내, 더 나아가 사회구조의 교환관계를 중시하며 구조기능주의에 대한 반대개념을 갖는다.

교환이론의 제창자인 호만스G. C. Homans, 1974의 여섯 가지 기본명제를 통해 스포츠에 적용하면 다음과 같다. 즉, 경기에서 좋은 성적을 보인 선수에게 더 많은 보상을 주어야 한다성공, 자극, 가치명제. 또한 한 선수가 같은 상을 반복해서 받으면 상의 가치가 떨어진다고 생각할 가능성이 있다. 이로써 상의 종류와 강도를 변화시켜야 한다박탈-포화명제. 더불어 어떤 경기에서 한 선수가 보통 이상의 수행을 보였다면 당연히 보상을 해 주어야 하고공격-승인 명제, 최소의 비용을 들여서 최고로 가치 있는 경기 결과를 얻을 수 있도록 지도해야 한다합리성 명제.

표 2-3 Homans의 교환이론

구분	내용
성공명제 (Success)	• 사람들의 행동은 보상이 자주 주어질수록 그 행동을 할 가능성이 높아짐
자극명제 (Stimulus)	• 과거의 자극이 원인이 되어 얻게 된 개인보상을 통해 유사한 행동을 할 가능성이 높아짐
가치명제 (Value)	• 행위결과를 통해 가치가 있다고 판단되면 그 행동을 할 가능성이 높아짐 • 경기에서 좋은 성적을 보인 선수에게 더 많은 보상을 줌(교환, 실격과 보상)
박탈-포화명제 (Deprivation-Satiation)	• 과거에 특정한 보상을 자주 받을수록 그 이상의 보상도 점차 가치가 저하됨 • 한 선수가 같은 상을 반복해서 받으면 상의 가치가 떨어진다고 생각할 가능성, 즉 상의 종류와 강도를 변화시켜야 함
공격-승인명제 (Aggression-Approval)	• 기대했던 것만큼 보상을 못 받거나 오히려 처벌을 받을 때 공격 가능성이 높아짐 • 어떤 경기에서 한 선수가 보통 이상의 수행을 보였다면 당연히 보상을 해 주어야 함
합리적 명제 (Rationality)	• 특정인이 대안적 행동 중 특정행동을 선택할 때 그 시점에 파악하는 결과의 가치에 그 결과를 얻을 확률을 의미함 • 최소의 비용을 들여서 최고로 가치 있는 경기 결과를 얻을 수 있도록 지도해야 함

CHAPTER 02

스포츠 윤리의 이론

1. 목적론적 윤리

윤리적 판단을 해야 할 경우 의사결정을 하는 절차에 관한 윤리이론은 윤리적으로 옳은 행위가 무엇인가라는 철학적인 문제에 대한 해답을 찾는 시도까지 포함할 수 있다. 또한 도덕적, 경제적, 법적, 사회적 문제들에 대한 철학적 분석과 통찰을 포함한다. 기초적인 윤리적 질문은 무엇을 해야 하는가, 어떻게 해야 하는가, 그리고 왜 해야 하는가이다.

목적론적 윤리Teleological Ethics는 결과주의로서 행위의 잘잘못을 그 행위가 초래하는 결과에 기초해서 판단하는 것이다. 따라서 좋은 결과를 목적으로 삼고, 그에 맞게 행동할 것을 강조할 수 있다. 모두에게 좋은 결과를 목적으로 추구하게 된다.

목적론적 윤리의 토대는 경험주의이다. 이는 경험적 추리를 통한 과학적 방법, 감각, 실험, 관찰 등에 따른 귀납법을 중시한다. 이와 관련된 주요 학자와 내용으로서 베이컨F. Bacon, 1561－1626의 우상론종족, 동굴, 시장, 극장의 4대 우상으로 실험과 관찰을 통한 귀납법을 제시했다. 우리 자신이 만든 것이 우상으로 오류, 편견, 선입견이 될 수 있음을 경계했다. 또한 홉스T. Hobbes, 1588－1679의 사회계약 개념이 있다. 자연을 '만인의 만인에 대한 투쟁' 상태로 상정하고 자연권을 확보하기 위해 사회계약이 생겨났고, 그가 표현한 '리바이어던'이란 국가와 같은 강력한 권력이 발생하는 것이라고 주장했다. 이 외에도 로크J. Locke, 1632－1704가 제시한 인식론은 인간에게 지식과 추론의 원천은 관념을 주는 경험이라고 했다. 또한 흄D. Hume, 1711－1776은 인간 과학에 대해 체험과 관찰이라는 경험적 방법으로 연구되는 과학이라고 주장했다.

이러한 경험주의 사조는 공리성, 효용성, 유용성을 강조하는 공리주의로 발전했다. 대표적으로 양적 공리주의의 벤담J. Bentham, 1748－1832은 쾌락의 총량 증대를 표현한 '최대 다수의 최대 행복'과 질적 공리주의의 밀J. S. Mill, 1806－1873이 제시한 정신적 쾌락을 추구하고 쾌락의 질적 차이를 인정하게 된다.

목적론적 윤리, 결과주의, 경험주의, 귀납법, 공리주의를 잇는 사상을 도입해 스포츠 현장의 사례로 이해해 볼 수 있다. 예를 들면 상대선수에게 의도적 반칙을 가해 좋은 결과를 갖고 오자는 감독의 지시를 이행하는 경우에서 결과적으로 팀 승리로 이어졌다. 이는 결과를 중시하는 목적론적 윤리이론의 사례가 될 수 있다.

승리에 환호하는 선수

2. 의무론적 윤리

의무론적 윤리Deontological Ethics는 동기주의로서 행위의 결과와는 무관하게 행위에 대한 도덕적 책무와 의무를 중시한다. 이는 올바른 동기 혹은 의무에 따르는 행위, 선의지 자체에 대한 의무를 강조한다.

의무론적 윤리의 토대는 이성주의로서 수학적인 형식적 추리방법과 이성적인 영역을 중시하는 연역법과 관련이 있다. 주요 학자는 대표적으로 데카르트R. Descartes, 1596-1650가 있다. 그는 유명한 "나는 생각한다. 고로 나는 존재한다."라는 명제를 통해 실체 이원론몸과 정신/연장과 사유을 주장했다. 즉, 주체와 대상을 일치시키기 위해 실체를 두 부분으로 구분했는데, 구체적인 부피와 같은 공간을 차지하는 실체를 연장이라 하고, 부피 같은 것이 없는 실체를 사유로 보았다. 그에 따르면 연장과 사유는 함께 있는 것이고 사유는 몸을 제어하는 것이다. 또한 스피노자B. D. Spinoza, 1632-1675의 범신론"자연이 곧 신"을 통해 이성에 따른 자연 법칙의 인식을 중시했던 사상과도 맥을 같이 하고 있다.

이성주의 혹은 합리주의 사조는 칸트I. Kant, 1724-1804와 루소J. J. Rousseau, 1712-1778로 이어졌다. 칸트주의에 따르면 스포츠 현장에서의 페어플레이도 선의지가 없으면 도덕적이라 볼 수 없는 것이다. 즉, 선의지는 도덕적인 선수가 갖추어야 할 내적인 태도이자 도덕적 행위의 필요충분조건이라 할 수 있다. 예를 들어 축구심판의 잘못된 판단으로 패널티킥을 얻었지만, 선수는 오히려 자기 스스로 넘어진 것이므로 판정의 번복을 요청한 경우가 있다. 이는 의무론적 윤리이론의 사례로서 동기를 중요하게 여기는 것이다.

즉, 스포츠 현장에서의 의무론적 윤리이론에서는 행위의 결과에 상관없이 절대적인 도덕규칙에 따라 판단을 내린다. 또한 정정당당하게 경기에 임하려는 선수의 착한 의지는 경기결과에 상관없이 그 자체로 선한 것으로 이해할 수 있다.

> **✓ 여기서잠깐!**
>
> **스포츠 공정성 및 사회정의**
>
> - 공정한 스포츠는 스포츠인의 도덕적 자율성과 제도적 강제성의 조화에서 이루어짐. 단, 제도적 강제성이 집중되면 조직의 감시, 통제, 억압, 착취를 받을 가능성이 높아짐
> - 사회정의에 대한 관점
>   - **형식적 정의**: 모든 사건이나 사람에 대해 형식상 공정하게 적용하는 제도
>   - **실질적 정의**: 사람들 간의 차이를 고려하여 합리적인 처분을 내려 각자에게 몫을 부여(체급을 고려한 권투 경기)
>   - **결과적 정의**: 결과에 초점을 두고 제시된 기준을 객관적으로 측정, 상호 비교(능력, 성과, 노력, 사회적 효용 등)
>   - **절차적 정의**: 절차나 과정에 초점을 맞춤
>   - **분배적 정의**: 각자에게 정당한 몫을 돌려줌으로써 아무도 불만을 제기하지 않는 방식으로 분배하는 것(기술의 난이도에 따라 차등적으로 점수)

3. 덕론적 윤리

덕론적 윤리德倫理學, Virtue Ethics의 기원은 고대 그리스 철학자인 아리스토텔레스Aristoteles, 기원전 384년–기원전 322년가 제시한 에우다이모니아Eudaimonia에서 찾아볼 수 있다. 이는 인간 존재를 위한 최선의 삶은 곧 '행복'인 것이다.

행위자의 덕 또는 훌륭한 성격을 강조하는 접근법으로 목적론적 윤리와 의무론적 윤리에 따른 접근법과는 다르다. 즉, 행위의 결과를 중시하는 접근법결과주의과 의무를 중시하는 접근법동기주의과는 차이가 있다. 앤스콤G. E. Anscombe의 논문 "Modern Moral Philosophy1958"를 시작으로 공리주의와 칸트주의를 대체할 제3

의 윤리로 다시 주목받았다. 또한 매킨타이어A. MacIntyre, 1968는 아리스토텔레스의 형이상학적 생물학을 거부하고, '사회적 실천', '전통', '삶의 서사적 통일성'의 개념을 중심으로 덕론을 제시했다.

덕론적 윤리의 장점은 도덕적으로 이상적인 인격 모델을 제시하고, 도덕적 탁월성이 실현 가능하다는 것을 보여주었다. 또한 윤리의 실천 가능성을 높여주고 자발적으로 도덕적 행동을 하도록 독려한다. 더불어 도덕 공동체를 지향할 수 있게 한다. 반면, 상대주의적 위험성과 판단의 불확정성이 있다. 이는 주관적이고 우연적인 요소가 있기 때문이다.

스포츠 상황 중 테니스 경기에서 더위에 고생하는 어린 볼보이를 위해 선수가 시원한 음료를 제공하는 경우를 들어보자. 그 선수의 행위는 유덕한 품성으로부터 나온 선한 행동으로 볼 수 있기 때문에 덕론적 관점에서 살펴볼 수 있다. 즉, 행위의 정당성보다 개인의 인성을 강조할 수 있기 때문이다. 비윤리적 행위는 궁극적으로 스포츠인의 올바르지 못한 품성에서 비롯된다는 것을 인식하고, 스포츠인의 미덕을 드러내는 행동은 옳은 것이며, 악덕을 드러내는 행동은 그릇된 것으로 간주할 때 덕론적 윤리의 관점에서 이해할 수 있다.

4. 배려윤리

동료를 격려하는 선수

배려윤리는 기존의 남성 중심적이고 정의 중심적인 윤리를 보완하기 위해 등장했다. 다시 말해 정의, 공정성, 보편성, 이성 등을 강조하는 정의윤리남성적 윤리와 배려, 공감, 유대감, 책임 등을 강조하는 배려윤리여성적 윤리로서 구분해 살펴볼 수 있다. 길리건C. Gilligan은 여성과 남성의 도덕적 지향이 동일하지 않으므로 두 가지의 조화를 지향해야 한다고 했다. 나딩스N. Naddings는 여성의 도덕적 특징인 타인배려, 유대감, 책임 등을 중시하고, 자연적 배려에서 윤리적인 배려로 확대해야 한다고 주장했다.

스포츠 현장에서도 배려윤리는 경기에 처음 출전하는 후배를 격려하는 선배의 친절한 행위, 근육 경련을 일으킨 상대 선수를 걱정하고 보살피는 행위와 같이 타자의 요구와 정서에 공감하고 대응하는 다양한 모습에서 찾아볼 수 있다.

결과를 수반하는 과정의 중요성

여기서잠깐!

도마 안중근과 균형감각

2022년 한 해를 뒤돌아보자. 여전히 코로나19 여파가 있었지만 일상을 찾아가는 원년으로서 모두 함께 노력했다. 버겁고 균형감을 잃은 정치적 현실에 피로감도 늘었고 그런 와중에 카타르 월드컵을 밤새며 응원도 했다. 그 즈음해서 도마 안중근을 다룬 뮤지컬 영화도 상영했다. 도마 일대기를 제대로 알면 어느 평론가의 신파극 운운한 평을 무색하게 만든다. 남의 작품에 대해 가장 경계해야 하는 것은 직관해서 내리는 평이라 할 수 있다.

무엇을 직접 만들어보거나 경험이 하나둘씩 쌓이다보면 그 감각을 토대로 연상 작용과 판단범주가 넓어진다. 그렇게 되면 추리도 가능하고 논리를 통해 치밀한 사유 작용을 하게 된다. 다시 말해 어떤 결과물에 대해 보는 순간, 듣는 순간, 만지는 순간에 직접 파악할 수 있다고 착각해서는 안 되는 것이다. 직접 경험하기 전에는 자신의 지식이 될 수 없다.

힘겨웠던 감염병의 공포를 대응책 없이는 이겨낼 수 없다는 사실을 몇 해 전 깨달았다. 더불어 자연발생적 병원균의 다양성과 인류가 위험을 앞당길 수 있다는 어리석음을 동시에 봤다. 의료 과학을 맹신하는 것을 경계해야 한다는 사실을 알면서도 그것에 기대야 하는 현실도 느꼈다. 이런 환경을 통해 건강과 운동의 중요함을 보다 더 인식하게 됐다.

운동이란 건강과 체력을 유지하고 증진시키기 위한 계획적이고 규칙적인 신체활동이다. 체력은 두 가지로 구분해 살펴볼 수 있다. 첫째, 행동체력은 육체적 활동을 통해 행동을 일으키는 능력이다. 이를 다시 순발력, 민첩성, 평형성, 협응성 등의 운동체력과 근력, 근지구력, 심폐지구력, 유연성 등의 건강체력으로 분류할 수 있다. 직관으로 절대 이루어질 수 없는 영역으로 직접 움직여 봐야 알 수 있다.

둘째, 방위체력은 자극을 이겨내 생명을 유지하고 발전시키는 능력이다. 이를 위해 우리가 이겨내야 할 스트레스가 있다. 앞서 언급한 바이러스, 세균 등의 생물학적 스트레스, 최근 심각해져 가는 기후, 수질 등의 환경적 스트레스, 현대인이 만성적으로 갖게 된 피로감, 갈증, 불면 등의 생리적 스트레스와 슬픔, 불쾌감, 우울감 등의 심리적 스트레스가 있다. 우린 이러한 것들에 직접 부딪히며 저항해야 한다.

안중근은 엄청난 사격술을 연마하여 얻어진 강인한 체력의 소유자였다. 또한 고전을 익혀 정신적으로도 매우 완숙한 경지에 이르렀던 사람이다. 우린 왜 운동을 할까? 운동은 다양한 자극들(stimuli)을 받는다는 것이다. 평범한 몸에 자극을 주면 반응(response)이 따라온다. 그럼, 왜 반응이 중요할까? 바로 항상성(homeostasis)을 유지하기 위함이다. 꾸준한 학습도 마찬가지다. 우리 몸과 마음의 일관됨을 유지하기 위해 인위적인 노력에 의한 균형감각을 놓치지 않길 바란다.

안중근

출처: 문개성(2023.3.2.) 도마 안중근과 균형감각. 원대신문(제1420호), 사설.

스포츠 사회와 윤리

스포츠와 사회화

CHAPTER
01 스포츠 사회화
02 스포츠 사회화의 과정

CHAPTER 01

스포츠 사회화

1. 스포츠 사회화의 정의

1) 스포츠 사회화의 개요

사회화란 인간이 사회에 적응하며 살아가기 위해서는 사회 구성원들과 상호작용을 통해서 사회생활에 필요한 가치, 기술, 지식, 규범 등을 학습하는 것을 의미한다. 이와 같은 복합적인 학습과정은 우선 가족으로부터 배운다. 또한 재사회화란 사회 변화에 맞추어 과거와는 다른 새로운 규범과 가치, 지식 등을 내면화하는 것을 뜻한다.

레오나드 등Leonard, Schotanus, Reynolds, & Sövik, 1980에 따르면 사회화는 사회의 한 구성원이 되기 위한 타인들로부터 얻은 학습경험을 토대로 이뤄지는 사회적 변화의 한 측면이라고 했다. 국내 학자 임번장1994은 인간이 소속 집단에 적응하기 위해 사회제도, 지식, 규범 등을 타인들과의 상호작용을 통해 얻는 과정으로 설명했다.

이와 같이 가정과 사회로부터 배우는 학습과정을 통해 각자의 역할을 습득하고 자아를 형성한다. 태어나고 자라온 환경이 천차만별이기 때문에 사회화 과정을 통해 얻게 되는 가치와 신념 등은 사람마다 차이가 있다.

스포츠 현장에도 사회화 과정이 있다. 스포츠 사회화란 개인이 스포츠에 참여하여 그 사회의 문화를 체득하고 자신의 특성을 발휘하는 과정을 의미한다. 우연치 않게 스포츠에 참여하게 되면서 스포츠맨십과 페어플레이를 배우는 과정을 통해 일상의 태도에도 영향을 미치게 된다. 또한 뜻하지 않은 부상을 당해 좋아하던 운동을 부득이하게 못하게 되는 과정이 발생했을 때 변화, 소속팀 혹은 동호회 구성원 간의 갈등으로 스포츠 현장을 벗어날 수밖에 없는 여러 가지 이유가 발생한다. 이후 각기 다른 연유로 인해 다시 스포츠 현장으로 돌아오는 등 일련의 순환과정을 겪을 수 있다.

스포츠 사회화 과정은 네 가지로 분류할 수 있다. 스포츠로의 사회화, 스포츠를 통한 사회화, 스포츠로부터의 탈사회화, 스포츠로의 재사회화이다. 이어지는 단원에서 자세히 설명할 것이다.

표 3-1 스포츠 사회화 과정

구분	내용
스포츠로의 사회화 (Socialization into Sport)	• 개인에게 스포츠에 참여하고자 하는 흥미와 관심을 유발시킴으로써 스포츠에 참가하도록 유도하는 것
스포츠를 통한 사회화 (Socialization via Sport)	• 스포츠 활동에 지속적으로 참여한 결과로 사회에 필요한 긍정적인 가치, 태도, 규범, 행동양식 등을 습득하는 것
스포츠로부터의 탈사회화 (Desocialization from Sport)	• 자의와 타의에 의해 스포츠 참가를 중단하는 것
스포츠로의 재사회화 (Resocialization into Sport)	• 조직화된 경쟁 스포츠에 참여했던 사람이 스포츠로부터 탈사회화 과정을 거친 후, 다시 스포츠에 참여하게 되는 것

2) 사회화를 보는 관점

사회화를 보는 관점은 크게 거시적 관점과 미시적 관점으로 구분할 수 있다. 첫째, 거시적 관점은 사회구조가 개인의 사회화에 영향을 미치는 것으로 이해할 수 있다. 이는 사회화를 통해 사회가 유지되고 개인의 자아를 실현하는 기능론적 관점과 사회화 때문에 불평등 구조를 유지하고 지배와 피지배의 관계를 정당화하는 갈등론적 관점으로 다시 분류할 수 있다. 또한 미시적 관점은 개인 혹은 집단과의 상호작용에 의해서 사회화가 이루어지는 것으로 이해할 수 있다. 대표적으로 상징적 상호작용론을 통해 개인은 다른 사람과의 상호작용에 의해 사회화되고 있음을 알 수 있다.

2. 스포츠 사회화에 관한 이론

1) 사회학습이론

사회학습이론Social Learning Theory은 개인이 사회적 행동을 어떻게 습득하고, 그 사회에 알맞은 역할을 수행하는가를 규명하려는 이론이다. 캐넌과 맥퍼슨Kenyon & McPherson, 1974에 따르면 개인의 사회적 행동역할행동에 미치는 세 가지 요소를 개인적 특성, 주요 타자, 사회화 현상으로 제시했다. 첫째, 개인적 특성Personal Attributes은 성별, 연령, 사회적 · 경제적 지위 등을 뜻한다. 이를 통해 스포츠 참여에 따른 학습과정에 영향을 미친다. 둘째, 주요 타자Significant Others는 가족, 동료, 코치, 교사, 대중매체 등으로서 개인의 태도와 가치관에 영향을 미친다. 마지막으로 사회화 상황Socialization Situations은 스포츠 조직의 구조, 개인의 지위, 참여의 자발성, 사회관계의 본질 등이다. 이를 통해 스포츠 역할학습에 영향을 미친다.

이러한 개인의 사회적 행동학습 방법으로는 대표적으로 강화, 코칭, 관찰학습이 있다. 강화Reinforcement는 상벌에 따른 행동의 긍정적 혹은 부정적인 것과 관계없이 행동의 반응, 빈도, 강도를 유발시키는 것이다. 긍정적인 강화로서 칭찬, 프리맥 원리Premack Principle 등이 있고, 부정적 강화로서 과잉교정, 타임아웃 등이 있다. 코칭Coaching은 사회화의 주관자타인를 통한 지도로서 개인의 목표를 성취할 수 있도록 하는 것이다. 또한 관찰학습Observational Learning은 다른 사람의 행동을 관찰하고 역할 수행에 반영함으로써 이뤄지는 학습을 의미한다.

사회학습이론의 예를 들어보면 고교 농구 감독이 팀 훈련 과정에서 학생선수들의 운동수행 능력을 향상시키기 위하여 상과 벌을 활용하거나, 어떤 선수가 독특한 타격 자세로 최다 안타상을 획득한 다른 팀 선수의 타격 자세를 관찰하여 자신만의 것으로 발전시키는 경우로 이해해볼 수 있다.

> **여기서 잡!!**
>
> ## 행동수정기법 혹은 강화기법(Reinforcement)
> : 바람직한 행동이 발생했을 때 따라오는 결과 혹은 보상
> ① 행동의 유지 및 증가기법
>   - 칭찬(Praise): 격려, 지시를 보내는 것으로 효과적인 강화방법
>   - 프리맥 원리(Premack Principle): 바람직한 행동을 했을 때 좋아하는 행동을 하게끔 하는 방법
>   - 용암(Fading): 도움 및 촉진을 줄이면서 학생 스스로 문제를 해결하게 하고,

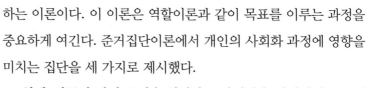

반응의 빈도를 증가시키게 하는 방법
- 토큰 강화(Token Reinforcement): 미리 결정된 행동기준에 도달하면 보상물을 통해 교환가치를 얻게 하는 방법(토큰 수집 Token Economy으로도 불림)
② 행동의 제거 및 감소기법
- 과잉교정(Over Correction): 문제행동이 발생했을 때 반복적으로 강제성을 통해 원상태로 복귀시키도록 하는 방법
- 타임아웃(Time-out): 물리적 행동 없이 제외, 고립, 차단하여 문제행동을 관리
- 반응대가(Response Cost): 어떤 행동을 통해 정적강화를 중단하거나 벌칙이 가해지는 방법(소거, 벌, 박탈, 포화)

2) 역할이론

역할이론Role Theory은 개인이 사회화 과정을 통해 집단에 소속된 후 그 사회의 일원으로서 기능을 발휘할 수 있게 변화되는 과정을 규명하는 이론이라 할 수 있다. 이 이론에 따르면 개인은 각자 처해있는 현실에서 일어나는 상황을 스스로 극복하며 다양한 경험을 하게 된다. 이러한 사회화 과정을 거치며 타인과의 상호작용에 따라 자신의 역할을 분명하게 하기 위한 노력을 한다.

3) 준거집단이론

준거집단이론Reference Group Theory은 어떤 집단이나 타인에게 자발적으로 적응하고 이들의 행동, 태도, 감정 등을 준거로 삼아서 자신의 행동, 태도, 감정 등을 형성하는 이론이다. 이 이론은 역할이론과 같이 목표를 이루는 과정을 중요하게 여긴다. 준거집단이론에서 개인의 사회화 과정에 영향을 미치는 집단을 세 가지로 제시했다.

첫째, 가족과 같이 규범을 설정하고 가치관을 형성시키는 규범집단이다. 둘째, 특정 역할을 수행하도록 기술적인 의미를 제시해주는 비교집단이다. 마지막으로 어떤 집단의 가치와 태도에 부합되게 행동하려는 청중집단이 있다.

가족과의 운동

CHAPTER 02

스포츠 사회화의 과정

1. 스포츠로의 사회화

1) 스포츠로의 사회화 개요

스포츠로의 사회화Socialization into Sport는 개인에게 스포츠에 참여하고자 하는 흥미와 관심을 유발시킴으로써 스포츠에 참가하도록 유도하는 것을 말한다. 스포츠에 처음으로 입문하는 과정은 사람마다 매우 다양하다. 유년기에 이뤄질 수도 있고 성년이 된 후에 직장에서 배우고 싶은 운동종목이 생길 수도 있다.

스포츠에 참여하게 만드는 요인에는 즐거움과 건강, 금전과 같은 외적 보상이 있다. 이 외에도 타인으로부터 인정을 받거나 스포츠 종목에 심취했을 때 정체성을 확인하는 과정을 통해 보다 적극적으로 스포츠에 참여하게 된다. 물론 일부 중동국가에서 여성이 스포츠에 참가하는 것을 불가하게 만든 특수한 사회적 상황으로 스포츠에 참여하지 못하게 만드는 요인도 상존한다.

2) 스포츠로의 사회화 주관자

스포츠 사회화의 주관자는 개인, 집단, 조직 등으로 스포츠에 참가하도록 권고하는 대상이다. 이를테면 어떤 개인을 스포츠에 참여하도록 유도하면서 피주관자에게 계속해서 참여하도록 격려하는 역할을 한다. 스포츠 사회화 주관자로는 앞서 언급한 가족을 비롯해 주요타자Significant Others, 준거집단Reference Group, 또래집단동료집단, 학교, 직장, 지역사회, 대중매체 등에 이르기까지 매우 다양하다.

브라운과 커티스Brown & Curtis, 1984에 따르면 가족 간의 어느 한쪽이 과도하게 스포츠에 참여할 경우 갈등의 원인이 될 수 있다고 했다. 즉, 부모와 자녀 사이에는 스포츠로의 사회화 과정에 직·간접적으로 가장 큰 영향을 미치기 때문이다. 또한 로이 등Loy, McPherson, & Kenyon, 1978에 따르면 또래집단은 취학 전 아동의 주요한 사회화 주관자로서 부모와 같은 권위적인 주관자로부터 독립할 수 있도록 도와주는 역할을 한다.

어린이 야구교실

스포츠로의 사회화의 예를 들어보면 한 어린이가 야구를 좋아하는 삼촌을 따라 처음으로 야구장에 가게 되었는데, 처음 보는 현장 경기에서 실제로 본 선수들의 모습이 너무 멋있게 느껴 부모에게 졸라 리틀 야구단에 입단하는 경우가 있다. 이는 가족삼촌과 준거집단선수이 스포츠 사회화 주관자로서 역할을 했다.

또한 박태환 선수나 김연아 선수가 올림픽 금메달 획득 장면이 언론에 집중적으로 보도되자 국내 수영장과 피겨 스케이팅장에는 많은 어린이들의 강습 신청 문의가 증가한 경우도 예로 삼을 수 있다. 이는 대중매체가 스포츠 사회의 주관자가 된다.

2. 스포츠를 통한 사회화

1) 스포츠를 통한 사회화 개요

프로구단 입단

스포츠를 통한 사회화Socialization via Sport는 스포츠 활동에 지속적으로 참여한 결과로서 사회에 필요한 긍정적인 가치, 태도, 규범, 행동양식 등을 습득하는 것을 뜻한다. 예를 들어 스포츠 참가의 결과로서 뛰어난 경기력을 통해 고등학교를 졸업하자마자 프로구단에 입단하는 경우와 중학생이 학교 스포츠 클럽에 참가하면서 교우관계가 원만해진 경우가 스포츠를 통한 사회화 과정이라고 할 수 있다. 만약 부모의 권유로 테니스를 배우게 됐다면 스포츠로의 사회화에 해당되지만, 그 테니스 참여를 통해 사회성과 준법정신이 강한 선수가 됐다면 스포츠를 통한 사회화가 된 것이다.

스포츠를 통한 사회화의 정도에 영향을 미치는 요인으로 개인의 능력, 인성, 계층 등과 같은 개인적 특성, 참가 지향적 혹은 승리 지향적일 수 있는 참가목적이 있다. 또한 행동적 참가, 인지적 참가, 정의적 참가로 분류될 수 있는 참가형태와 참가 기간, 빈도, 강도 등을 나타내는 참가정도에 따라 영향을 미칠 수 있다. 더불어 조직 내의 분위기, 인간관계 등과 밀접한 스포츠 조직, 스포츠 활동에 참여하도록 유도하는 사회화 주관자의 위신 등에 따라 스포츠를 통한 사회화의 정도에 영향을 미친다.

스포츠 사회화를 통한 전이Transference는 스포츠 활동에 참여함으로써 얻어진 사회에 긍정적인 가치, 태도, 규범, 행동양식 등이 일상생활의 다른 영역으로 옮겨지는 것을 의미한다. 스포츠를 통한 사회화가 전이되는 정도는 사회화 주관자의 위력이 클수록 전이효과가 크게 나타난다. 스포츠 활동 참가빈도, 강도, 기간 등에 따라 다르게 나타나고, 비자발적 참가자보다 자발적 참가자의 전이효과가 크다. 또한 스포츠 참가를 통해 인간관계가 형성되면 전이효과가 크고, 개인적 및 사회적 특성이 유사하면 전이가 잘 일어난다고 알려져 있다.

스나이더E. Snyder, 1970는 전이 조건이 부합이 돼야 전이 가능성이 있다고 했다. 즉, 스포츠 활동에서 학습된 태도와 행동은 전제 조건이 없이는 일상적 상황으로 전이될 수 없는 것이다. 그가 제시한 전이 조건으로는 스포츠 참가정도, 스포츠 참가의 자발성 여부, 스포츠 참가자의 개인적·사회적 특성, 사회화 주관자의 위신 및 위력, 사회적 관계의 본질이다.

표 3-2 Snyder의 스포츠 전이 조건

구분	내용
스포츠 참가정도	• 스포츠 활동 참가에 대한 강도, 시간, 빈도 등에 따라 전이의 차이가 있음
스포츠 참가의 자발성 여부	• 타인의 강요보다 본인의 자발성에서 전이가 쉽게 일어남
스포츠 참가자의 개인적·사회적 특성	• 참가자의 성별, 인종, 계층, 직업, 민족 등에 따라 전이의 차이가 있음
사회화 주관자의 위신 및 위력	• 상위 지위(감독, 코치)에 있는 사람이 하위 지위(동료 선수)에 있는 사람에 비해 전이하는 데 영향을 미침
사회적 관계의 본질	• 조직 구성원 간의 사회적 관계가 목적적 혹은 수단적인지에 따라 전이의 차이가 있음

2) 스포츠를 통한 사회화 분류

① 가치의 사회화

누구나 스포츠를 접하기 위해선 일반적인 규범, 가치, 태도 등을 사회 구성원들이 쉽게 이해할 수 있게 전달해야 한다. 스포츠 참가를 통해 자신이 추구해야 할 가치는 사람마다 다르다. 스스로 스포츠에 왜 참가하는지, 그 참가를 통해 나에게 어떤 이익과 혜택이 있는지 등이 개인이 처한 사회적·문화적인 환경에 따라 차이가 있을 수밖에 없다.

스포츠를 통해 참가자들이 추구하는 가치는 크게 참가지향과 업적지향으로 분류해서 살펴볼 수 있다. 첫째, 참가지향 가치Participation Orientation는 스포츠 참가를 통해 자기실현과 자기만족을 추구하는 것이다. 참가자의 태도를 이루는 것은 스포츠맨십과 페어플레이 정신이 바탕이 된다. 즉, 즐거운 마음으로 정정당당하게 스포츠에 참가하는 것 자체가 중요한 가치로 인식한다. 오늘날에 실력이 없는 개념으로 인식하고 있는 아마추어리즘Amateurism은 원래 자발적인 동기에 의해 즐거움을 얻기 위한 스포츠 활동의 의미가 컸다. 19세기 영국에선 아마추어리즘을 보다 더 중요한 가치로 인식했다. 올림픽도 아마추어리즘을 표방했다.

둘째, 업적지향 가치Achievement Orientation는 탁월성을 토대로 승리를 쟁취하는 데 초점을 둔다. 참가지향과는 달리 결과에 따른 보상에 더 큰 주안점이 있는 것이다. 현대 스포츠에서 경쟁을 통해 승리를 쟁취하는 프로페셔널리즘Professionalism이 각광을 받고 있다. 앞서 언급한 올림픽도 표면적으로는 아마추어리즘을 표방하지만, 상업주의의 길로 걷고 있다. 즉, 업적지향의 가치를 통해 선수 간 혹은 국가 간 경쟁구도가 불가피하게 만들어지고 있다.

이 외에도 웹H, Webb, 1969에 따르면 공정, 기능, 승리라는 세 가지 가치를 통해 스포츠 활동에 참가하는 여러 동기를 끄집어냈다. 공정Fairness을 강조하는 가치는 자발적인 내적동기에 의한 스포츠 참가를 스포츠맨십과 페어플레이를 바탕으로 경기에 참가하는 가치성향이다. 기능Skill을 강조하는 가치는 승리를 위해 반드시 필요한 경기 기술을 습득하는 데 주안점을 둔다. 또한 승리Victory는 프로페셔널리즘에서 가장 중요한 가치로 여긴다. 패배하게 되면 낙오자로 인식될 수 있다는 생각에 자칫 공정하지 못한 방법을 동원해 승리를 쟁취하려는 모습이 보이기도 한다.

② 역할의 사회화

자신에게 적합한 역할을 스포츠를 통해 경험하며 체득하는 과정을 역할의 사회화라고 한다. 스포츠를 통한 역할의 사회화 단계를 네 단계로 구분할 수 있다. 첫째, 예상 단계는 확실한 지위와 역할이 부여되지 아니한 상태에서 어떤 역할을 수행하고 싶다는 기대를 갖는 단계이다. 아마추어 선수는 프로 선수의 포지션에 따른 구체적인 역할을 정확히 알기가 어렵다. 둘째, 공식적 단계는 자신의 능력과 행동에 관련해서 사회적으로 인정되는 지위를 얻는 단계를 뜻한다. 팀 내의 주장은 경기 중에 다른 선수들을 독려하고 감독의 지시를 전달하는 리더 역할을 하게 된다.

셋째, 비공식적 단계는 자신의 처지에 맞는 사회적 역할을 찾아 수행하는 단계를 말한다. 공식적 지위 혹은 역할이 부여되지 않았지만 관례적으로 진행돼 온 훈련 종료 후 정리하는 문제, 팀 내 분위기를 높이는 비공식적인 역할 분담처럼 서로 공감하는 차원의 역할이 존재한다. 마지막으로 개인적 단계는 경험을 바탕으로 자신의 역할에 대한 기대를 조절하는 단계이다. 스스로 자신의 역할을 어떻게 팀 내에 기여를 할 것인지를 찾고, 실행에 옮기거나 자신의 역량을 동원하여 그 기대를 충족시키고자 노력할 수 있다.

③ 태도의 사회화

태도의 사회화는 스포츠 활동을 통해 개인의 생활 태도에 변화가 생기는 것을 의미한다. 태도에 변화가 생기는 원인으로 스포츠 활동에 참가하는 다른 구성원들로부터 받는 자극에 의해 새로운 태도가 형성되기도 한다. 또한 스포츠가 갖고 있는 정서순화 기능에 의해 원만한 인간관계를 조성할 수도 있다. 본인이 닮고 싶어 하는 우수한 선수와 지도자 행동의 모방을 통해 태도 변화가 일어나는 경우도 있다.

특히 팀 스포츠인 경우 개인보다 집단의 입장을 강조함에 따라 태도 변화가 불가피하거나, 집단의 행동규범에 동조하는 경향이 강할 때 태도 변화가 일어난다. 그리고 스포츠 팀 내의 지위와 역할이 변함에 따라 태도의 변화가 발생하기도 한다.

3. 스포츠로부터의 탈사회화

1) 스포츠로부터의 탈사회화 개요

스포츠로부터의 탈사회화Desocialization from Sport는 자의와 타의에 의해 스포츠 참가를 중단하는 것을 뜻한다. 운동선수의 스포츠 탈사회화는 선수은퇴를 의미한다. 선수가 은퇴하는 이유는 신체적·정신적인 충격, 부상과 사고와 같은 환경적 요인, 생물학적 연령의 증가에 따른 체력의 한계 등으로 요인은 다양하다. 따라서 환경, 취업, 정서 등의 요인은 운동선수의 스포츠 탈사회화에 영향을 미친다.

선수 부상

스포츠로부터 탈사회화의 유형으로 자발적 은퇴와 비자발적 은퇴가 있다. 자발적 은퇴는 말 그대로 본인의 뜻에 따라 운동을 그만두는 경우이다. 본인의 운동능력, 체력문제, 소득수준, 미래의 진로 등 여러 요인이 작용한다. 이와 같이 어떤 요인의 한계로 인해 자발적인 은퇴로 이어질 가능성이 높다. 이를 포함해 새로운 직업에 대한 기회가 많고 교육수준이 높은 운동선수일수록 자발적 은퇴를 선택할 가능성도 높다. 비자발적 은퇴는 본의 아니게 부상을 당하거나 신체능력의 한계 및 심리적 압박 등에 따라 부득이하게 그만둘 수밖에 없을 경우에 해당된다.

2) 스포츠로부터의 탈사회화 원인

스포츠로부터의 탈사회화가 발생하는 원인은 다양하다. 우선 성, 연령, 교육정도, 계층과 관련된 환경 변인이 있다. 또한 스포츠 이외의 직업에 취업할 수 있는 기회를 얻게 돼 스포츠로부터의 탈사회화가 이뤄질 수 있는 취업 변인도 원인이 된다. 이 외에도 스포츠가 자신의 자아정체성에 차지하는 정도인 정서 변인, 스포츠 이외의 역할에 대한 사회화 정도로서 역할사회화 변인을 비롯해 스포츠를 통한 사회화에 대한 주변 사람들의 만족도와 관련된 인간관계 변인도 원인이 될 수 있다.

무엇보다 선수가 겪는 직 · 간접적인 영향이 클 것이다. 예를 들어 운동기량의 부족으로 경쟁 스포츠 세계에서 살아남을 수 없는 경우, 부상이후 재활을 했는데도 회복이 어려운 경우, 팀 내의 구성원 즉, 동료선수와 지도자와의 심각한 갈등이 발생한 경우 등 다양하다. 또한 대학선수들이 학업과 운동을 병행하면서 겪는 어려움을 극복하지 못할 때도 발생한다. 유소년시기부터 오랜 기간 이어져 온 운동 자체에 대한 염증으로 인해 일반 학생으로 전환하는 경우도 해당된다.

4. 스포츠로의 재사회화

1) 스포츠로의 재사회화 개요

스포츠로의 재사회화Resocialization into Sport는 조직화된 경쟁 스포츠에 참여했던 사람이 스포츠로부터 탈사회화 과정을 거친 후, 다시 스포츠에 참여하게 되는 것을 의미한

선수은퇴

다. 최근 스포츠의 전문 영역이 세분화되고 미디어가 발달되면서 다양한 분야의 진출이 활발해지고 있다. 선수활동을 하다가 자발적 혹은 비자발적 은퇴 후 공백기가 길수도 있고 짧을 수도 있다. 오랜 기간 동안 대중들로부터 멀어진 경우도 있지만, 뜻하지 않는 분야에서 활동을 이어가는 경우로도 이어지고 있다.

국가 대표팀, 프로팀, 중·고교팀 등의 감독 및 지도자 역할로 복귀하는 경우가 대표적이다. 2002년 한·일 월드컵 감독으로 부임한 거스 히딩크는 선수 시절에는 그다지 주목을 받지 못했지만 세계적인 축구 지도자로서 명성을 날리고 있다. 또한 체육 및 스포츠 관련한 협회와 연맹의 행정가, 선수 트레이너, 스포츠 중계 해설가를 비롯해 TV 예능 프로그램의 방송인 영역까지 다양한 활동을 펼치고 있다.

만약 프로선수 생활을 하던 중에 갑작스런 부상으로 선수생활을 그만두면 스포츠로부터의 탈사회화에 해당되지만, 나중에 야구 지도가가 돼 고등학교에서 야구를 가르치게 됐다면 스포츠로의 재사회화를 이룬 것이다. 또한 씨름선수 혹은 권투선수 출신이 은퇴 후 얼마 지나지 않아 종합격투기 선수로 등장한다면 스포츠로부터의 탈사회화 직후 재사회화가 이루어진 경우로 이해할 수 있다.

2) 스포츠로의 재사회화 원인

스포츠로의 재사회화는 성, 연령, 사회계층, 경제적 수준 및 교육정도 등과 관련한 인구통계학적 특성에 따라 영향을 받는다. 예를 들어 경제적 여유가 있는 선수는 은퇴 후 자기계발을 위한 투자를 통해 지도자, 행정가, 사업가 등으로 스포츠 재사회화의 기회를 얻기가 상대적으로 용이할 수 있다. 물론 사업실패로 이어지기도 하고 각광받지 못하는 지도자로서 대중에게 인식될 수도 있다.

또한 사회경제적 여건에 따라 스포츠 재사회화에 영향을 준다. 사회 전반에 걸쳐 소비력이 증가하고 스포츠를 배우고자 하는 수요가 많으면 동호인을 지도할 스포츠지도사 숫자가 늘어날 것이다. 반면, 국내외 경제가 악화되면서 소비가 줄어들게 되면 생활 스포츠 뿐만 아니라 프로 스포츠 리그에까지 부정적인 영향을 미칠 수밖에 없다.

팀 내에 주장을 했거나 코치 경험이 있다면 은퇴를 한 이후에도 지도 리더십을 발휘할 기회가 많을 수 있다. 즉, 역할 사회화에 따라 스포츠로의 재사회화에 밀접한 영향관계가 성립될 수 있다. 이 외에도 뜻하지 않은 사고로 은퇴를 했거나 스포츠를 수행하면서 좋지 않은 기억을 갖고 있는 선수는 스포츠로의 재사회화를 꺼려할 수도 있다. 이와 같은 자아정체성과 인간관계도 영향을 미칠 수 있는 요인이다.

Ⅱ

현대 스포츠와 함께
고민할 수 있는 주제

PART

04 스포츠와 정치 · 경제

05 스포츠와 문화 · 미디어

06 스포츠와 교육

07 스포츠와 사회계급 · 계층

[학습 목표]

- 스포츠의 정치적 기능과 속성을 설명할 수 있다.
- 근대 스포츠의 발전요인을 설명할 수 있다.
- 프로 스포츠의 성장과 문제점을 설명할 수 있다.
- 스포츠 문화를 분류하고 각각의 개념을 설명할 수 있다.
- 경쟁과 페어플레이를 설명할 수 있다.
- 스포츠 미디어를 분류하고 각각의 특성을 설명할 수 있다.
- 스포츠 교육의 순기능과 역기능을 설명할 수 있다.
- 스포츠 인권의 개념을 설명할 수 있다.
- 스포츠 계층의 형성과정과 계층이동을 설명할 수 있다.
- 스포츠 성차별, 인종차별, 장애차별을 설명할 수 있다.

스포츠와 정치·경제

CHAPTER

01 스포츠와 정치

02 스포츠와 경제

CHAPTER 01

스포츠와 정치

1. 스포츠와 정치의 관계

알리슨L. Allison, 1993에 따르면 정부가 스포츠에 개입하려는 이유로 공공질서를 보호하는 데 목적이 있다고 했다. 또한 체력과 신체적 능력을 유지시켜주고, 집단·공동체 및 국가의 위신과 힘을 증진시키기 때문에 공공영역으로서의 스포츠로 인식하게 된다. 정부 입장에선 스포츠를 통한 동일성, 소속감, 통일성의 의미를 증진시키는 것이 되고, 이를 통해 지배적인 이데올로기와 함께 일관된 가치를 강조할 수 있다는 점에서 매력적인 수단이 될 수 있다. 이러한 원동력은 곧 경제성장을 촉진시켜 줄 수 있다는 데까지 이른다.

이처럼 정치가 스포츠를 이용하는 이유는 사회통합, 사회통제, 위광효과라는 세 가지 관점에서 이해할 수 있다. 첫째, 사회통합을 통해 사회구성원들을 사회집단 속으로 조화롭게 흡수할 수 있다. 둘째, 사회통제란 개념으로 사회구성원들을 보호하고 통제하는 데 주안점을 둘 수 있다. 마지막으로 위광효과는 국가와 정치권력에 대한 충성심을 강요하여 지배층의 권위를 강화하는 것에 초점을 둘 수 있다.

정치가 스포츠를 이용하는 방법으로 상징, 동일화, 조작의 요인이 있다. 즉, 스포츠의 정치화 과정으로서 상징은 선수 유니폼에 국가, 지역이름 부착, 경기 전에 의식을 행하는 국가 연주 등을 통해 상징성을 내포하는 경우로 이해할 수 있다. 이는 스포츠에 참여하는 선수나 팀이 스포츠 경기 자체를 뛰어넘어 특정 집단을 대리 또는 대표하는 것으로 의미가 확장되는 과정을 일컫는다.

동일화는 스포츠 선수, 국가 대표팀 등 다른 대상에게 자신의 감정을 이입하고 일체화시키는 것을 의미한다. 임번장1994에 따르면 스포츠 선수, 스포츠 기업, 팀, 국가와 동일화시키는 과정에서 팬들로 하여금 선수, 팀 혹은 소속 집단을 영웅화함으로써 자신의 존재의의를 확인시켜주는 것이라 했다.

1936년 베를린 올림픽

조작은 상징과 동일화의 효과를 극대화하기 위해 인위적으로 개입하고, 통치 집단의 비리와 부정을 은폐하기 위해 스포츠를 이용하는 경우에서 살펴볼 수 있다. 1936년 베를린 올림픽을 통해 당시 나치당의 집권에 따른 정치적 야욕을 드러냈다. 결국 1939년에 히틀러가 폴란드 침공을 결정하면서 제2차 세계대전이 발발했다.

이와 비견되는 대회로 코로나19로 2021년으로 미뤄진 도쿄 올림픽이 있다. 2011년 동일본 대지진으로 무너진 기운을 올림픽을 통해 재건과 부흥을 꾀하고자 했다. 소수 통치 집단의 야욕을 드러내면서 이웃나라 심기를 건드리는 욱일기 경기장 반입 문제에 소극적이고, 전 세계의 생존권과 직결되는 방사능 문제를 덮는 데 급급한 모습을 보여주었다. 급기야 엄청난 양의 오염수를 바다에 흘러 보내기로 결정하고 실행했다. 우리나라에서도 1980년대 정치권력을 강탈한 군부에 의해 스포츠를 이용한 통치수단은 부정적인 평가를 받고 있다.

2. 스포츠와 정치의 기능과 속성

1) 스포츠의 정치적 기능

스포츠의 정치적 순기능과 역기능을 살펴보면 다음과 같다. 순기능은 앞서 제시한 국민화합 수단으로서 가치가 있다. 이는 계층, 인종, 남녀 간의 정치적 갈등을 해소하게 한다. 또한 정치적 가치와 기능을 수행하면서 외교적 수단으로서 역할을 담당하기도 한다. 스포츠를 배우는 과정에선 사람들의 기본적인 인성, 사회의 기본적 가치, 규범을 숙지하게 한다. 특히 경쟁적 스포츠는 스포츠맨십과 페어플레이를 자연스럽게 익히고 높은 성취 욕구를 불러일으키는 역할을 한다.

반면, 스포츠의 정치적 역기능은 권력의 형성과 유지를 정당화하기 위해 피지 배자의 감정에 호소하여 지배의 정당성을 구하고자 할 때 나타난다. 이러한 지향점은 결국 국수주의적 국민의식을 조장하는 데 초점을 두게 된다. 또한 스포츠는 국가 간의 과도한 경쟁을 통해 국제적 갈등의 원인이 되기도 한다.

2) 스포츠의 정치적 속성

에이츤과 세이지Eitzen & Sage, 1982는 스포츠에 내재돼 있는 정치적인 속성을 대표성, 권력투쟁, 상호의존성, 보수성으로 제시했다. 첫째, 대표성은 스포츠 경기에서 행하게 하는 의식이란 후원기관에 대한 충성심을 상징적으로 재확인시키는 기능이라고 보았다. 예를 들어 올림픽과 국제경기 성적으로 정치적, 경제적, 문화적, 군사적 우월성을 나타내는 수단으로 인식한다는 것이다. 또한 스포츠 경기에 수반되는 의식과 행동은 선수의 충성심을 상징적으로 재확인하는 것에 목적이 있다. 스포츠 조직은 구호, 응원가, 유니폼, 마스코트 등의 상징을 통해 조직에 대한 선수의 충성심을 지속시키거나 강화한다.

둘째, 권력투쟁이다. 선수와 구단주 간, 경쟁리그 간, 행정기구 등의 스포츠 조직은 불평등하게 배분되는 권력으로 인해 권력투쟁이 존재한다는 것이다. 구단주는 선수에 대해 스포츠 조직의 이윤에 부합하는 일을 하는 노동자란 인식을 드러내기도 한다. 선수는 그들의 권익과 합당한 권리를 찾고자 한다. 프로리그 간에도 엄연한 경쟁이 존재한다. 스포츠 소비자의 관심을 돌리기 위한 과열된 노력을 하기도 한다. 행정기구 내에도 권력을 추구하는 세력 간의 심심치 않은 싸움이 벌어지곤 한다.

셋째, 상호의존성으로서 스포츠와 정치의 결합을 통한 정부기관의 관여가 존재한다. 일반기업의 프로 스포츠구단 창설을 하게 되면 조세감면혜택을 부여하기도 한다. 넷째, 보수성은 스포츠의 제도적 특성으로서 질서와 법의 표본이 된다는 것을 의미한다.

표 4-1 Eitzen & Sage의 스포츠의 정치적 속성

구분	내용
대표성	• 스포츠를 통해 충성심을 상징적으로 재확인시킴
권력투쟁	• 선수와 구단주 간, 경쟁리그 간, 행정기구 내의 권력투쟁이 존재함
상호의존성	• 스포츠와 정치의 결합을 통해 정부기관이 관여함
보수성	• 스포츠의 제도적 특성은 질서와 법의 표본이 됨

3. 스포츠와 국내외 정치

1) 스포츠와 국내정치

스포츠 정책은 스포츠 발전을 목표로 하는 국가 주도의 시책이다. 스포츠의 가치 및 이념을 확산시키고 스포츠의 대중화 등을 위한 재정적·행정적 자원 확보와 분배의 과정으로 이해할 수 있다. 또한 국민 복지를 실현하는 수단으로 스포츠 정책을 시행하면서 궁극적으로 국민들로부터 정치적 동의를 구하고, 정부의 지배 이데올로기를 강화할 목적으로 시행하는 것이 스포츠 정책이라 할 수 있다. 우리나라의 본격적인 스포츠 정책은 1962년 「국민체육진흥법」 제정에서부터 비롯됐다. 이후 1989년 「체육시설의 설치·이용에 관한 법률」 제정, 2007년 「스포츠산업진흥법」, 2021년 「스포츠기본법」 제정 등을 통해 지속적으로 체육 및 스포츠 분야의 정책적 과제를 수행하기 위한 노력을 하고 있다.

표 4-2 우리나라의 스포츠 정책

정부	주요내용
미군정기 / 제1 · 2공화국 (1945~1961)	• 최초의 체육에 관한 행정조치(1945. 신조선을 위한 교육 방침)
제3 · 4공화국 (박정희, 1961~1979)	• 1962 국민체육진흥법 제정(체력은 곧 국력) • 1966 태릉선수촌 건립(2017 충북진천으로 완전 이전) • 1971 체력장 제도 실시
제5공화국 (전두환, 1980~1987)	• 1981 서울하계올림픽 확정(서독 바덴바덴) • 스포츠공화국(1982 프로야구, 1983 프로축구, 1983 프로씨름, 1984 농구대잔치, 1986 서울아시아경기대회)
제6공화국 (노태우, 1988~1992)	• 1988 서울하계올림픽 성공적 개최 • 1989 체육시설의 설치 · 이용에 관한 법률 제정 • 국민생활체육진흥종합계획(호돌이 계획) 수립 (sports for all 전세계적 운동에 동참) • 국민생활체육협의회(1991) 설립(2016 대한체육회와 통합)
문민정부 (김영삼, 1993~1997)	• 제1차 국민체육진흥 5개년 계획(1993~1997) 수립 • 모두를 위한 스포츠(sports for all) 운동 확산에 동참 • 국민체육진흥기금 마련 일환으로 사행산업 경륜(1994) 출범 • 1997 프로농구 출범
국민의 정부 (김대중, 1998~2002)	• 제2차 국민체육진흥 5개년 계획(1998~2002) 수립 • 모두를 위한 스포츠(sports for all) 또는 라이프타임을 위한 스포츠(sports for lifetime) 운동 확산에 동참 • 2002 한 · 일 월드컵 성공 개최 • 국민체육진흥기금 마련 확대로 사행산업 체육진흥투표권(2000), 경정(2002) 출범
참여정부 (노무현, 2003~2007)	• 참여정부 국민체육진흥 5개년 계획(2003~2007) 수립 • 2005 대한장애인체육회 출범, 프로배구 출범 • 2006 한국도핑방지위원회 설립 • 2007 스포츠산업진흥법 제정
이명박 정부 (2008~2012)	• 문화비전 2008~2012를 통해 체육정책 기조 제시 • 문화체육관광부로 개칭(기 문화관광부), 제2차관 제도 도입 • 스포츠산업 전담부서 설립, 지역스포츠클럽 활성화 • 제1차 스포츠산업중장기 계획(2009~2013) 수립
박근혜 정부 (2013~2017)	• 생애주기별 생활체육 개념 도입, 국민체력 100의 제도화 • 국민체육진흥법 개정(스포츠지도사 개편) • 제2차 스포츠산업중장기 계획(2013~2018) 수립
문재인 정부 (2017~2022)	• 국민체육진흥 기본계획(2018~2022) 수립 • 제3차 스포츠산업중장기 계획(2019~2023) 수립 • 2018 평창동계올림픽 성공적 개최 • 스포츠 유산과 신설 • 2021 스포츠기본법, 스포츠클럽법 제정

우리나라는 국내외 정치적 환경과 맞물려 남북관계를 개선할 목적으로 스포츠를 활용하고 있다. 대표적인 남북 스포츠 교류의 방법으로는 축구·농구 등의 경기교류, 국제대회에서 단일팀을 구성하거나 공동입장 및 공동응원단을 운영했다. 남북 스포츠 교류의 긍정적인 효과는 남북

남북 여자아이스하키 단일팀

한 갈등과 긴장을 완화하고, 한민족 공동체 의식을 증진시킨다. 또한 국제 사회의 불안감을 해소하면서 정치적 불안요소의 감소로 외부투자 유치 등의 경제적인 효과를 기대할 수 있다. 반면, 남북 스포츠 교류를 통해 출전선수 배분에 따른 선수의 출전기회와 지도자의 기회가 감소되기도 한다. 가장 큰 문제점은 남북 스포츠 교류에 대해 정치적인 쟁점화를 의도적으로 부각시킴으로써 정쟁으로 흘러갔을 때이다.

표 4-3 남북체육교류사

연도	내용
1990년	• 남북통일축구대회(평양, 서울)
1991년	• 세계탁구선수권 대회 최초 단일팀 출전(일본 지바) • 세계청소년축구대회 단일팀 출전(포르투칼)
1999년	• 남북통일농구대회(평양, 서울) • 남북노동자축구대회(평양)
2000년	• 시드니올림픽 개회식 남북한 공동 입장 • 남북통일탁구대회(평양) • 태권도 정식종목 채택(하계올림픽)
2001년	• 남한 공연단의 태권도 시범경기(평양) • 북한 공연단의 태권도 시범경기(서울)
2002년	• 부산아시안게임 개폐회식 남북한 공동 입장 • 남북통일축구대회(서울)
2005년	• 남북통일축구대회(서울)
2007년	• 남북노동자축구대회(서울)

2017년	• 북한 공연단의 태권도 시범경기(무주세계태권도 대회)
2018년	• 평창동계올림픽 개회식 남북한 공동 입장 • 여자아이스하키팀 단일팀 출전(평창) • 남북통일농구대회(평양) • 인도네시아 자카르타-팔렘방 아시아경기대회 단일팀(농구, 카누, 조정) 출전 • 공동 하계올림픽 유치의사 발표(2018.9.19. 평양공동선언)

2) 스포츠와 국제정치

스트렌크A. Strenk, 1979에 따르면 스포츠가 국제정치에 개입하는 방식을 살펴보면 다음과 같다. 첫째, 외교적 도구로 활용한다. 외교적 승인과 거부 혹은 항의 수단으로서 스포츠를 끌어들인다. 예를 들어 남아프리카공화국의 인종차별정책에 반대하는 많은 국가들이 남아프리카공화국에서 개최된 국제 대회에 불참했다. 또한 구소련의 아프가니스탄 침공을 빌미로 미국을 비롯한 서방권이 1980년도에 개최한 모스크바 올림픽을 보이콧했다. 이에 맞서 구소련과 동구권의 국가들은 1984년 미국 LA 올림픽을 불참했다.

둘째, 국위선양의 수단으로서 선수와 국가를 동일시하게 하고 국가를 전 세계에 알리는 방법으로 널리 쓰인다. 셋째, 정치이념의 선전으로 스포츠가 국제정치에 개입하고 있다. 앞서 언급한 1936년 베를린 올림픽의 정치적 악용사례처럼 1920-30년대 이탈리아에서도 스포츠를 이용한 정치적 목적 달성을 이루고자 했다. 무솔리니가 정권을 잡고 국민적 단결을 종용하는 수단으로 체육활동을 강화시키며 파시즘을 공고히 하고자 했다. 1934년과 1938년 이탈리아가 월드컵에 우승하면서 파시즘의 광풍 속에 당시 스포츠 문화가 안착하는 계기가 됐다이종성, 2014. 우리나라와 북한 간의 출전경쟁과 정치제도 우위를 선전하고자 했던 사례도 있다.

넷째, 국제이해와 평화증진의 수단으로 활용한다. 앞서 언급한 남북체육 교류가 대표적이다. 또한 통일 독일 이전에 서독과 동독 사이의 활발한 체육교류 사례도 있다. 마지막으로 갈등 및 전쟁의 촉매 수단이 되고 있다. 1969년에 온두라스·엘살바도르의 월드컵 예선으로 인한 갈등이 실제로 전쟁으로 비화된 사례와 1974년 뮌헨 올림픽의 검은 구월단 테러 등 올림픽 경기의 정치 도구화 사건이 일어난다.

멕시코시티 올림픽 시상식 때
선보인 인종차별 항의 세리모니

국내의 문제를 올림픽을 통해 반영하는 사회문화적 반사경 현상이 있다. 예를 들어 1968년 멕시코시티 올림픽 때 인종차별 항의 시위를 보인 사례가 있다. 200m 육상경기의 흑인 선수인 토미 스미스1위와 존 카를로스3위는 인종차별의 항의표시로 맨발로 검은 장갑을 낀 한 손을 치켜세우며 시상대에 올랐다. 2위를 한 백인선수 피터 노먼도 두 흑인선수와의 연대 의미로 인권배지를 달고 시상대에 올랐다.

여기서잠깐!

올림픽 경기의 정치도구화

1896 아테네(그리스 적대관계 터키 불참), 1920 안트베르펜(독일, 구소련, 터키 등 참가 거부), 1936 베를린(히틀러 나치정부 홍보), 1948 런던(구소련과 미·영·프 국가정치 갈등), 1952 헬싱키(미국과 소련세력 각축장), 1956 멜버른(구소련의 헝가리 침공 항의로 서방 불참), 1968 멕시코시티(흑인에 대한 인종차별 항의), 1972 뮌헨(검은 구월단 사건으로 테러), 1976 몬트리올(아프리카 국가들의 뉴질랜드 참가반대), 1980 모스크바(구소련의 아프가니스탄 침공항의로 미국 등 서방불참), 1984 LA(소련과 동구권 불참), 2008 베이징(티베트 소요사태의 강경진압), 2020 도쿄(감염병 팬데믹, 후쿠시마 방사능 위험에도 불구하고 2021년 강행개최)

제2차 세계대전 이후 냉전시대가 도래하면서 이데올로기 및 체제 선전의 수단으로서도 역할을 했다. 홀트와 메이슨Holt & Mason, 2000에 따르면 아마추어리즘을 표방한 올림픽 경기의 승리 지상주의를 이끈 계기가 미국의 구소련과의 경쟁에서 비롯됐다. 즉, 선수들에게 과학적 방식의 훈련을 강조하기 시작한 것이다. 오랜 기간 지속됐던 스포츠 냉전시대는 1989년 베를린장벽이 무너지면서 종료됐다.

이와 같이 민족주의의 심화, 상업주의의 팽창, 정치권력 강화 등의 이유로 올림픽이 정치화되기도 했다. 올림픽의 이념 혹은 올림픽의 정신으로 일컫는 올림피즘Olympism과는 거리가 멀 수도 있다. 즉, 스포츠를 통해 인간 존엄성을 보존하고 평

화로운 사회를 촉진하여 인류의 조화로운 발전이란 궁극적인 목적이 훼손되기도
한 것이다.

그럼에도 불구하고 전 세계인을 대상으로 실시간 미디어 송출이란 특성을 활
용해 국제사회를 향해 정치적 행위를 드러낸 것이다. 이는 정치적 이슈의 쟁점화,
체제의 선전, 집단적인 외교적 항의, 이념대립의 표출, 자국과의 대립관계에 있는
국가에서 개최됐을 때 공격 장소로 삼는 등 다양한 방식으로 올림픽을 이용했다.

올림픽의 기본적 가치인 올림피즘을 강화시켜 스포츠 경기를 통해서 전 세계
가 화합하고, 세계평화에 기여하고자 하는 목적을 공유해야 할 것이다. 올림픽 정
신이 쇠퇴하고 정치적 색깔이 진해지면서 나타나는 문제점을 적극적으로 해소해
야 한다. 따라서 국제정치에서 스포츠의 역할은 국위선양 및 외교적 가치로서 각
광을 받고 있는 만큼, 국가 간의 이해를 도모하고 평화 증진의 수단으로 활용하고
자 노력해야 한다.

CHAPTER 02

스포츠와 경제

1. 새로운 성장동력 스포츠 산업

2021년 기준으로 전 세계 스포츠 산업 규모는 약 1,776조원1조 5,000억 달러에 이
르는 것으로 추산하고 있다문화체육관광부, 2022. 코로나19 팬데믹 시기에 다소 주춤하
긴 했지만 매해 성장을 이어가고 있다. 국내 「스포츠산업진흥법」 제2조 제2항에
따르면 "스포츠와 관련된 재화와 서비스를 통하여 부가가치를 창출하는 산업"으
로 규정돼 있다. 스포츠산업의 분류는 「한국표준산업분류」에 특수분류로 분류된
「스포츠산업특수분류 V.3」을 적용하고 있다. 따라서 국내 스포츠 산업은 스포츠시

설업, 스포츠용품업, 스포츠서비스업으로 분류하고 있다. 2012년 기준 조사부터 사용된 20개 세분류와 65개 세세분류를 적용하여 <표 4-4>에 따라 매년 발표하고 있다. 스포츠로부터 파생된 다양한 영역에서 부가가치가 창출되면서 새로운 성장동력으로서 스포츠 산업을 주목하고 있다.

표 4-4 스포츠 산업 특수분류 3.0

대분류	중분류	세분류	세세분류
스포츠 시설업	스포츠시설 운영업	경기장 운영업	실내경기장운영업, 실외경기장운영업, 경주장운영업
		참여스포츠시설 운영업	종합스포츠시설운영업, 체력단련시설운영업, 수영장운영업, 볼링장운영업, 당구장운영업, 골프연습장운영업, 스포츠무도장운영업, 체육공원운영업, 기원운영업
		골프장 및 스키장 운영업	골프장운영업, 스키장운영업
		수상스포츠시설 운영업	낚시장운영업, 기타수상스포츠시설운영업
		기타스포츠시설 운영업	기타스포츠시설운영업
	스포츠시설 건설업	스포츠건설업	스포츠시설조경시설업, 스포츠시설조경건설업
스포츠 용품업	운동 및 경기용품업	운동 및 경기용품 제조입	운동 및 경기용장비제조업, 체력단련용장비제조업, 자전거제조업, 낚시 및 수렵용장비제조업, 놀이터용기구제조업, 스포츠용보트건조업, 기타용품 및 경기용품제조업
		스포츠의류 및 관련 섬유제품제조업	스포츠의류제조업, 캠핑용직물제품제조업, 스포츠 관련 직물제품제조업, 스포츠 관련 의류부분품제조업
		스포츠가방 및 신발 제조업	스포츠가방제조업, 스포츠신발제조업, 스포츠 관련 신발부분품제조업
	운동·경기용품 유통 및 임대업	운동 및 경기용품 도매업	운동 및 경기용구도매업, 자전거도매업, 스포츠의류도매업, 스포츠가방도매업, 스포츠신발도매업

		운동 및 경기용품 소매업	운동 및 경기용구소매업, 자전거소매업, 스포츠의류소매업, 스포츠가방소매업, 스포츠신발소매업, 스포츠관련 무점포소매업
		운동 및 경기용품 임대업	운동 및 경기용품임대업
	스포츠 경기 서비스업	스포츠 경기업	스포츠경기업
		스포츠 베팅업	스포츠복권발행 및 판매업, 기타스포츠시설사행시설관리 및 운영업
		스포츠 마케팅업	스포츠에이전트업, 회원권대행판매업, 스포츠마케팅대행업, 기타스포츠마케팅업
스포츠 서비스업	스포츠 정보 서비스업	스포츠 미디어업	스포츠신문발행업, 스포츠잡지 및 정기간행물발행업, 스포츠 관련 라디오방송업, 스포츠 관련 지상파방송업, 스포츠 관련 프로그램공급업, 스포츠 관련 유선방송업, 스포츠 관련 위성 및 기타방송업
		기타 스포츠정보 서비스업	기타스포츠정보서비스업
	스포츠 교육기관	스포츠 교육기관	태권도교육기관, 무술교육기관, 기타스포츠교육기관
	기타 스포츠 서비스업	스포츠 게임 개발 및 공급업	온라인·모바일스포츠게임개발 및 공급업
		스포츠 여행업	스포츠여행업

스포츠 산업의 특징은 다음과 같다. 첫째, 공간·입지 중시형 산업으로 접근성과 시설의 규모 등이 소비자들에겐 주된 관심 대상이 된다. 둘째, 목합적인 산업문류 구조를 가진 산업으로 스포츠시설업, 스포츠용품업, 스포츠서비스업 간에 상호 유기적이고 복합적인 특성을 내포한다. 셋째, 시간 소비형 산업으로 노동시간이 줄어들고 여가활동이 늘어나면서 스포츠 활동이 많아지고 있다. 직접 참여하거나 경기장에서 관람하는 스포츠 활동은 일정 시간을 소비해야 한다. 넷째, 오락성이 중심 개념인 산업으로 사람들은 수준 높은 경기를 관람하기 원하고, 재미있는 종목을 배우고자 한다. 마지막으로 감동과 건강을 가져다주는 산업으로 각본 없는 드라마를 경험하게 하고, 궁극적으로 정신적·육체적 건강을 높여줄 기회를 제공한다.

2. 스포츠 상업주의

1) 근대 스포츠가 발전하게 된 요인

19세기 영국의 산업화와 스포츠화Sportization는 분리할 수 없는 개념이 됐다. 기계화에 의해 정확한 산출물이 생산되듯, 스포츠 경기에서도 체계적인 제도와 규칙이 도입되면서 경기결과와 각종 기록들이 쏟아지며 공정한 경쟁의 결과물이란 인식을 낳았다.

대도시의 스포츠 경기장

이는 근대 스포츠가 발전하게 된 이유로서 산업화, 도시화, 교통과 통신 발달의 토대가 된 것이다. 공장가동을 위한 도시에는 사람들이 일자리를 찾아 모여들고, 도시의 발달은 자본주의적 시장경제 체제의 발전으로 이어졌다. 이를 통해 인구가 밀집되어 있는 도시에는 경제적으로 여유가 있는 계층이 생겨났다. 이로써 교통이 편리한 지역에 스포츠 경기를 즐기거나 경마와 같이 도박을 할 수 있는 장소가 생겨났다. 스포츠 기반시설을 구축할 수 있는 거대 자본이 생겨나면서 20세기에는 스포츠 소비가 급증하게 됐다.

상업화에 따른 스포츠의 변화는 불가피하게 됐다. 우선 스포츠 본질의 변화를 피할 수 없었다. 이는 금전적인 보상과 관련이 없는 아마추어리즘을 내포했던 스포츠 본질의 변화를 의미한다. 20세기 프로 스포츠의 대대적인 발전을 통해 아마추어리즘의 쇠퇴를 읽을 수가 있다. 올림픽도 상업주의란 트렌드를 벗어날 수 없었다.

또한 스포츠 목적의 변화가 일어났다. 경기 내적인 요인인 건강의 증진, 유능성의 추구, 신체적 능력의 한계에 대한 도전, 사회성의 함양 등이 중요한 가치로 여전히 인식하고 있지만, 외적인 요소에 보다 치중하게 되고 외모지상과 지나친 근육을 보여주기 위한 무대가 만들어지면서 본질을 벗어난 경우가 발생했다. 미디어의 발전은 곧 흥행을 위한 스포츠 환경의 변화를 의미한다. 이러한 맥락에서 스포츠 규칙과 구조의 변화도 자연스럽게 이루어졌다. 즉, 경기시간과 득점 방식 등 상업주의 목표를 달성하기 위해 스포츠 규칙의 변화가 일어났다.

더불어 경기력의 변화를 통해 스포츠의 극적인 요소가 확대됐다. 대중을 향한 광고방식과 기술발달에 따른 기록지향은 스포츠 과학이라는 명분하에 긍정적으로 인식됐다. 물론 오로지 승자에게만 집중되는 승리지상주의는 가치관의 변화로서 기술도핑이라는 부정적인 인식도 존재한다. 상업화에 따른 스포츠의 변화 중 전반적인 환경의 변모를 주도한 것은 조직이다. 상업화를 위해 조직의 업무를 확대하고 변경하는 등의 탄력적인 조직운영 방식으로 항상 소비자와의 교감을 이루고자 노력할 수밖에 없게 됐다.

2013년 미국프로야구 LA 다저스와 신시내티 레즈의 경기에서 한국의 류현진 선수와 추신수 선수 간의 맞대결이 펼쳐지자 미국프로야구 사무국은 이 날을 코리안 데이로 지정하고 한국의 걸그룹 소녀시대를 초청하여 애국가를 제창하게 했다. 이 외에도 미국프로야구 사무국은 각종 의전행사 및 경품행사를 개최하여 언론의 반응에 촉각을 곤두세웠다. 탄력적인 스포츠 조직의 변화 사례로 볼 수 있다.

이러한 변화는 Part 01에서 제시했던 구트만A. Guttmann, 1978이 제시한 근대스포츠와 고대·중세스포츠와의 차이에서 잘 나타나고 있다. 즉, 경제적 이득과 명예 등의 세속적 욕구의 충족세속화, 프로선수와 포지션별 전문선수 등장전문화, 합리적 과정을 거쳐 제정된 규칙합리화, 조직적인 운영조직화 등에서 급속히 변화하게 된 근대스포츠의 특성을 읽을 수 있다.

2) 프로 스포츠의 성장과 문제점

프로 스포츠Pro Sports란 "Professional Sports의 약자로서 스포츠를 상품 혹은 서비스로 소비자관객 혹은 시청자에게 제공하고, 그에 대한 대가로 스포츠팀, 구단주, 이벤트 주최자 등은 금전적 혹은 물질적 보상이나 이익을 획득하고, 선수는 보수를 받는 경제활동문화체육관광부, 2022, p.274"이라고 정의하고 있다.

프로 스포츠는 세 가지 영역으로 분류할 수 있다. 첫째, 국내 4대 프로리그라 불리는 야구, 축구, 농구, 배구와 같은 팀 스포츠 리그가 있다. 미국의 4대 프로리그는 미식축구, 야구, 농구, 아이스하키이다. 둘째, 기업 스폰서의 상금을 걸고 경기를 치르는 골프, 테니스, 볼링 등 협회 주최의 프로 스포츠 경기가 있다. 이는 개인 자격으로 출전하는 경기이다. 마지막으로 국내에는 경마, 경륜, 경정의 합법적인 스포츠 갬블링 사업의 경기가 있다. 관객의 베팅 금액으로 기금을 조성하고 경기출전에 따른 승리수당, 참가수당 등을 통해 보수를 받는 프로 선수들의 경기형태라 할 수 있다.

국내 프로야구는 1982년, 프로축구는 1983년에 시작했다. 프로농구는 1997년, 프로배구는 2005년 시작함으로써 4대 리그가 완성됐다. 매해 누적 관객수가 1,100만 명을 넘을 정도로 흥행을 이어가고 있다. 물론 아직까지 구단의 자립도가 낮아 독자적인 사업으로 발전하기 위해선 보다 정교한 사업추진체계와 마케팅 시장의 활용도를 높여야 한다.

해외 프로 스포츠 사업의 역사와 전통은 훨씬 오래됐다. 오늘날 단일종목으로서 가장 큰 흥행을 이어가고 있는 프로 축구는 19세기부터 크리켓, 골프 등의 종목처럼 계약 선수로 클럽에 고용되면서 발전하기 시작했다. 미국에선 1892년에 미식축구를 시작했고 1902년에 현재의 미국프로야구의 양대 리그인 내셔널리그^{National} League와 아메리칸리그^{American League}가 시작됐다. 일본도 1926년부터 본격적인 프로야구 시대를 시작함으로써 오랜 기간 팀 스포츠 형태의 프로 리그의 성장을 주도했다.

프로 스포츠 시장의 경제적인 특성은 다음과 같다. 프로 스포츠의 소비자인 관중들은 특정 팀과 선수의 플레이에 열광한다. 즉, 특정 팀과 선수의 경제적 가치를 인정해주는 소비자가 특정되어 있다. 또한 상대팀이 있어야 프로 스포츠가 존재하게 되고, 프로 스포츠의 리그경기는 반독점 규제가 없어서 독점적이다. 프로 스포츠 경기는 다양한 파생시장을 만들고, 비용을 부담하지 않은 제3자에게도 영향을 미치고 있다. 또한 경기결과가 불확실한 상태에서 미완성 제품을 소비자에게 판매할 수도 있다.

프로 스포츠의 사회적 기능으로 여가선용, 스트레스 해소, 지역경제 활성화, 아마추어 스포츠 발전에 기여하는 등의 순기능이 있다. 또한 대중의 호기심을 자

극하여 스포츠 대중화에 기여하는
역할을 한다. 반면, 프로 스포츠는 물
질 만능주의를 조장하고, 아마추어
리즘을 퇴색시켰다. 특히 인기종목
에 편중하게 되면서 특정한 종목으
로 국한하게 됐다. 또한 스포츠 도
박 및 승부조작과 같은 범법행위를
조장하게 하는 역기능도 갖고 있다.

프로 스포츠

3. 대형 스포츠 이벤트의 경제

올림픽과 월드컵과 같은 대형 스포츠 이벤트에서는 스폰서십 마케팅이 활발하
다. 이는 상업주의와 세계화로 인해 방송중계권료, 입장권 판매수익, 스포츠 용품 판
매로 이어진다. 국제올림픽위원회[IOC]의 올림픽 마케팅 프로그램으로 TOP[The Olympic
Partners] 프로그램이 있다. 기업 스폰서 참여를 통한 IOC의 수익구조로서 1988년 서
울하계올림픽 때부터 처음으로 적용됐다. IOC는 2012년에 규정 40[Rule 40]을 만들

표 4-5 올림픽의 수익구조

구분	국제올림픽위원회 (IOC)	각국올림픽위원회(NOC's) / 국제 경기단체(IF's)	개최국조직위원회 (OCOG)
스폰서료	10% (TOP 기업으로부터 수입)	40% (IOC로부터 배분)	50% (IOC로부터 배분)
중계권료	10% (TV 방송사로부터 수입)	30% (IOC로부터 배분)	60% (IOC로부터 배분)
상품화권료	5% (OCOG로부터 배분)	-	상품화권 기업 / 지역 스폰서 / 고객으로부터 수입
지역 스폰서료			
입장료			

출처: 한국산업인력공단(2016, p.89, 재정리)

어 공식 스폰서가 아닌 기업에게 대회기간 중 활동금지 조치를 취하는 노력을 하고 있다. 매복ambush 마케팅 기업을 견제하기 위한 제도로서 적용했지만 역부족이란 비판도 있다. 스포츠 이벤트 주최기관IOC, FIFA, 한국야구위원회 등은 기업으로부터 금전 및 물자를 제공 받고, 기업은 자사제품 광고 및 홍보에 올림픽 공식 로고와 휘장을 사용할 수 있는 권한을 얻는다.

대형 스포츠 이벤트의 긍정적 효과로는 대표적으로 대규모 투자가 이루어져 경제 활성화를 기대한다. 이를 통해 고용이 촉진되고 관광산업의 경쟁력이 강화될 수 있다. 또한 국가의 이미지를 긍정적으로 높일 수 있고, 국가 및 지역 간의 교류가 확대될 수 있다. 무엇보다 사회 기반시설의 확충, 시민의식의 함양, 지역주민의 자긍심 제고, 개최지역의 이미지 제고 등을 통해 새로운 사회로의 발전 가능성을 갖길 기대하게 된다.

반면, 계층 사이의 갈등을 유발하고 조세부담의 가중 및 환경오염, 교통혼잡, 물가상승 등 각종 문제가 드러나기도 한다. 이를 통해 경제적 위기를 초래할 수 있다. 스포츠 시설의 사후 활용에 대한 진지한 고민이 있어야 하고, 다른 분야에 투자할 수 있는 기회를 박탈할 수 있는 점을 미연에 방지하고자 노력을 해야 한다.

올림픽과 월드컵

스포츠 사회와 윤리

스포츠와 문화 · 미디어

CHAPTER
01 스포츠와 문화
02 스포츠와 미디어

CHAPTER 01

스포츠와 문화

1. 스포츠 물질문화

"도미티아누스Domitianus, 재위: 서기 81년-96년는 키르쿠스 막시무스의 화재 위험을 줄이고자 높은 층까지 대리석으로 채웠다. 트라야누스Traianus, 재위: 서기 98년-117년는 관람석을 대리석으로 바꾸고 좌석 5천개를 추가했다. 가장 웅장한 구조를 원했던 그는 길이 600미터, 폭 200미터의 거대한 전차경기장, 부대시설과 장식물을 갖추게 했다. 기록에 따르면 385,000명을 수용할 수 있었고, 최대 485,000명까지 관람을 할 수 있었다고 한다. 이 정도면 현대의 중소도시 인구 전체를 한 곳으로 몰아넣어 광기어린 스포츠 이벤트를 관람하게 한 것이다. 억지로 이루어진 것도 아니다. 재미와 흥미요소가 가득했다. 정치적 수사도 넘쳐났고 경품행사도 풍부했다. 스포츠 스타도 탄생했고 우승마는 그 이상의 인기를 구가했다. 전차경기장 내에는 화려한 쇼를 위한 모든 장치가 마련됐다. 신성한 트랙, 대리석 관중석과 출발문, 경주 바퀴 수를 세는 알eggs, 청동으로 만든 돌고래 장식 등 어느 것 하나 시시한 작품이 없었다. 전차경기장 자체가 로마시민들에게 무한한 판타지를 안겨다 주는 공간이었다문개성, 2021b, p.274."

고대 로마의 제정시대 때 대표적인 통치수단으로 전차경주와 검투사 경기를 화려하게 치르게 했다. 스포츠가 갖는 물질적 화려함에 관객을 현혹시키기에 이만한 상품이 흔치 않았던 것이다. 스포츠의 물질문화Material Culture는 대표적으로 경기장을 꼽을 수 있다. 올림픽, 월드컵과 같은 대형 스포츠 이벤트를 비롯해 다수의 종목은 규격화된 공간에서 이뤄진다. 개최를 하고자 하면 주경기장과 각종 경기종목에 따라 국제규정의 경기장이 필요하기 때문에 막대한 비용이 들어간다. 최근 개최국과 도시의 경제적 부담으로 가중되면서 올림픽 개최를 희망하는 곳이 줄어들고 있다. 최첨단 경기장을 선호하거나 경쟁하는 이상 올림픽 상품Goods을 유통시킬 장소를 찾는 데 어려움을 겪을 수 있다.

경기장

기존 인프라를 활용하는 사이클, 마라톤 등과 같은 경기 외에 프로 스포츠 경기를 포함한 스포츠 이벤트는 관객의 집객을 위한 잘 만들어진 공간이 필요하다. 스포츠의 물질문화는 물리적으로 나타나는 업적과 사용방법에 대한 모든 것을 의미하기 때문에 경기장, 관람시설, 스포츠 용품 등 다양한 형태의 물질문화를 양산하고 있다.

국내에서는 1988년 서울하계올림픽을 성공적으로 치른 후, 1989년 「체육시설의 설치·이용에 관한 법률」을 뒤늦게 제정해 오늘날까지 개정을 거듭하며 제도적 기반을 마련해 왔다. 체육시설의 설치·이용을 장려하고 체육시설업을 건전하게 발전시켜 국민의 건강증진과 여가선용에 이바지하는 것을 목적으로 하면서 공공체육시설의 설치·관리, 민간체육시설의 권리·의무를 정하고 있다.

이 법에 따르면 시설형태에 따른 체육시설의 구분으로 운동장, 체육관, 종합체육시설과 같은 전통적인 장소와 더불어 가상체험 체육시설이라고 하는 기술발달과 시대 트렌드에 맞는 장소가 포함됐다. 이는 물질문화의 상징으로부터 생산되는 비물질문화의 새로운 양상을 기대할 수도 있을 것이다. 즉, 지금까지와는 다른 차원의 문화생산이 가능한 현실이 됐다.

2. 스포츠 비물질문화

스포츠의 비물질문화Nonmaterial Culture는 미신, 속담, 관습, 금기, 신화 등에 이르기까지 물질적인 것 외의 모든 것을 의미한다. 이를 다시 행동문화Behavioral Culture와 정신문화Spiritual Culture로 분류할 수 있다. "쉬지 않고 17시간 내에 완주해야 하는 말 그대로 철인들이 펼치는 철인3종 경기도 있다. 트라이애슬론의 대표적인 종목으로 3.9km 거리의 수영을 하고 나서 대략 서울과 전주까지 거리^{사이클 180.2km, 마라톤} ^{42.195km}를 타고 달려야 한다. 더 나아가 울트라 트라이애슬론 경기를 통해 각각 거리를 일정 숫자의 배로 돈다는 의미로 더블^{2배}, 트리플^{3배}, 쿼드루플^{4배}, 퀸투플^{5배}, 데카^{10배} 코스 경기도 만들었다. 심지어 30배로 늘린 트리플 데카 철인3종 경기도 있다. 이 끝판왕 몸 쓰임 경연대회에서 세계 최고 기량의 선수들은 무려 200시간 전후로 쉬지 않고 내내 몸을 움직이는 것이다^{문개성, 2021b, p.221}."

스포츠를 통한 행동문화는 오로지 호모 사피엔스^{Homo Sapiens}가 갖는 지속가능한 신체의 움직임에서 비롯됐다. 사자와 같은 아프리카 사바나의 포식자라 할지라도 단거리 달리기를 통해 먹잇감을 찾을 수밖에 없다. 인간과 같은 지구력을 발현할 수가 없는 것이다. 이러한 행동문화는 심판의 독특한 제스처, 월드컵 조별 예선팀을 선정할 때 마음 졸이며 쳐다보게 되는 추첨행위 등도 스포츠만의 독특한 문화가 됐다. 올림픽과 월드컵 때 자국을 위해 벌이는 응원문화와 우

헹가래

승을 한 뒤 감독의 헹가래 등도 행동문화로서 익숙한 모습을 연출하게 된다.

스포츠의 비물질문화 중에 정신문화는 대표적으로 팀 감독의 전략과 전술이 있다. 동일한 선수로 구성됐다고 하더라도 감독이 바뀌면 팀컬러가 바뀌는 경우는 매우 흔하다. 또한 스포츠의 본질이라 할 수 있는 아마추어리즘과 같은 스포츠 사상도 독특한 스포츠의 정신문화라 할 수 있다. 중세 때 형식적 완성을 보였던 기사^{騎士, Chivalry} 제도를 통해 약자를 보호하고 여성을 위해 의협심을 발휘했다. 사회적, 도덕적인 관습과 행동의 준칙을 지키며 군사적 의무와 종교적 서약을 완수하고자 했다. 이는 오늘날 스포츠에서 매우 중요하게 여기는 스포츠맨십의 근원적 정신모델이다. 또한 이를 토대로 페어플레이라고 하는 스포츠 정신으로 이어지며 정신문화로서 그 가치를 인정받고 있다.

3. 스포츠 하위문화

검투사Gladiator 경기는 기원전 3세기부터 인류 역사상 독보적으로 특이했던 대중적 스포츠이다. 초기에는 전쟁을 치르고 난 후 많은 전사자들을 추모했던 장례의식으로 쓰였다. 시간이 지나면서 사람의 오감을 극한대로 자극하는 프로그램으로 기획됐다. "네로의 스승으로도 유명한 세네카Lucius Annaeus Seneca, 기원전 4년~서기 65년는 정오에 관람한 검투사 경기를 보고 묘사했다. 이전 경기보다 더 폭력적인 살육장과 같다. 검투사들은 아침에는 사자와 곰에게 살해당하고, 낮에는 다른 검투사손에 죽어간다. 사람들은 피가 낭자한 모습에 웃고 떠들고 열광한다. 경기장이 텅빌 때까지 결투는 계속된다문개성, 2021b, p.293."

골 세리머니

스포츠의 하위문화Sub Culture는 사회 구성원 중 일부가 향유하는 문화를 가지고 있을 때 형성되는 것으로 고대 로마의 검투사들도 그들만의 문화가 있었을 것이다. 예를 들어 삶과 죽음의 경계에 섰던 경기를 치르기 전에 각자가 독특한 세리머니와 주술행위가 필요했을지도 모른다. 오늘날 축구 경기에서 패널티 킥을 앞두고 공을 차기 위해 준비하는 선수와 골기퍼는 각자 독특한 제스처를 한다. 골을 넣었을 때도 선수마다 다양한 세리머니Goal Ceremony를 한다. 야구에서도 투수와 타자의 제스처는 각기 다르다.

이 외에도 승리를 기원하는 주술행위, 제스처를 비롯해 경기를 앞두고 이발을 하지 않거나 수염을 깎지 않는 행위, 목욕을 금기시하거나 특정한 음식을 삼가는 행위, 헤어스타일, 마스코트, 징크스 등에 이르기까지 스포츠를 통해 양산된 하위문화가 자리를 잡고 있다.

표 5-1 스포츠와 문화 분류

구분	내용
스포츠 물질문화	• 물리적으로 나타나는 문화 / 경기장, 각종 시설 및 장비
스포츠 비물질문화	• 물질적인 것 외의 모든 문화 / 행동문화, 정신문화 / 스포츠 사상, 전술과 전략, 규칙, 아마추어 정신, 스포츠맨십, 페어플레이 등
스포츠 하위문화	• 선수, 감독 등 구성원이 향유하는 문화 / 세리모니, 제스처, 금기 등

4. 경쟁과 페어플레이

1) 아곤과 아레테

아리스토텔레스Aristoteles, 기원전 384년 – 기원전 322년의 상대방을 설득하는 요소로서 로고소, 파토스, 에토스가 있다. 로고스Logos는 이성적이고 과학적인 것을 가리키는 것으로 사고능력과 이성 등을 의미한다. 파토스Pathos는 로고스와 반대되는 개념이다. 즉 감각적, 신체적, 예술적인 것으로 격정, 정념, 충동 등을 의미한다. 또한 에토스Ethos는 성격과 관습을 의미하고, 사람이 도덕적으로 옳고 그름을 판단하는 원동력이라고 했다. 오늘날 스포츠에 빗대어 설명하면 축구 경기 중에 상대선수가 넘어져 경기를 치를 수 없을 때 공을 밖으로 걷어내어 부상자를 살피는 행위는 에토스의 관점에서 이해할 수 있다.

호네트A. Honneth, 1996의 인정이론에 따르면 사람들의 역사는 남으로부터 인정받기 위해 투쟁을 이어온 것이라 했다. 스포츠에서도 인정받기 위해 승리를 얻으려고 하는 것과 같다. Part 01의 스포츠 본질에서 제시했던 아곤과 아레테를 보다 구체적으로 살펴보면 다음과 같다.

첫째, 아곤Agôn은 경쟁과 승리의 추구를 의미한다. 고대 그리스에선 스포츠란 용어가 없었기 때문에 아곤을 통해 경기와 경연의 의미로 사용했다. 스포츠경기는 자유로운 경쟁을 의미한다. 또한 경쟁하는 상대의 성과와 비교함으로써 가치를 평가하고 인정을 받는다. 즉, 아곤은 타인과의 비교를 전제로 하며 일반적인 경쟁스포츠에 해당이 된다.

둘째, 아레테Arete는 탁월성을 추구하는 노력과 과정을 의미한다. 아곤과는 다르게 타인과의 경쟁이나 비교 없이도 추구할 수 있다. 즉, 아레테가 아곤보다 더 포괄적인 개념으로 자신에게 주어진 모든 가능성을 최대한 활용하여 최고의 실력을 정당하게 발휘하고자 하는 마음가짐과 태도로서 큰 의미가 있다. 이를 통해 승리 지상주의의 병폐를 막기 위해서라도 아레테를 더 중시하는 경향이 있다.

2) 스포츠맨십과 페어플레이

"스포츠맨십과 페어플레이의 기준에 대해 다음과 같은 예를 통해 살펴보자. 축구 경기에서 이기는 팀이 축구경기 5분을 남기고, 근육경련을 이유로 그라운드에 누워서 고의적으로 경기를 지연시키는 경우를 통해 살펴보자. 이 경우는 스포츠맨 십과 페어플레이 중에서 어느 것을 어긴 것일까? 결론부터 말하자면 둘 다 어긴 것이다. 우선 스포츠 윤리에서는 바람직하지 않는 행위로 규정하고 있다. 즉, 의도적인 경기지연이나 비순수성 혹은 반규범성으로 인해 스포츠맨십에 위배된 것이다. 또한 정정당당하게 경기에 임해야 할 의무, 즉 페어플레이에 저촉된다. 다시 말해 페어플레이는 유·불리에 상관없이 경기의 공정성을 끝까지 유지해야 하는 것이다. 결론을 다시 언급하면 위 사례는 스포츠맨십과 페어플레이 모두에 위배된 것이다. 이를 통해 스포츠맨십이 지닌 명예, 성실, 용기, 정의 등의 가치가 훼손된 것이므로 페어플레이에 비해 보다 일반적이고, 보편적인 윤리규범을 의미함을 알 수 있다문개성, 2023a, p.54–55."

스포츠맨십Sportsmanship은 스포츠인이라면 당연히 따라야 할 준칙과 태도이다. 스포츠의 가장 포괄적인 도덕규범이라고 할 수 있다. 놀이에서의 스포츠도덕도 규칙의 자발적 준수, 공정하게 경기에 임하려는 의지와 태도가 중요한 것이다. 더군다나 경쟁에서의 스포츠도덕은 보다 더 엄격한 개념을 내포하게 된다. 즉, 극단적인 경쟁상황에서도 스포츠 자체를 존중하고, 경쟁 상대를 인격체로 대하고자 하는 의지와 태도를 강조한다.

페어플레이Fair Play의 개념은 경기할 때 공정하게 하는 것으로 구성적 규칙의 범위 내에서 행해지는 경쟁을 뜻한다. 국제올림픽위원회IOC와 협력관계에 있는 국제

스포츠·체육협의회ICSSPE, International Council of Sport Science and Physical Education에서 페어플레이에 관한 선언Declaration on Fair Play으로 '페어플레이가 없는 스포츠는 더 이상 스포츠가 아니다.'라고 했다.

　　스포츠 규칙 구조의 요소로서 조리적 행위규범, 행정법적 행위규범, 형법적 행위규범, 조직규범으로 분류해서 살펴볼 수 있다. 첫째, 조리적 행위규범은 앞서 언급한 스포츠맨십과 페어플레이와 같이 구체적인 형태는 없지만 스포츠에서 인정한 행위규범이다. 조리條理, Reason란 법률이나 관습법과 같이 객관적으로 존재하는 규범이다. 둘째, 행정법적 행위규범은 농구의 바이얼레이션 반칙과 같이 허락되지 않는 규범이다.

　　셋째, 형법적 행위규범은 승부조작과 같이 불법적인 행위에 대한 규제를 의미한다. 승부조작Match Fixing은 경기 외적의 이득을 목적으로 경기결과를 사전에 정해놓고 경기과정을 왜곡시키는 행위를 말한다. 형법적 행위규범을 정하는 것과 더불어 윤리교육 등의 내적통제를 통한 최소화 방안을 마련하고 있다. 또한 법적처벌 강화, 비디오 판독 시스템 구축, 심판숫자 확대 등에 따라 외적통제를 통한 최소화 방안이 이루어지고 있다. 마지막으로 조직규범은 경기조건의 설정방식처럼 선수 측에서 위반해서는 안 되는 규범이다.

표 5-2 스포츠 규칙 구조의 요소

구분	내용
조리적 행위규범	• 구체적인 형태는 없지만, 스포츠에선 인정한 행위규범 • 스포츠맨십, 페어플레이 등
행정법적 행위규범	• 과학적 법칙, 윤리규범 등에서 유추할 것을 허락하지 않음 • 농구의 바이얼레이션, 배구의 네트터치 등
형법적 행위규범	• 불법적인 행위의 규제 • 승부조작, 구타, 약물복용 등
조직규범	• 선수 측의 위반이 있을 수 없는 규범 • 득점기록법, 승패의 우열을 결정하고 경기조건의 설정방식

3) 스포츠 공정과 규칙

스포츠 경기 도중에 의도적인 반칙 사례가 나타난다. 예를 들어 축구경기에서 수비수가 상대 공격수에게 의도적 반칙을 이끌어냄으로써 불리한 경기의 흐름을 제지하기도 한다. 이를 통해 경기 주도권을 다시 갖고 옴에 따라 팬들은 수비수에게 칭찬을 한다. 즉, 팀원뿐만 아니라 팀을 위해 응원하는 관중에게 보답하고자 하는 행동이 될 수 있다. 그럼에도 의도적인 규제반칙이 이뤄졌기 때문에 비난의 대상이 될 수도 있다. 이와 같이 스포츠맨십과 페어플레이를 강조해도 양면적 관점이 존재할 수밖에 없다.

스포츠와 정의를 분류해서 살펴보면 분배적 정의, 절차적 정의, 평균적 정의가 있다. 첫째, 분배적 정의는 공정성Fairness과 관련한 개념이다. 즉, 분배기준을 세울 때 모든 관련자가 수긍해야 한다. 예를 들어 지금은 은퇴한 김연아 선수의 피겨스케이팅 종목은 난이도에 따라 점수에 차등이 있다. 이 외에도 리듬체조, 다이빙 등의 종목도 기술의 난이도에 따라 차등적 점수를 부여하는 것은 모든 참가자의 동의에 따라야 한다는 특징이 있다. 둘째, 절차적 정의로서 각자의 몫을 정하는 기준은 절차와 과정을 통해서 정하게 된다. 롤스J. Rawls, 1912-2002의 정의론1971에서 제시된 것으로 일정한 조건과 공정한 절차에 따라 합의가 이루어져야 한다. 예를 들어 축구 혹은 테니스 경기 전에 동전을 던져 앞뒷면에 따라 코트를 정하는 방식에서 찾아볼 수 있다. 마지막으로 평균적 정의는 스포츠 종목 규칙의 동일한 적용과 동등한 참가 조건으로 경쟁에 임하여야 함을 의미한다. 홈 앤드 어웨이Home and Away 경기 방식, 응원문화의 차이, 유리한 경기시간, 해발이 높은 지역의 경기 등 다양한 조건의 발생으로 지속적으로 공감이 가는 평균적 정의에 부합하기 위한 노력을 하게 된다.

스포츠 규칙은 구성적 규칙과 규제적 규칙으로 구분할 수 있다. 첫째, 구성적 규칙Constitutive Rule은 특정 스포츠 경기를 진행하는 방법을 규정하는 것이다. 어떤 스포츠를 행하는 목적, 수단, 공간, 시간, 용구, 용품, 평가방법, 벌칙 등이 필요하기 때문에 경기를 하는 방법을 정하게 된다. 예를 들어 태권도에서 전자호구를 조작하여 타격이 없더라도 점수를 높이는 행위는 구성적 규칙을 위반한 행위다. 즉, 태권도 선수들이 착용하는 전자호구는 부위별 타격에 따른 점수부여를 전자식으로 산정하는 제도화된 경기방법 수단^{용품}으로 이를 인위적으로 어기는 행위를 했다고 하면 구성적 규칙에 저촉된 것이다.

둘째, 규제적 규칙^{Regulative Rule}은 사전에 혹은 독립적으로 존재하는 형태의 행위들을 규제하는 것을 말한다. 예를 들어 에티켓과 같은 것이 있다. 또한 참가자격을 정해놓은 것으로 올림픽 헌장의 아마추어 규정, 도핑금지 규정, 성별 검사 등이 해당된다. 이는 스포츠 세계의 질서를 유지하기 위하여 정한 것이라 할 수 있다. 보다 구체적인 예를 들어보면 야구에서 배트에 철심을 넣어 보다 강력한 타격이 나오게 만드는 행위, 수영에서 화상자국을 은폐하기 위해 전신수영복을 입고 출전하는 행위, 사이클에서 산소운반능력을 높이기 위하여 도핑을 하고 출전하는 행위는 규제적 규칙을 위반한 행위가 된다.

공정시합에 대한 견해 차이로서 형식주의는 정해져 있는 규칙을 어기지 않고 경기를 하면 페어플레이로 바라보는 것이다. 규칙이란 스포츠에서 형식적 공정 유지를 위해 필요한 것이다. 즉, 구성적 규칙^{경기방법}과 규제적 규칙^{참가자격}을 모두 준수하면 실현될 수 있는 부분이다. 만약 경기력 향상을 위해 금지약물을 은밀하게 복용을 했다면 형식적 공정에 위배되는 행위를 한 것이다.

반면, 비형식주의는 경기종목마다 경기를 실천하는 규칙과 관습이 있고, 관습은 윤리적인 면도 포함하므로 관습을 잘 지키면 페어플레이로 바라볼 수 있다. 실수로 파울을 범한 상대선수를 화난 표정을 지으며 노려보는 행위, 이기고 있는 팀이 시합종료까지 시간을 끌기 위해 공을 돌리는 행위, 자신의 이익을 위해 심판의 오심을 알고도 묵인하는 행위를 했다면 비형식적 공정에 위배된 것이다. 다시 말해 태도 혹은 도의적 문제는 있을 수 있으나, 심판이 휘슬을 불기 전까지는 경기방법^{구성적 규칙}과 참가자격^{규제적 규칙}에 어긋나는 행위를 하면 안 되는 것이다.

도덕원리의 검사

- 포섭 검사: 상위의 도덕 원리에 포함시켜 정당화하는 방법
- 반증 사례 검사: 상대방이 제시한 원리의 근거와 맞지 않는 사례를 찾아 제시하는 방법
- 보편화 검사: 도덕 판단의 근거가 되는 원리를 모든 사람에게 적용해봄으로써 바람직한지의 여부를 파악하는 방법
- 역할 교환 검사: 상대방의 입장에서 생각해보는 방법

예

- 보편화 결과의 검토: '나 혼자 의도적 파울을 하는 것은 괜찮겠지'라는 판단은 '모든 선수가 의도적 파울을 한다면'이라는 원리에 비추어 검토하는 경우
- 역할 교환의 검토: '부상당한 선수를 무시하고 경기를 진행하라'는 주장의 지시에 '자신이 부상당한 경우를 가정하여 판단해보라'고 이야기하는 경우

CHAPTER **02**

스포츠와 미디어

1. 스포츠와 미디어 관계

1) 스포츠 미디어 이론과 기능

미디어란 어떤 정보를 그 정보가 필요한 사람에게 전달해주는 중매자 역할을 해주는 매체를 의미한다. 미디어를 크게 **인쇄매체**신문, 잡지, **방송매체**TV, 라디오, **인터넷매체**온라인, SNS로 구분할 수 있다. 매스 미디어Mass Media는 매체 중에서 한꺼번에 많은 사람에게 다양한 정보를 제공할 수 있는 대중 매체를 뜻한다. 스포츠 미디어는 많은 정보 중에서 스포츠와 관련한 정보를 여러 사람에게 제공하는 매체이다. 스포츠 미디어에 내포된 이데올로기와 연관된 보도 방식에 따라 국가주의 이데올

로기, 젠더 이데올로기, 자본주의 이데올로기, 개인주의 이데올로기를 내포하기도 한다.

세계 최초의 스포츠 기사는 1733년 미국의 '보스턴 가제트Boston Gazette'란 신문에 실렸다고 알려져 있다. 또한 1822년 설립된 '벨즈 라이프 인 런던Bell's Life in London' 이란 잡지에 스포츠 관련 기획 기사가 실렸다. 우리나라 최초의 스포츠 잡지는 1924년에 발행된 '조선체육계'이다.

스포츠 미디어 이론을 살펴보면 다음과 같다. 우선 개인차 이론으로 미디어가 관람자의 인성특성에 흥미를 유발하는 이미지를 제공한다는 내용이다. 카츠 등 Katz, Gurevitch, & Hass, 1973은 대중매체가 해결해주는 욕구로서 인지적 욕구신문, 잡지, 정 의적 욕구직접 참가, TV, 도피적 욕구TV, 통합적 욕구직접 참가로 제시했다.

사회범주 이론은 미디어에 대해 다르게 반응하는 하위집단이 존재한다는 내용 이다. 연령, 성별, 사회계층, 교육수준, 경제수준, 거주지역 등에 따라 반응의 차이 가 있다. 또한 사회관계 이론이 있다. 이는 비공식적 사회관계는 개인이 미디어가 제공하는 메시지에 대해 반응하는 태도를 수정하는 역할을 한다. 더불어 문화규범 이론은 미디어가 사상과 가치를 선택적으로 제시한다는 이론이다.

비렐과 로이Birrel & Loy, 1979에 따르면 스포츠 미디어의 기능을 정보기능, 정의적 기능, 사회통합의 기능, 도피기능으로 분류했다. 첫째, 정보기능은 인지적 기능으 로서 경기내용과 결과를 비롯해 통계자료와 각종 정보를 대중에게 전달한다. 둘 째, 정의적 기능은 각성 기능으로서 대중들의 즐거움과 흥미를 끌어올리고 스포츠 에 대한 긍정적인 감정을 갖도록 한다. 셋째, 사회통합의 기능은 대중과 경험을 공 유하면서 사회집단을 통합하게 하는 기능이다. 2022년 한·일 월드컵 때 IMF를 극 복한 후 지역별, 계층별, 세대별 구분 없이 하나로 묶는 시너지 효과를 발휘했다. 마지막으로 도피기능을 통해 스포츠로부터 새로운 경험을 얻고 대리만족을 느끼 게 한다. 시청 앞 광장에서의 국가대표를 위한 스포츠 응원 문화는 군부독재에 맞 서 투쟁했던 공간의 성격이 바뀐 분기점이 됐다. 정치적으로 억압된 감정을 표출했 던 곳이 스포츠 경기 관람으로 현대인의 스트레스를 분출하는 광장이 된 것이다.

표 5-3 Birrel & Loy의 스포츠 미디어 기능

구분	내용
정보기능	• 경기내용, 결과, 규칙, 선수 등 스포츠와 관련된 정보를 대중에게 제공하는 기능(인지적 기능)
정의적 기능	• 대중들의 즐거움, 흥미, 관심 등을 끌어올리는 기능(각성 기능)
사회통합 기능	• 대중과 경험을 공유하며 사회집단을 통합하는 기능
도피기능	• 새로운 경험, 대리만족, 불안 및 스트레스 해소 등의 기능

위의 정보전달 기능이 권리로서 작용하는 영역은 보편적 접근권이다. 1990년대 영국 정부는 유료 방송사로 인한 폐해를 차단하고자 스포츠 방송의 공익성을 강조하여 시청자가 볼 권리를 우선시하는 정책을 펼쳤다. 국내에서도 방송법 개정 2008년으로 도입된 제도로서 올림픽, 월드컵, 아시아 경기대회, 야구 WBC, 축구 A매치 등 국민의 관심이 큰 스포츠 경기에 대한 방송을 모든 국민이 시청할 수 있는 권리를 법적으로 규정했다.

> **여기서잠깐!**
>
> ### 저널리즘의 유형
>
> • 옐로 저널리즘(yellow journalism): 대중의 원시적 본능을 자극하고, 호기심에 호소하여 흥미 본위로 보도하는 저널리즘
> • 블랙 저널리즘(black journalism): 공개되지 않은 이면적 사실을 벗기는 저널리즘
> • 포토 저널리즘(photo journalism): 사진기술로 표현하고 보도하는 저널리즘
> • 퍼블릭 저널리즘(public journalism): 시민들이 공동 관심사에 직접 참여하도록 주선해 주는 저널리즘
> • 뉴 저널리즘(new journalism): 기존 저널리즘의 속보성, 객관성의 관념을 거부하고 소설작가의 기법을 적용한 저널리즘
> • 비디오 저널리즘(video journalism): 6mm 디지털 카메라로 촬영, 편집까지 맡는 1인 제작 시스템을 통한 저널리즘
> • PD 저널리즘: 방송사 PD들이 취재, 구성, 보도하는 프로그램
> • 팩 저널리즘(pack journalism): 취재방법, 취재시각 등이 획일적이어서 개성이 없는 저널리즘
> • 하이에나 저널리즘(hyena journalism): 사회적 이슈가 생기면 무작정 쓰고 보자는 식으로 최소한의 사실관계도 확인하지 않은 채 달려드는 보도형태

2) 스포츠와 미디어의 상호관계

스포츠 미디어의 윤리적 문제는 승리지상주의만을 추구하는 데 있다. 이는 스포츠 포퓰리즘Populism 확산에만 초점을 두게 돼 대중관심에만 의존하는 현상이 발생할 수도 있음을 경계하고 있다. 이데올로기성, 계급, 인종, 인성 등에 대해 일방적으로 전파하고, 물질 만능주의와 대중의 원시적 본능만을 자극하는 옐로 저널리즘의 확대도 유의해야 할 부분이다.

19세기에 스포츠란 콘텐츠를 수출한 영국은 지금도 축구라면 그 어느 지역보다 열광하는 나라이다. 2018년 헐리웃 영화 보헤미안 랩소디를 통해 다시 알려지게 된 웸블리 경기장은 잉글랜드 축구 국가대표팀의 경기장으로 '축구의 고향The Home of Football'이란 별칭을 얻었던 성지와 같은 곳이다. 2019년 한류를 주도한 보이밴드 BTS가 새롭게 신축된 이곳에서 공연을 했다. 전 세계 팬들 뿐만 아니라 모든 매체를 열광시켰던 요인이 있다. BTS의 실력에 덧입혀진 공학적 가치를 극대화시켰다. 현장의 6만 명 팬들과 유료 실황공연 중계를 14만 명이 즐김으로써 20만 명이 동시간대에 공연을 관람했다. 앞으로는 미디어를 통해 어떻게 소통하고 안방까지 세련되게 전달하느냐가 선도적 대중문화를 이끌 것이다. 이처럼 미디어는 스포츠 경기장 내의 관람문화를 바꿀 수 있을 만큼 강력한 영향력을 갖고 있다.

스포츠가 미디어에 미치는 영향은 광고수익을 증대시킨다. 이는 곧 TV 중계권 가격의 상승으로도 이어졌다. 첨단기술이 도입되면서 보도기술과 방송기술이 발전하게 되고, 수익성 있는 콘텐츠를 제공하는 데 유리한 환경을 확보하게 됐다. 일반 프로그램보다 효율성과 효과성 측면에서 방송 프로그램의 다변화를 모색하는 데도 유리하다. <표 5-4>에 나타난 바와 같이 IOC의 수익규모도 중계권료가 전체 수익의 50%를 넘을 정도로 미디어와 관련한 수익영역이 압도적으로 크다.

표 5-4 IOC의 수익규모

단위: 백만 달러(%)

구분	1997~ 2000년	2001~ 2004년	2005~ 2008년	2009~ 2012년	2013~ 2016년
중계권료	1,845 (48.9%)	2,232 (53.2%)	2,570 (47.2%)	3,850 (47.8%)	4,157 (53.3%)
TOP 프로그램	579 (15.3%)	663 (15.8%)	866 (15.9%)	950 (11.8%)	1,003 (12.9%)
개최국 지역 스폰서십	655 (17.4%)	796 (19.1%)	1,555 (28.5%)	1,838 (22.8%)	2,037 (26.1%)
티케팅	625 (16.6%)	411 (9.8%)	274 (5.0%)	1,238 (15.5%)	527 (6.8%)
라이선싱	66 (1.8%)	87 (2.1%)	185 (3.4%)	170 (2.1%)	74 (0.9%)
합계	3,770 (100%)	4,189 (100%)	5,450 (100%)	8,046 (100%)	7,798 (100%)

출처: IOC(2018). The Olympic Marketing Fact File 2018 Edition.

미디어가 스포츠에 미치는 영향으로는 무엇보다 스포츠 상업화, 대중화, 세계화를 촉진시켰다. 이를 더욱 확산시킬 수 있었던 배경은 스포츠 경기규칙rule과 스케줄을 변경시킬 만큼 영향력이 컸기 때문이다. 미디어를 통해 스포츠 소비자가 증가하다보니 경기를 펼치는 시간대보다 시청하는 시간대가 보다 중요해졌다. 또한 익스트림 스포츠, 노인 스포츠와 같이 다양한 종목으로의 뉴스포츠 트렌드 변화를 이끌기도 한다. 경기기술의 발전으로 스포츠 과학화 및 경기력 향상에 기여하기도

최첨단 판독장치

했다. 반면, 흥행을 담보로 한 스포츠 종목에 우선시하다보니 아마추어 종목이 쇠퇴하는 결과를 낳기도 했다. 선수, 지도자, 행정가, 사업가 등의 다양한 직군으로 확대되면서 스포츠 조직은 나날이 발전하게 됐다. 이를 통해 궁극적으로 스포츠 조직의 안정적인

재원을 조달하는 데에 기여했다.

2. 핫미디어 스포츠와 쿨미디어 스포츠

"1970년대에 '미디어 생태학'이란 용어를 처음 사용한 미디어 이론가인 닐 포스트만Neil Postman은 오늘날 스마트폰, 모바일, 소셜 미디어 등 혁신 기술에 기초한 디지털 융합의 세계처럼 미디어를 '인간의 환경'으로 인식했다. 정보사회가 도래하기 직전까지만 해도 커뮤니케이션의 혁명은 '언어와 문자'였다. 이는 '의미'와 '논리'를 추구하고 '이해'의 문제로 귀결된다. 반면 오늘날 '영상' 혁명은 '인지'의 문제로만 국한된다. 즉, 소비자는 미디어에 비춰지는 내용을 이해하기보다는 잘 만들어진 연출Presentation에 흥분하게 된 것이다. 또한 인터넷은 미디어 상품의 전달 방식을 혁신적으로 바꾼 요인임에 틀림없다. 특히 인터넷과 디지털 혁명에 따라 콘텐츠를 제공할 수 있는 공간이 무한대로 넓어졌다. 이른바 3각 편대네트워크, 플랫폼, 디바이스가 정보통신기술ICT 시대에서 인터넷을 통해 재편성됨에 따라 끊임없는 콘텐츠 복제와 재생산이 가능해졌다문개성, 2016, p.98-99."

마셜 매클루언Marshall McLuhan, 1911-1980은 1954년에 '미디어Media'란 용어를 처음 사용하면서 사회에서의 미디어 역할을 제시했다. 그가 분류한 핫미디어Hot Media는 메시지 내용과 관계없이 메시지 상태가 논리적이다. 즉, 높은 정의성High Definition으로 인해 메시지가 직접 전달이 되고, 수용자는 감각과 몰입에 대해 낮은 참여성Low Participation을 갖고도 그 메시지를 이해할 수 있다고 했다. 신문, 잡지, 책이 대표적이다.

반면, 쿨미디어Cool Media는 메시지가 비논리적이기 때문에 즉흥적이고 일시적인 특징을 갖는다. 즉, 낮은 정의성Low Definition을 갖는 메시지를 전달하기 위해선 수용자가 높은 수준의 참여성High Participation으로 몰입해야 한다고 했다. 이는 메시지가 일정한 형태가 아니라 분산되기 때문에 수용자는 여러 감각을 동원해야 메시지를 충분하게 받아들일 수 있다는 것이다. 대표적으로 TV, 전화, 만화, 영화가 있다.

매클루언M. McLuhan의 매체이론에 근거한 스포츠 분류김우성, 2020, 재인용; 최관기, 1988를 하자면, 핫미디어 스포츠는 정적인 스포츠, 개인스포츠, 기록스포츠를 비롯해 공격과 수비가 구분된 스포츠 형태이다. 야구가 대표적인 핫미디어 스포츠 종목인데, 야구의 경기방식과 규정이 매우 정밀^{High Definition}하기 때문에 관람객의 관여도 혹은 참여성이 낮을 수밖에 없다^{Low Participation}. 이 외의 핫미디어 스포츠 종목은 검도, 골프, 권투, 레슬링, 빙상, 배드민턴, 볼링, 사격, 수중발레, 싸이클, 스키, 스케이트, 태권도, 승마, 씨름, 양궁, 역도, 요트, 유도, 육상, 윈드서핑, 조정, 테니스, 체조, 카누, 펜싱, 수영 등이 있다.

그리고 쿨미디어 스포츠는 동적인 스포츠, 팀 스포츠, 득점 스포츠, 공격과 수비가 구분되지 않는 스포츠의 형태를 띤다. 축구를 떠올리면 쉽게 이해할 수 있다. 즉, 경기방식이 단순하고^{Low Definition}, 관객들의 관여도가 매우 높다^{High Participation}. 이러한 이유로 경기 내내 앉아 있지 않고 일어서서 경기장면을 지켜보거나 고관여에 따른 기대에 못 미쳤을 때 훌리건^{Hooligan}과 같은 난동이 발생할 가능성이 높다. 이 외의 쿨미디어 스포츠 종목은 경마, 농구, 럭비, 배구, 자동차경주, 미식축구, 아이스하키, 하키, 핸드볼 등이 있다.

표 5-5 핫미디어 스포츠와 쿨미디어 스포츠

Hot Media Sports	Cool Media Sports
• 핫미디어: 한 가지 감각에만 의존하는 매체(신문, 잡지, 책)	• 쿨미디어: 여러 감각의 활용을 이끌어내는 매체(전화, TV, 영화, 비디오, 만화)
• 미디어 자체가 정밀하므로 수용자가 신경을 덜 쓰더라도 정보의 뜻이 전달됨 • 고정의성(high definition), 저참여성(low participation), 낮은 감각 몰입 • 정적 스포츠, 개인 스포츠, 기록 스포츠 (야구, 사격, 테니스 등)	• 미디어 자체가 정밀하지 못하므로 수용자의 더 큰 참여를 유도함 • 수용자의 참여가 지나치게 높아지면 역효과가 날 수 있음(축구 훌리건) • 저정의성(low definition), 고참여성(high participation), 높은 감각 몰입 • 동적 스포츠, 팀 스포츠, 득점 스포츠(축구, 농구, 핸드볼 등)

축구와 야구의 관객

3. 대형 스포츠 이벤트와 미디어

근대 올림픽은 그리스 아테네에서 1896년 제1회 대회가 개최됐다. 제8회 대회인 1924년 프랑스 파리 올림픽 때부터 최초로 광고를 허용했다. 오늘날에도 올림픽의 공식 스폰서인 코카콜라는 1928년 네덜란드의 암스테르담 올림픽부터 스폰서로 참여하기 시작했다. 1936년 베를린 올림픽은 히틀러의 정치적 야욕을 드러낸 사례로 악명이 높지만, 최초로 TV의 야외 실험방송을 해서 기술적으로는 진일보한 올림픽으로 기록하고 있다.

이와 같이 올림픽과 미디어는 불가분의 관계를 띠며 '미디어 스포츠 이벤트'로서 가장 화려한 주목을 받고 있다. 비록 상업주의의 길을 걷고 있는 올림픽이라 할지라도 태생적으로 전 인류의 화합과 평화의 염원을 담은 올림픽 정신을 전 세계인은 기대하고 있다. 올림픽 개막식은 개최국가, 도시의 역사와 전통, 그리고 미래를 담고자 한다. '스포츠를 통한 마케팅Marketing through Sports'의 주체가 바로 그 국가와 도시가 됨으로써 전 세계인에게 매력적인 장소로 세계만방에 알리고 있다. 이와 함께 공식 스폰서로 참여한 기업도 올림픽을 전후하여 스폰서 이미지를 높이고, 궁극적으로 상품 판매량을 높이기 위한 작업을 하게 된다.

스포츠가 만들어낸 문화는 과거로부터 현재까지, 그리고 미래로 이어가고 있다. 2019년 말부터 발발한 뜻하지 않은 코로나19로 도쿄 올림픽은 1년 연기됐다. 과연 치를 수 있을까라는 의문이 많았다. 전쟁 상황이 아닌 원인으로 연기된 것은 처음 있는 일이다. 1916년 독일 베를린 대회는 제1차 세계대전으로 취소됐다. 4년 후엔 전쟁 주범이었던 독일은 초대받지 못했다. 1940년 일본 도쿄 대회와 1944년 핀란드 헬싱키 대회는 제2차 세계대전으로 취소됐다. 4년 후 패전주체인 독일과 일본은 참가자격을 잃었다. 익히 알고 있는 사실이지만 오늘날 독일과 일본은 전혀 다른 길을 걷고 있다. 독일은 사과와 배상으로 21세기 리더국가가 됐지만, 일본은 과거를 인정하지 않고 늘 외면하는 극우적 행보를 이어가고 있다.

코로나19가 예상보다 장기화됨에 따라 재연장할 수 있을까라는 의문도 많았다. 지구상에 펼쳐지는 스포츠 비즈니스의 일정에 차질을 빚을 수 있는 무리수이기 때문이다. 국제올림픽위원회[IOC] 입장이라면 어떠했을까. 가장 최상의 시나리오는 이미 세상에 공표한 1년 후에 치르는 것이다. 결국 국제올림픽위원회[IOC]와 일본 정부는 개최를 결정했다. 국제올림픽위원회[IOC]는 수익원인 방송 중계권과 기업 스폰서십 비용을 붙잡을 수 있었고, 일본 정부는 여러 악재로부터 시선을 돌릴 기회로 여겼다.

이미 지나간 얘기이지만 도쿄 올림픽이 태생적으로 안고 있었던 '환경 이슈'를 가져갔으면 어떠했을까. 바로 방사능과 바이러스 이슈 모두 인간이 자연의 일부로 살아가야 함을 깨우쳤다. 더 나아가 전 지구의 새로운 문명을 건설하기 위한 보편적 가치를 기치로 내세운다면 '지구 이슈'가 될 수 있다. 전 지구의 위기가 일본 입장에선 진정한 재건과 부흥의 기회인 셈이다. 21세기 새로운 리더가 될 수 있는 절호의 기회를 놓친 거나 다름없다.

최첨단 기술을 동원해 무관중 개·폐막식과 경기를 치렀다면 어떠했을까. 화려한 배경을 덧입혀 안방까지 송출하는 데는 문제가 없었을 것이다. 코로나19 감염병의 여파를 고려해 오프라인 상의 집객 없이 치르는 최초의 올림픽으로 그림을 그려봤다면 어떠했을까. 새로운 플랫폼 위의 게임처럼 집에서 보게 하는 것이다. 물론 캐릭터는 만화가 아니라 실사선수다. 불가능한 일은 아니다. 패러다임을 바꾸는 게 어려울 뿐이다. 모든 것을 새롭게 정의를 내리고 기준을 삼아야 할 지금, 인류의 공통 유산으로 첫 실험을 해봤으면 어떠했을까. 유일한 지구의 경외감을 느끼면서 말이다. 미디어를 통한 새로운 스포츠 실험이 가능했을지도 모른다.

지금은 어느 누구도 올림픽을 통해 돈을 벌 수 있다는 생각을 하지 않는다. 2000년대 이후 올림픽을 개최하고 싶다는 국가와 도시가 현격히 줄어들었다. 올림픽의 저주란 말이 있듯이 대회가 종료된 이후의 경제적 부담을 떠안기가 여론이 만만치 않기 때문이다. 우리나라는 2018년 9월 평양 공동선언에 따라 2032년 서울·평양 공동 하계 올림픽 개최 의사를 천명했고 이듬해 국제올림픽위원회[IOC]에 공식적으로 피력했다. 국제올림픽위원회[IOC]는 '평화 이슈'에 대해 매우 솔깃했을 것이다. 결론은 복잡하게 얽힌 국제관계를 우리 스스로 주도적으로 풀지 못하고, 일생에 한 번 올까 말까한 기회를 놓치고 말았다.

앞으로 펼쳐질 올림픽 이슈를 주목할 필요가 있다. 스포츠 중계권에 묶여있어 실시간 중계와 재방송은 독점적 중계환경에 의지해야겠지만, 과거로 회귀한 듯 치러진 도쿄 올림픽 이후에 올림픽이 선사하는 지구촌 이슈는 실시간으로 전파될 것이다. 기후, 전쟁, 갈등, 자원, 환경, 양극화 등에 이르기까지 전 지구가 고민해야 할 문제에 대해 연대와 협력을 강조

지구촌 연대와 협력

하며 휴머니즘을 선도적으로 이끌고 갈 리더는 과연 누가될까.

여기서 잠깐! 고대 올림픽과 근대 올림픽

인류 공통의 유산으로 세계적인 명성을 갖고, 4년에 한 번 전 세계인의 축제인 올림픽이 개최되고 있다. 고대 올림픽은 기원전 776년부터 시작해 서기 393년에 끝났다. 1,500여 년이 지난 후 1896년 근대 올림픽이 시작되어 오늘에 이르고 있다. 대표적인 종목으로 전차경주가 있다. 기원전 680년에 히피코스 아곤이라 불린 전차경주는 올림픽의 공식 종목이 되었다. 올림픽 기간이 아닐 때도 히포드로모스, 키르쿠스 막시무스 경기장 등에서 열광하는 종목으로 발전했다. 키르쿠스 막시무스는 한 때 48만 명 이상이 관람할 수 있을 정도의 엄청난 규모로 증축을 했다고 한다. 전차경주는 오늘날 스포츠 마케팅의 향연장인 자동차 경주대회로 발전했다.

또한 올림픽 경기의 마지막 꽃으로 지금도 각광받고 있는 마라톤이 있다. 기원전 492년에서 490년에 치러진 그리스·페르시아 전쟁 기간, 마라톤 전투에서 우승하고 한 병사가 아테네까지 달려와 승전보를 알렸다는 이야기가 전해진다. 이와 같은 스토리텔링(Storytelling)의 매력을 근대 올림픽에도 갖고 온 것이다. 1896년 1회 그리스 대회에서 목동 출신 선수가 우승하며, 지금도 아테네에 그의 이름을 딴 스피로스 루이스 경기장이 있다.

오랜 역사를 지닌 올림픽은 지속 가능하기 위한 공감대를 형성하는 중이다. 스포츠 마케팅의 가장 큰 시장(market)이면서도 환경, 기후, 평화, 공존 등의 노력을 기울여야 할 만큼 우리 인류가 고민하고, 함께 풀어가야 할 중요한 과제 중에 하나가 되었다.

표 5-6 올림픽 방송의 역사

올림픽 개최지	연도	내용
파리	1924	• 최초로 광고 허용
암스테르담	1928	• 라디오 중계 시작 • 코카콜라가 공식 스폰서로 참여 시작
베를린	1936	• 최초로 TV 야외 실험방송
런던	1948	• 한 경기장에 3~4대의 카메라 설치
로마	1960	• 최초 TV방송중계권 판매
도쿄	1964	• 인공위성을 통한 TV 중계
멕시코시티	1968	• IOC 방송위원회 설치 • 컬러 콘텐츠 제작
뮌헨	1972	• 국제 TV방송 시스템 도입
몬트리올	1976	• 대회 엠블럼 제작 사용
LA	1984	• 102개 기업 참여, 156개국 중계
서울	1988	• 142개 기업 참여, TOP 프로그램 시작
바르셀로나	1992	• 193개국 중계, 주관방송사 중계시간 2,700시간
애틀랜타	1996	• 214개국 중계, 주관방송사 중계시간 3,000시간
시드니	2000	• 220개국 중계, 주관방송사 중계시간 3,400시간 • IOC는 2001년부터 올림픽 방송을 주관하는 OBS (Olympic Broadcasting Service) 설립, 즉 OBS의 주관으로 중계영상 제작
아테네	2004	• 일부 국가에 최초로 인터넷 중계
북경	2008	• TV방송과 인터넷 및 모바일 분리 중계
런던	2012	• 중계시간 5,600시간
리우	2016	• 가상현실(VR), 360도 카메라 시스템 도입
일본	2020 (2021개최)	• 코로나19로 1년 미뤄진 올림픽의 기대감으로 시청률 56.4% 육박

스포츠 사회와 윤리

스포츠와 교육

CHAPTER

01 스포츠 교육의 역할

02 스포츠와 인권

CHAPTER 01

스포츠 교육의 역할

1. 스포츠 교육의 개념과 기능

1) 스포츠 교육의 발전

근대 스포츠 교육의 발전과정을 살펴보면 19세기 초·중반에 근대적인 교육사상이 발현됐다. 독일, 스웨덴, 덴마크를 중심으로 체조 중심의 체육교육이 발달했던 것이다. 1896년 제1회 근대올림픽대회가 개최되면서 아마추어리즘과 페어플레이 정신을 강조했다. 19세기말에서 20세기 초에는 자연주의 교육J. Rousseau, 1712−1778 사상과 진보주의 교육J. Dewey, 1859−1952 사상이 대두됐다. 특히 진보주의 교육이론을 토대로 신체를 통한 교육으로서 체육을 강조했다. 또한 놀이, 게임, 레크리에이션의 중요성이 부각되면서 새로운 체육으로서 역할을 다하고자 했다.

신체의 교육은 20세기 초까지 주류를 이루었던 체육학 이론F. L. Jahn, 1778−1852; P. H. Ling, 1776−1839이다. 이는 어린이의 발육과 발달을 도와서 신체가 건강하게 자라고 신체의 기능을 효율적으로 발휘할 수 있도록 하는 것이다. 즉, 몸을 단련하여 '강하고 튼튼한 아름다운 신체'가 중요한 개념으로 자리를 잡게 됐다.

1930년대 전후 등장에 신체를 통한 교육L. Gulick, 1865−1918, C. W. Hetherington, 1870−1942 이 대두되면서 모든 교육적 활동은 지적, 도덕적, 신체적 결과를 동시에 가져다주는 데에 주안점을 두게 됐다. 교육철학자 듀이J. Dewey의 진보주의 교육사상에 영향을 받고, 미국 중심으로 신체육New Physical Education 교육 사조로 발전했다. 듀이의 존재론적 심신일원론의 영향으로 건강한 인간에서 신체적으로 완성된 인간으로 신체와 정신은 분리될 수 없는 '전인적 인간' 형성의 중요함을 인식하게 된 것이다. 이와 같이 시대 변화와 요구에 따라 '신체의 교육'에서 '신체를 통한 교육'으로 변화했다.

현대 스포츠 교육의 발전과정은 1950년대에 아동의 에너지 발산, 놀이에 대한 욕구 충족, 사회적 상호작용 기회를 제공하는 데 주안점을 두었다. 이 즈음 운동생리학, 운동역학, 스포츠 심리학 등의 학습을 통해 움직임을 효율적이고 아름답게 수행할 수 있다고 하는 이론이 등장했다. 즉, 인간의 움직임에 내재된 보편적 원리에 관심을 갖게 된 것이다. 1960년대에는 미국에서 학문중심의 교육과정이 채택됐다. 체육학문학 운동과 체육 연구활동 및 학문적·이론적 성격을 강화했던 시기이다.

1970년대는 인간주의적 철학사조의 영향을 받은 체육교육을 강조했다. 이는 인성발달, 표현력 함양, 대인관계의 향상 등을 추구하면서 스포츠 기능, 지식, 태도를 교육시켜 아이들 스스로 스포츠를 즐기고 참여하여 건전한 스포츠문화 조성을 한다는 '스포츠 교육 모형'을 처음 제시하게 된다Siedentop, 1976. 이 시기에는 체육학 문화 운동을 통해 '스포츠 교육학Sport Pedagogy'이 학문적으로 체계화됐다. 현재는 행동주의적, 인지적 심리학 배경의 체육교수학습활동을 이해함으로써 질적 연구방법론에 따른 스포츠 교육의 연구가 급성장했다. 즉, 다양한 시각의 연구주제와 방법론이 생겨났다.

2) 스포츠 교육의 정의와 가치

스포츠 교육학Sport Pedagogy은 스포츠에 관한 기능, 지식, 정서, 문화 등을 포함한 내용을 가르치는 학문이다. 이는 스포츠를 교육적인 수단으로만 한정하는 협의의 교육학과 스포츠를 통해 삶의 의미를 추구하는 신체활동을 모두 포괄하는 광의의 교육학이 있다. 광의의 교육학은 넓은 의미로는 학교에서 가르치는 학교체육, 일반인들이 취미 또는 건강을 위한 생활체육, 전문적인 운동선수들을 위한 전문체육을 포함한 것이다. 시덴탑D. Siedentop, 1994에 따르면 스포츠 교육학이란 티칭Teaching과 코칭Coaching의 과정, 결과, 그리고 체력과 체육 및 스포츠 교육 프로그램에 관한 연구라 지칭했다. 교수Teaching는 체육에 관한 수업계획, 교사·학생 간의 상호작용 기능, 학습에 공헌하는 학생과 선수들의 활동을 의미한다. 교육과정Curriculum은 체육, 스포츠 프로그램의 내용, 목적 및 실행방법, 프로그램에 의해 성취된 결과를 뜻한다. 또한 교사 교육Teacher Education은 예비교사 대상의 교사행동, 학생행동, 교사의 효율성에 필요한 영역이다.

베일리R. Bailey, 2009에 따르면 스포츠 교육의 가치는 신체적 가치, 정의적 가치, 인지적 가치로 구분할 수 있다. 첫째, 신체적 가치는 신체활동을 통해서 근력, 전신지구력, 순발력, 민첩성 등의 체력을 발달시킬 수 있다. 또한 신체의 순환기능, 대사기능, 소화기능 등을 여러 가지 신체기능을 비롯해 체력을 유지하고 발달시킨다.

둘째, 정의적 가치는 스포츠 활동이나 신체활동을 통해서 공격성, 파괴성, 경쟁성 같은 근원적인 경향성을 해결하는 것이다. 스포츠 활동을 통해 경기 규칙을 준수하고 다른 사람과의 상호작용을 습득하게 된다. 또한 스포츠맨십과 스포츠 인권 등과 같은 규범적 가치를 존중할 수 있다. 만약 학교 스포츠 클럽 농구팀에 소속돼 있는 학생이 다양한 대회에 참여하면서 경기 규칙을 준수하고, 친구들과 서로 협동하고 배려하는 행동을 보여주고 있다면 정의적 가치를 충분히 습득한 것이라 할 수 있다.

마지막으로 인지적 가치는 '건강한 신체에 건전한 정신이 깃든다J. Rousseau.'라는 개념이 내포돼 있다. 유아기에 적절한 신체활동을 통해서 감각과 지각을 향상시키는 것이 운동 능력의 발달뿐만 아니라 전반적인 인지능력의 발달에 중요한 역할을 한다. 나아가 스포츠과학 지식, 참여자 상담을 위한 상담지식, 클럽운영에 필요한 지식 등의 이해가 필요한 영역이므로 스포츠 교육의 인지적 가치가 중요하다.

표 6-1 Bailey의 스포츠 교육의 가치

정부	주요내용
신체적 가치	• 스포츠 활농을 통해 신체기능과 체력을 유지하고 발달시킴
정의적 가치	• 스포츠 활동을 통해 공격성, 파괴성, 경쟁성 같은 근원적 경향성을 해결함
인지적 가치	• 스포츠 활동을 통해 전반적인 인지능력을 향상시킴

3) 스포츠 교육의 순기능과 역기능

스포츠 교육의 순기능은 본능적인 욕구를 충족시키고 욕구불만을 정화시킬 수 있다. 이를 통해 바람직한 성격향상에 도움을 주고 구성원 간의 통합과 사회성을 함양하게 한다. 이와 같이 전인교육을 도모하면서 사회통합에 토대가 될 수 있다.

그리고 장애인의 신체기능 유지에 도움을 주게 되고, 신체에 대한 인식을 긍정적으로 전환시킬 수 있다. 여가선용에도 도움을 주면서 생애주기에 맞는 평생체육 활동을 지속할 수 있는 계기를 마련할 수도 있다.

무엇보다 학교에서부터 얻은 스포츠 경험은 개인이 전 생애에 걸쳐 스포츠를 즐길 수 있는 토대를 마련해준다는 점에서 큰 의의가 있다. 이러한 스포츠 참여를 통해 생애주기에 적합한 스포츠를 즐길 수 있는 습관을 형성할 수 있다는 점은 건강한 삶을 유지하는 데 원동력이 된다.

반면, 스포츠의 교육적 역기능은 다음과 같다. 우선 정과체육의 문제점이 있다. 체육의 정규수업에 대한 부실화를 초래할 수 있다. 더군다나 열악한 체육시설과 환경으로 부실화 교육이 가속화되기도 한다. 체육교사의 무관심과 인식의 부족은 이러한 문제점을 방치할 수도 있다. 학교 체육은 정과체육, 학원 스포츠, 클럽 스포츠로 구분할 수 있다. 정과체육은 정규 교육과정에 편성하는 영역이고, 학원 스포츠는 대회참가 및 입상을 목표로 하는 학교 운동부 활동이다. 클럽 스포츠는 동일 학교의 학생들로 구성하여 운영하는 스포츠 활동이다. 따라서 정규교과 체육의 개선방향으로 학교체육의 전문성 향상, 학교 스포츠 클럽의 육성, 학생건강체력 평가제도의 도입, 여학생 체육활동의 활성화 등이 있다.

또한 체육교과의 위상이 악화될 수 있는 우려도 존재한다. 보건교과의 신설과 같이 체육과목 대체수업을 당연시 여기거나 체육과목 자체에 대한 부정적인 인식을 드러내기도 한다. 학원·클럽 스포츠의 문제점도 상존한다. 학교체육과 달리 체육대회와 경기를 참여해야 하기 때문에 경쟁의식과 승리지상주의를 지나치게 부각하여 부정한 방법을 동원해서라도 우승해도 괜찮다는 인식이 자리가 잡힐 수도 있다.

예를 들어 초등학교에서 배드민턴 선수로 활약하면서 늘 좋은 성적을 내는 상위권 선수를 중학교의 명성을 높이려고 영입전략을 세울 수도 있다. 메달을 따는 조건으로 장학금 형태의 학비를 보조하고 숙식제공과 학업성적 보장을 해주겠다며 스카우트 제의를 하게 돼 결국 그 선수는 해당 중학교로 진학하기로 결정했다. 이 경우 어떤 문제가 있을까. 바로 스포츠의 교육적 역기능을 초래하는 것이다.

즉, 정규교과 체육수업의 부실화에 따른 문제, 체육교과에 대한 부정적인 인식에 따른 위상악화 문제, 학원 및 클럽 스포츠의 승리지상주의에 따른 문제 등이 생긴다. 중학교에서 좋은 성적을 내는 초등학교 선수를 영입할 수는 있다. 다만, 학비보조, 숙식제공, 학업성적 보장이라는 특혜를 조건으로 내세운 것은 운동부 성적으로 학교 위상을 강화하기 위한 잘못된 사례라 할 수 있다. 이는 관행이라 할지라도 편법, 일탈 및 부정한 행위를 통해서라도 승리지상주의를 보여주는 것이고, 대회참가와 입상을 목표로 하는 학교 운동 활동인 학원 스포츠라 할지라도 본연의 교육적 가치보다 상업화로 기울어진 경우라 할 수 있다. 즉, 중학교가 스포츠의 교육적 역기능을

학교체육

주도한 사례로서 승리지상주의, 학원 스포츠의 상업화, 일탈과 부정행위, 학업에 대한 편법과 관행 등을 여실히 보여준 것이다.

2. 스포츠 교육의 정책과 제도

1) 체육영역별 교육정책과 제도

교육과정의 세 가지 관점으로 우선 문화적 관점이 있다. 이는 학교 교육 참여자 간의 상호작용에 따라 교육개선이 이루어진다는 관점이다. 기능적 관점은 정부와 고등교육 기관에서 교육과정 개편이 시작된다는 관점이다. 또한 생태적 관점은 교사의 능동적인 참여에 따라 교육과정이 변화한다는 관점이다.

국내도 관련법을 토대로 학교체육, 생활체육, 전문체육의 시책을 마련하고 있다. 우선 학교체육은 기본적으로 평생 동안 즐기는 맞춤형 스포츠 프로그램을 추구한다. 유아스포츠처럼 3세부터 시작하는 스포츠 활동을 습관화하고, 초등돌봄교실과 같이 유·청소년의 스포츠 경험을 다양하게 수행할 수 있도록 한다. 또한

최근 스마트기술이 발달하면서 100세까지 이어지는 스포츠 활동의 일상화를 개인별로도 관리할 수 있도록 하고 있다.

국내 초·중학교 체육 교과영역^{2015 교육부 고시}은 건강, 도전, 경쟁, 표현, 안전으로 분류 제시하고 있다. 체육활동과 스포츠 창의성의 요소로서 즉흥적으로 경기 전술을 구상할 수 있는 전술적 창의력, 독창적인 동적 움직임을 고려할 수 있는 표현적 창의력을 배양시키기 위한 교육과정을 포함한다. 교육과정 개발 기준은 내용의 범위scope, 계열성sequence, 계속성continuity, 통합성integration, 연계성articulation, 균형성balance으로 이루어진다.

표 6-2 국내 중학교 1~3학년군 신체활동 활용

건강	① 건강과 체력 평가 ② 건강과 체력 관리 ③ 여가와 운동 처방
도전	① 동작 도전 ② 기록 도전 ③ 투기 도전
경쟁	① 영역형 경쟁 ② 필드형 경쟁 ③ 네트형 경쟁
표현	① 스포츠 표현 ② 전통 표현 ③ 현대 표현
안전	① 스포츠 활동 안전 ② 스포츠 환경 안전 ③ 여가 스포츠 안전

생활체육은 언제 어디서나 편하게 이용하는 스포츠 시설이 중요한 정책과제로 제시돼 있다. 이는 일상에서 편리하게 이용하는 스포츠 시설, 스포츠 시설 및 정보의 체계적 관리도 병행한다. 생활밀착형 스포츠 시설과 스포츠 정보관리의 축적을 통해 개인별 건강을 관리할 수 있게 하고 있다. 또한 우수 체육지도자에게 배우는 스포츠 강습도 중요한 과제이다. 체육지도자가 인정받는 사회 여건을 조성하고 체육지도자 양성 및 배치 시스템을 선진화하고자 한다. 국가 자격증으로 '건강운동관리사', '스포츠지도사' 등을 통해 자격제도 연계를 한 일자리 창출을 도모하고 있다.

덧붙여 생활 반경 내의 스포츠 클럽을 육성하고자 한다. 스포츠 클럽의 지원체계를 개선하고, 스포츠 클럽 생태계의 다양화를 위해 스포츠 클럽 기반의 전문선수 육성체계 구축과 학교 연계 강화, 클럽 등록제 및 리그제를 확대하는 등 다양한 형태의 육성사업을 하고 있다. 무엇보다 소외 없이 모두가 함께하는 스포츠 환경을 조성하기 위한 노력을 병행하고 있다. 소외 청소년을 위한 스포츠 프로그램 지

원, 장애인스포츠 서비스 편리성 강화를 위해 스포츠강좌이용권, 스포츠·교육·복지 연계 시스템, 행복 나눔 스포츠 교실, 스포츠 버스^{bus}를 활용한 움직이는 체육관 및 작은 운동회 등 여러 형태의 지원제도가 있다. '장애인스포츠지도사', '유소년스포츠지도사', '노인스포츠지도사'를 신설해 스포츠 지도영역에서 소외되는 계층을 없게 했다.

여기서 잠깐!

스포츠기본법(2021.8월 제정)

㉠ 목적

스포츠에 관한 국민의 권리와 국가 및 지방자치단체의 책임을 정하고 스포츠 정책의 방향과 그 추진에 필요한 기본적인 사항을 규정함으로써 스포츠의 가치와 위상을 높여 모든 국민이 건강하고 행복한 삶을 영위하고 나아가 국가사회의 발전과 사회통합을 도모하는 것

㉡ 정의

- "스포츠"란 건강한 신체를 기르고 건전한 정신을 함양하며 질 높은 삶을 위하여 자발적으로 행하는 신체활동을 기반으로 하는 사회문화적 행태
- "전문스포츠"란 「국민체육진흥법」 선수가 행하는 스포츠 활동
- "생활스포츠"란 건강과 체력 증진을 위하여 행하는 자발적이고 일상적인 스포츠 활동
- "장애인스포츠"란 장애인이 참여하는 스포츠 활동(생활스포츠와 전문스포츠 포함)
- "학교스포츠"란 학교(유치원, 초·중·고등학교)에서 이루어지는 스포츠 활동
- "스포츠산업"이란 스포츠와 관련된 재화와 서비스를 통하여 부가가치를 창출하는 산업
- "스포츠클럽"이란 회원의 정기적인 체육활동을 위하여 지역사회의 체육활동 진흥을 위하여 운영되는 법인 또는 단체

㉢ 스포츠 정책 수립·시행의 기본원칙

1. 스포츠권을 보장할 것
2. 스포츠 활동을 존중하고 사회전반에 확산되도록 할 것
3. 국민과 국가의 스포츠 역량을 높이기 위한 여건을 조성하고 지원할 것
4. 스포츠 활동 참여와 스포츠 교육의 기회가 확대되도록 할 것
5. 스포츠의 가치를 존중하고 스포츠의 역동성을 높일 수 있을 것
6. 스포츠 활동과 관련한 안전사고를 방지할 것
7. 스포츠의 국제 교류·협력을 증진할 것

전문체육은 경제성장을 이끄는 스포츠 산업의 혁신 영역으로도 간주하고 있다. PART 04에서 제시했듯 스포츠 산업 지속성장을 위한 새로운 시장을 창출하고 있다. 국내 스포츠 기업 성장 동력을 강화하고, 스포츠 산업 혁신기반을 조성하고 있다. 미래 스포츠 산업 전략분야 육성, 스포츠 기업 대상 금융지원 확대 등 지속적이고 발전 가능성이 높은 정책을 펼치고 있다.

전문체육 영역은 무엇보다 공정하고 도전적인 스포츠 문화를 조성하고자 한다. 스포츠 공정 문화 조성에 따라 선수 육성 체계를 강화하면서 스포츠 정의실현과 스포츠 과학 서비스의 품질을 높이기 위한 정책을 병행하고 있다. 또한 국격을 높이고 우호를 증진하는 국제 스포츠로서 위상을 강화하고 있다. 국제 스포츠 교류에 필요한 법과 제도의 기반을 공고화하고, 한국 특성화 국제교류 사업 개발을 통해 전략적인 국제교류 확대를 꾀하고 있다. 국제 스포츠 인재 양성, 국제 스포츠 기구 내 영향력을 증대시키기 위한 제도를 마련·운영하고 있다.

전문체육은 남과 북이 함께 만드는 평화스포츠 시대로서 토대를 마련하기 위해서도 매우 중요하다. 국내외의 정치적 이해관계와 상관없이 지속가능한 남북 스포츠 교류의 기반을 마련하고, 남북 스포츠 교류 복원 및 확대를 해야 한다. 복잡한 국제정세 속에서 정치색이 옅은 스포츠를 적극 활용해야 한다. 정례적으로 남북스포츠 관련한 회담을 개최하고, 국제대회 공동개최와 참여 등 다양한 방식의 교류를 고민해야 할 것이다.

2) 학교 교육과 학원 스포츠

학교 교육에 따른 통합으로 '우리'라는 공동체 의식을 형성시키기 위해 체육활동과 스포츠가 매우 중요한 역할을 담당한다. 학교체육의 역할은 사회적 이탈행위에 대한 정화적인 역할을 비롯해 사회적 존재로서의 공동체 의식을 고취시키고, 학교의 환경적응과 갈등 해소의 기회를 제공한다.

초등학교 스포츠강사의 역할로서 정규 체육수업을 주도적으로 하거나 의무적으로 배치되지 않지만, 학교 스포츠 클럽 및 방과 후 체육활동을 지도할 수 있다. 또한 체육수업에 대한 흥미를 유발시키고, 즐거운 경험의 기회를 제공하는 역할을

담당한다. 학교 스포츠 클럽 리그
및 토너먼트 경기 기획, 운동 프로
그램 개발 등에 이르기까지 전문
적인 자질이 필요한 영역이다. 그
럼에도 불구하고 「학교체육진흥법」
에 따르면 스포츠 강사의 재임용
평가사항으로 학교의 장이 복무태
도, 학생의 만족도, 강사 자질 등
을 평가해 1년 단위로 결정을 내릴

방과 후 체육

수 있다. 본질적으로 정규 교과를 보조하는 역할이 아닌 정규 교과외의 체육·스포
츠 활동을 명확하게 분류하여 전문영역으로서 활동을 강화하기 위한 법 개정을 통
해 처우개선이 필요하다.

표 6-3 학교체육진흥법의 주요 내용

조항	구분	내용
법 제1조	목적	학생의 체육활동 강화 및 학교 운동부 육성 등 학교 체육 활성화에 필요한 사항을 정함으로써 학생들이 건강하고 균형 잡힌 신체와 정신을 가질 수 있도록 하는데 기여
법 제2조	정의	① "학교체육"이란 학교에서 학생을 대상으로 이루어지는 체육활동 ② "학교"란 유치원 및 학교 ③ "학교 운동부"란 학생선수로 구성된 학교 내 운동부 ④ "학생선수"란 학교 운동부에 소속되어 운동하는 학생이나 체육단체에 등록되어 선수로 활동하는 학생 ⑤ "학교 스포츠 클럽"이란 체육활동에 취미를 가진 같은 학교의 학생으로 구성되어 학교가 운영하는 스포츠 클럽 ⑥ "학교 운동부 지도자"란 학교에 소속되어 학교 운동부를 지도·감독하는 사람 ⑦ "스포츠강사"란 초등학교에서 정규 체육수업 보조 및 학교 스포츠 클럽을 지도하는 체육전문강사 ⑧ "학교체육진흥원"이란 학교체육 진흥을 위한 연구, 정책개발, 연수 등을 실시하는 조직

법 제3조	학교체육 진흥 시책과 권장	국가 및 지방자치단체(교육감 포함)는 학교체육 진흥에 필요한 시책을 마련하고 학생의 자발적인 체육활동을 권장, 보호 및 육성해야 함
시행령 제3조	학교 운동부 지도자의 자격기준 등	① 학교의 장은 체육지도자 중에서 학교 운동부 지도자를 임용할 수 있음 ② 학교 운동부 지도자의 급여는 학교의 장이 지도경력과 실적을 고려하여 정함 ③ 학교 운동부 지도자는 다음 각 호의 직무를 수행 　1. 학생선수에 대한 훈련계획 작성, 지도 및 관리 　2. 학생선수의 각종 대회 출전 지원 및 인솔(훈련 및 각종 대회 출전 시 학생선수의 안전관리) 　3. 경기력 분석 및 훈련일지 작성 　4. 훈련장의 안전관리 ④ 학교의 장은 학교 운동부 지도자를 재임용할 때에는 다음 사항을 평가한 후 그 결과에 따라 재임용 여부를 결정해야 함 　1. 제3항 각 호의 직무수행 실적 　2. 복무 태도 　3. 학교 운동부 운영 성과 　4. 학생선수의 학습권 및 인권 침해 여부
법 제4조	기본시책의 수립 등	교육부장관은 문화체육관광부와 협의하여 학교체육진흥에 관한 기본 시책을 5년마다 수립·시행해야 함
법 제6조	학교체육 진흥의 조치 등	① 체육교육과정 운영 충실 및 체육수업의 질 제고 ② 학생건강체력평가 및 비만판정을 받은 학생에 대한 대책 ③ 학교 스포츠 클럽 및 학교 운동부 판정 ④ 학생선수의 학습권 보장 및 인권보호 ⑤ 여학생 체육활동 활성화 ⑥ 유아 및 장애학생의 체육활동 활성화 ⑦ 학교체육행사의 정기적 개최 ⑧ 학교 간 경기대회 등 체육교류활동 활성화 ⑨ 교원의 체육 관련 직무연수 강화 및 장려 ⑩ 그밖에 학교체육 활성화를 위하여 필요한 사항
시행 규칙 제6조	최저학력 기준 등	최저학력은 매 학기말을 기준으로 아래 교과의 교과목 성적이 기준 성적 이상인 것 • 교과목 　- 초·중학교(5과목): 국어, 영어, 수학, 사회, 과학 　- 고등학교(3과목): 국어, 영어, 수학 • 기준성적 　- 초등학교: 100분의 50 　- 중학교: 100분의 40 　- 고등학교: 100분의 30

법 제8조	학생건강 체력평가 실시계획의 수립 및 실시	국가는 학생의 건강체력 상태를 측정하기 위하여 매년 3월말까지 학생건강체력평가 실시계획을 수립, 학교의 장은 실시 계획에 따라 학생건강체력평가를 실시
법 제9조	건강체력 교실 등 운영	학교의 장은 학생건강체력평가에서 저체력 또는 비만 판정을 받은 학생들 대상으로 건강체력증진을 위하여 정규 또는 비정규 프로그램을 운영해야 함
법 제10조	학교 스포츠 클럽 운영	학교의 장은 아래 항을 해야 함 ① 학교 스포츠 클럽 운영, 학생들의 체육활동 참여기회를 확대 ② 학교 스포츠 클럽 전담교사를 지정, 소정의 수당 지급 ③ 학교기록부 기록하여 상급학교 진학 자료로 활용 ④ 일정비율 이상의 학교 스포츠 클럽을 해당학교의 여학생들이 선호하는 종목의 학교 스포츠 클럽 운영 **유사용어 "학교 스포츠 클럽 활동" 비교** ※ 근거: 초·중등학교 교육과정 총론, 중학교 교육과정 편성·운영지침 ※ 중학교 '창의적 체험활동'영역인 '학교 스포츠 클럽 활동'은 2012년 2월 학교폭력근절 종합대책의 일환으로 확대발표 도입하여 2012년 2학기부터 전국의 모든 중학교에서 의무적으로 시행됨. ※ 교육과정 내 학교 스포츠 클럽 활동(정규수업)의 편성 및 운영 방침 • 창의적 체험활동의 동아리 활동으로 편성 • 학년별 연간 34~68시간(총 136시간) 운영하되 매학기 편성, 학교여건에 따라 연간 68시간 운영하는 학년에선 34시간 범위 내에서 '체육'으로 대체 가능 • 다양한 종목을 개설하여 학생들의 선택권 보장 ※ 학교 스포츠 클럽 운영과 학교 스포츠 클럽 활동 비교

학교 스포츠 클럽 운영	학교 스포츠 클럽 활동
학교체육진흥법 제10조	초·중등학교 교육과정 총론, 중학교 교육과정 편성· 운영지침
정규 교육과정 외에서 활동	정규 교육과정 내에서 활동
방과 후 혹은 점심시간의 동아리 활동	창의적 체험활동의 동아리 활동

법 제11조	학교 운동부 운영 등	학교의 장은 아래 항을 해야 함 ① 기초학력보장 프로그램 운영, 최저학력이 보장될 수 있도록 노력해야 하고, 필요한 경우 경기대회 출전을 제한 ② 학습권 보장 및 신체적, 정서적 발달을 위해 상시 합숙훈련 근절 ③ 원거리 통학학생을 위해 기숙사 운영 ④ 국가 및 지자체는 예산의 범위에서 학교 운동부 운영경비 지원
법 제12조	학교 운동부 지도자	학교의 장은 아래 항을 해야 함 ① 학생선수의 훈련, 지도를 위해 지도자 운영 ② 지도자 연수교육 계획수립, 실시, 관련단체에 위탁 가능 ③ 학교 운동 지도자가 학생선수의 학습권을 박탈, 폭력, 금품, 향응 수수 등 부적절한 행위를 하였을 경우 학교운영위원회 심의를 거쳐 계약을 해지할 수 있음 ④ 학교 운동부 지도자의 자격기준, 임용, 급여, 신분, 직무 등에 필요한 사항은 대통령령으로 정함
법 제12조2	도핑방지 교육	국가와 지자체는 도핑을 방지하기 위해 학생선수와 학교 운동부 지도자를 대상으로 도핑방지 교육 실시
법 제13조	스포츠 강사의 배치	국가 및 지자체는 학생의 체육수업 흥미제고 및 체육활동 활성화를 위해 초등학교에 스포츠강사 배치
시행령 제4조	스포츠강사의 자격기준 등	① 초등학교의 장은 스포츠강사를 1년 단위로 계약임용 ② 강사자질, 복무태도, 학생 만족도에 따라 재임용 여부를 결정
법 제13조2	여학생 체육활동 활성화 지원	① 교육부장관은 여학생 체육활동 활성화 기본지침, 교육감 및 학교의 장에 통보, 학교의 장은 계획 수립, 시행 ② 국가 및 지자체는 필요한 시설 확보
법 제14조	유아 및 장애학생 체육활동 지원	국가 및 지자체는 유치원에 재원 중인 유아 및 일반학교 또는 특수학교에 배치된 특수교육대상자에 대해 적절한 체육활동 프로그램을 운영
법 제16조	학교체육 진흥위원회 등	교육부장관, 문화체육관광부장관 소속으로 학교체육중앙진흥위원회를, 시·도 및 시·도교육청과 시·군·구 및 교육지원청 소속으로 학교체육진흥지역위원회를 설치 운영
법 제17조	학교체육 진흥원	① 학교체육진흥을 위한 정책연구 ② 체육활동 프로그램의 개발 및 보급 ③ 학생 체력통계의 체계적 수립 및 분석 ④ 학생건강체력평가의 종목, 평가기준 및 시스템 개발, 운영 ⑤ 여학생의 체육활동 활성화 지원

또한 학원 스포츠의 문제점이 상존한다. 학원 스포츠는 승리 지상주의 인식이 매우 강하다. 학생선수들은 교실공간과 분리되어 운동장에서 주로 생활하며 그들만의 공동체 문화를 만들어 간다. 이는 그들만의 동질감을 바탕으로 끈끈한 인간관계를 맺지만, 일반학생들과는 이질화되고 있다. 즉, 학생선수들과 일반학생들과의 이질화로 인해 마치 고립된 섬문화 현상처럼 일반적인 학교 환경에 동화되지 못할 수도 있다.

그러다 보니 일반학생들도 스포츠 활동에 참여할 수 있는 기회가 박탈되기도 한다. 무엇보다 종종 언론을 통해서 심각성을 보도하고 있지만 개선이 잘 이루어지지 않는 학생선수의 인권침해 문제가 있다. 성차별을 직·간접적으로 경험하거나 구성원 간의 폭력문제도 있다. 코치의 비인간적 훈련 방식을 묵인하거나 학생선수의 일탈행위를 묵인하는 현상까지 이어지고 있다. 이외에도 체육특기자 진학과 입시제도 문제로서 입시비리 발생 가능성, 다른 학생들의 진학 기회의 박탈, 학업성취도가 낮은 학생들만 선호하는 체육특기생으로서의 진학과정 등 여전히 해결해야 할 과제가 많은 현실이다.

이와 같이 학원 스포츠의 문제를 개선하기 위해 우선 체육특기자제도 개선을 이뤄야 한다. 즉, 선발자격을 개선하고 선정과정을 투명하게 해야 한다. 예를 들어 학교성적과 성적일수 반영 등을 보다 체계적으로 도입·적용할 필요가 있다. 그리고 공부하는 학생선수를 육성하고, 학교 스포츠 클럽의 활성화로도 이어져야 한다. 학교 운동부 운영의 투명화, 운동부지도자 처우 개선도 필요한 실정이다. 학생선수의 학습권 제한이 심각하기 때문에 주말리그제 시행과 최저학력기준 설정의 제도를 도입하기도 했다.

CHAPTER 02

스포츠와 인권

1. 스포츠 인권

대한체육회

스포츠 인권이란 스포츠에서 가져야 할 인간의 존엄성을 의미한다. 스포츠 현장에서 누릴 인간의 자유에 대한 권리로서 인종, 성별에 관계없이 누구나 스포츠를 동등하게 누릴 수 있는 권리이다. 이는 스포츠의 종목과 대상에 따라 차별 없이 동등하게 보장되는 권리라 할 수 있다. 대한체육회의 '스포츠 인권센터'에 따르면 스포츠 인권이란 모든 스포츠人이 인간 존재의 보편적 가치로서 지니게 되는 기본적인 자유와 동등한 권리라고 했다. 또한 스포츠 폭력은 스포츠 영역에서 스포츠人^{선수, 지도자, 학부모, 관계자 등}을 대상으로 구타하거나 상처가 나게 하는 것, 어느 장소에 가두어 두는 것, 겁을 먹게 하는 것, 강요하는 것, 물건이나 돈을 빼앗는 것, 사실 또는 사실이 아닌 일로 인격이나 마음에 상처를 주는 것, 남들 앞에서 창피를 주는 것, 계속해서 반복하여 따돌림 하는 것 등을 포함한다.

「국민체육진흥법」의 개정으로 체육회 등이 선수, 체육지도자, 심판 및 임·직원 채용 시 '징계사실유무확인서' 발급이 의무화됐다. "체육계 인권침해"란 선수에 대한 체육지도자 등의 폭력, 성폭력을 포함한 동법상의 체육활동에서의 인권침해 행위를 뜻한다. 폭력이란 상해, 폭행, 감금, 협박, 약취, 유인, 명예훼손, 모욕, 공갈, 강요, 강제적인 심부름 및 성폭력, 따돌림, 정보통신망을 이용한 음란·폭력 정보 등에 의한 신체, 정신 또는 재산상의 피해를 수반하는 행위를 의미한다. 특히 스포츠 성폭력의 심각성을 명확히 알리기 위한 노력을 하고 있다. 성폭력이란 상대방의 의사에 반하여 이루어지는 성적 언동으로 상대의 성적자기결정권을 침해하는 모든 행위를 뜻한다. 성적자기결정권이란 자신의 성적인 행동을 스스로 결정할 권리를 의미하며, 따라서 동의 되지 않은 일방적인 모든 성적인 언동은 성폭력에 해당된다. 덧붙여 자기결정권은 헌법 제10조가 보장하고 있는 개인의 인격권과 행복추구권에 전제된 개인의 자기운명결정권을 의미한다. 대한체육회의 '대한체육회선수위원회 규정²⁰¹³ 전면개정'을 살펴보면 다음 <표 6-4>와 같다.

표 6-4 대한체육선수위원회의 규정(폭력 등)

구분	폭력행위를 한 선수 또는 지도자	성추행, 성희롱 등을 한 선수 또는 지도자
극히 경미한 경우	6개월 미만의 자격정지 또는 경고	1년 미만의 자격정지
경미한 경우	6개월 이상 3년 미만의 자격정지	1년 이상 5년 미만의 자격정지
중대한 경우	영구제명	5년 이상의 자격정지 또는 영구제명

* 강간한 선수 또는 지도자: 영구제명

2. 학생선수의 인권

우리나라의 체육특기자 제도는 1972년부터 시작됐다. 「고등교육법」 시행령 제34조 제2항에 따르면 "특별한 경력이나 소질 등 대학이 제시하는 기준 또는 차등적인 교육적 보상기준에 의한 전형이 필요한 자를 대상으로 학생을 선발하는 전형으로서 사회 통념적 가치기준에 적합한 합리적인 입학전형의 기준 및 방법에 따라 공정한 경쟁에 의하여 공개적으로 시행되어야 한다."고 규정돼 있다. 이 제도는 우리사회의 엘리트 스포츠의 근간이 됐음은 부인할 수 없다.

통상 초·중등학교에서부터 엘리트 스포츠의 길을 선택한 학생선수들의 인권문제는 다양한 형태로 나타나고 있다. 예를 들어 선배와 지도자에 의한 폭력과 성폭력 등에 노출되기도 하고, 팀의 승리를 위한 도구로 전락하기도 한다. 그리고 부상을 당해도 고통을 무릅쓰고 운동을 지속해야 하는 경우도 발생하고, 운동과정에서 주체성이 상실되거나 자율성이 억압되기도 한다. 학생선수는 상급학교, 실업

팀, 프로팀 등에 판매하기 위한 상품으로 이용되는 것도 현실이다. 무엇보다 학생 선수의 학습권 상실이 큰 문제로 지적되고 있다.

　　"미국 대학스포츠위원회 혹은 전미대학체육협회NCAA, National Collegiate Athletics Association에선 대학 평점 C학점을 받지 못한 학생 선수는 출전을 제한한다. 또한 학업병행이 가능하도록 '홈 엔드 어웨이Home and Away' 리그제를 도입하거나 일부 토너먼트 대회를 방학기간 중에 치를 수 있도록 했다. 대학스포츠 활성화를 위한 NCAA의 노력은 여기서 그치지 않고, 일명 '클린 마케팅Clean Marketing'이란 공익 마케팅을 통해 서로 어울릴법하지 않은 학습권 보장, 재정 자립, 대학스포츠 산업화, 미디어 노출, 스폰서 유치 등의 환경을 연계해서 조성하고 있다. 특히 세계에서 유일하게 성공하고 있는 미국 대학스포츠 산업화는 비영리기구 NCAA에 의해 2015년 기준 89개 챔피언십 대회를 운영하면서 마케팅 시장을 열었다. 2009~2010년 기준으로 한화 7,093억 원의 방송중계권 수입을 더해 총 8,248억 원의 수익을 거뒀다. 미국 대학 스포츠는 해를 거듭할수록 인기를 더해가고 있다. ESPN을 통해 2022년 개최된 대학풋볼 플레이오프CFP 결승전 경기 시청자 수는 2,260만 명으로 집계됐다. 최근 미국 프로농구NBA 파이널 시청자수가 2,000만 명을 잘 넘지 않는 점을 고려하

미국대학 미식축구경기

면 놀랄만하다. 전미미식축구NFL의 슈퍼볼에 이어 2위를 차지할 정도로 미국 내 최고의 스포츠 이벤트로 꼽힌다. 2014년부터 12년 CFP의 독점 중계권을 가진 ESPN의 중계권료가 연간 4억 7천만 달러한화 약 5,600억 원로 북미아이스하키NHL와 비슷한 수치로서 연간 3경기에 불과하다는 점을 고려하면 그야말로 대학 스포츠 산업의 위상을 느낄 수 있다. 이러한 성과는 1910년에 출범한 NCAA의 역사와 전통을 토대로 축적된 경영의 성과라 할 수 있다문개성, 2023b, 재인용, p.125; 유한결, 2022.1.20. "

우리나라도 NCAA의 제도를 차용해 최저학력제도를 도입해 운영하고 있다. 학생선수의 생활권과 학습권이 보장돼야 하는 이유는 다음과 같다. 우선 학습의 기회를 지속적으로 잃게 되면 기본적인 교양과 상식이 부족하게 된다. 또한 상대적으로 학생선수의 성공 확률이 낮아 진로의 다양성 모색에서 어려움을 겪을 수 있다. 이러한 행태는 지도자의 지시에 의해서만 행동하게 돼 맹목적인 추종자가 될 수 있는 문제를 안고 있다.

학생선수의 학습권 문제를 해결하기 위해 도입된 제도로 최저학력제도와 주말리그제도가 있다. 최저학력제도는 특별학습을 통해 최소한의 학력에 도달하기 위한 목적으로 도입했다. 최저학력제도 시행 의의는 운동과 공부를 병행하게 만드는 효과가 있다. 이는 학생선수들에게 다양한 진로를 찾게 하기 위해 필요하고, 중도탈락과 은퇴 후 사회에 적응하는데 필요한 기초적인 교양을 사전에 쌓는다는 취지가 있다.

하지만 최저학력제도의 문제점으로 우선 최저학력 도달 수준이 낮게 책정됐다는 점이다. 또한 지도자들은 경기성적에 주안점을 두게 되어 소극적으로 수용할 수도 있고, 학부모들은 운동선수로의 성공을 방해하는 요인으로 인식할 수도 있다. 무엇보다 개선해야 할 부분은 학생들은 공부에 대한 두려움이 큰 것을 극복해야 하고, 제도를 통한 실효적인 지배력이 없다는 것에 우려의 시선도 있다.

표 6-5 최저학력제도 시행대상 과목 및 도달수준

초등학교	국어, 영어, 수학, 과학, 사회	50% 미만
중학교	국어, 영어, 수학, 과학, 사회	40% 미만
고등학교	국어, 영어, 수학	30% 미만

주말리그제도는 학교 운동부들이 주말 경기를 통해 경기경험도 쌓고, 주중엔 학업을 할 수 있게 하자는 취지로 개발됐다. 하지만 가까운 지역 안에 같은 학교운동부가 상당수가 있지 않으면 실효성이 낮다는 평가를 받아 개선이 필요한 상황이다. 문화체육관광부[2019]에서 임시적인 스포츠 혁신위원회를 구성·운영하면서 7차

레에 걸쳐 혁신안을 발표했다. 이를 토대로 앞서 제시한 「스포츠 기본법」도 제정됐다. 앞으로도 현장에서 적용할 수 있도록 관련법과 정책·제도를 만들고 체계적으로 관리·운영해야 할 것이다.

스포츠 혁신위원회(문체부, 2019) 권고사항(총 7차)

- 1차 권고내용
  - 강력한 피해자 보호 및 지원체계구축: 체육 내부 구제 절차와 구별되고 가해자 및 주변 이해 관계자의 영향력 차단
  - 사후적 보호를 넘어 사전 예방을 위한 전략적 정책 프로그램 수립
  - 독립성, 전문성, 신뢰성을 갖춘 별도의 '스포츠 인권 기구' 설립
- 2차 권고내용
  - 학생선수의 학습권 보장: 학생선수, 어떤 경우이든 정규수업에 참여
  - 체육특기자 제도 개편: 경기실적에서 경력, 내신, 출결, 면접 등이 반영된 종합적 선발 시스템으로 전환
  - 학교 운동부 개선: 장기간 훈련 관행 개선, 불법 찬조금 금지
  - 학교 운동부 지도자 개선: 처우 개선 및 역량 강화 지원
  - 학생의 스포츠 참여 확대: 스포츠를 통해 건강한 인격체로 성장 유도
  - 전국스포츠대회 개편: 통합 학생 스포츠 축전으로 확대 개편
- 3차 권고내용
  - 모든 사람의 '스포츠권'을 보장하기 위한 '스포츠기본법' 제정 권고
- 4차 권고내용
  - 스포츠 인권 증진과 모든 사람의 스포츠 및 신체활동 참여 확대를 위한 국가적 차원의 전략 및 행동계획 수립, 이행
  - 스포츠 분야 성 평등 증진 및 성인지적 스포츠 정책 추진
  - 스포츠 분야 장애 평등 증진 및 장애인 스포츠 정책의 혁신
  - 스포츠 인권침해 '예방'정책의 수립 및 실행
- 5차 권고내용
  - 스포츠 클럽 제도화를 위한 권고
  - 스포츠 클럽을 통한 엘리트 스포츠 육성체계 전환에 대한 권고
  - 스포츠 클럽 법제화를 위한 권고
  - 스포츠 클럽에 대한 행정적 지원 방안 권고

- 6차 권고내용
  - 엘리트 스포츠 시스템 개선: 진천선수촌 개선, 경기력 향상 연구 연금제도 개편, 체육요원제도 개편
  - 선수 저변확대와 스포츠 과학을 접목한 선수육성체계 선진화 권고: 선수등록 제도 개편, 생활-엘리트 대회 개편, 국가대표 하위육성체계 개편
- 7차 권고내용
  - 체육단체 선진화를 위한 구조개편 권고

스포츠와 사회계급 · 계층

CHAPTER

01 스포츠 사회계층의 이해

02 스포츠와 불평등

스포츠 사회계층의 이해

1. 사회계급과 사회계층

1) 계급, 계층 및 사회계층

계급Class이란 사회적 불평등을 나타날 때 신분 등에서 차등적 개념으로 사용한다. 계층의 일종으로 정치적·경제적·사회적 세력의 차별에 의해 분류되는 사회집단이다. 계층과 달리 실체가 뚜렷하고, 계급 구성원들 사이의 집합의식을 공유한다.

계층Stratification은 사회적 불평등을 나타내는 점에선 계급과 유사하지만, 세부개념은 다소 차이가 있다. 계층은 계급의 상위 개념으로서 인위적으로 분류됐기 때문에 실체가 분명하지는 않는다. 이러한 이유로 동일한 계층의 구성원들 사이에서 반드시 공유하는 특별한 집합의식은 없다.

사회계층Social Stratification은 사회의 구성원들 각자가 갖는 서로 다른 사회적 지위로서 경제적인 부, 권력, 사회적 위치, 명예, 존경심 등에 따라 서열화 및 구조화돼 있는 것을 의미하다. 즉, 사회적 지위에 따라 상류층, 중류층, 하류층 등으로 분류하기도 한다. 지배와 복종의 관계가 불분명하지만, 동일한 사회계층 간에 연

폴로경기

대의식을 갖고 있다. 다시 말해 사회계층이란 제도화된 불평등 현상으로서 계층과 계급의 두 개념을 포함하고 있다.

2) 사회계급과 사회계층 이론

마르크스K. Marx, 1818-1883의 사회계급이론으로 경제적인 생산수단의 소유 여부에

따라 자본가 계급과 노동자 계급으로 분류했다. 즉, 자본가 계급은 지배자 또는 착취자이고, 노동자 계급은 피지배자 또는 피착취자로 제시했다. 베버M. Weber, 1864-1920의 사회계급이론은 생산수단이라는 한 가지 요인에 의해 사회계급을 결정한다는 것이다. 다시 말해 재산, 신분, 권력 등과 같은 요인도 사회계급의 결정에 영향을 미친다.

사회계층 이론으로 Part 02에서 제시된 구조기능주의 이론, 갈등이론, 상징적 상호작용론 등으로 설명할 수 있다. 구조기능주의에 따르면 사회질서 유지, 사람들 간의 역할을 조정하는 데 기여하는 것이 사회계층이다. 또한 사회적 필요성에 의해 생겨난 것으로 사회계층은 사회 유지를 위해 필요하다. 갈등이론은 다양한 사회 내에서 갈등적인 이익집단과 계급으로 구성하고 있다는 인식을 드러낸다. 사회 유지를 위해 사회계층이 존속돼야 한다는 주장은 잘못됐다고 제시하면서 모든 구성원의 역할은 전체사회 운영을 위해 필요하다는 이론이다. 거시적 관점의 구조기능주의와 갈등이론과 달리 상호작용론은 미시적 관점에서 사회계층을 바라본다. 즉, 경제적으로 풍족한 사람은 그렇지 못한 사람에게 부를 과시하는 행위로 나타난다는 것이다. 베블런T. Veblen, 1857-1929의 유한계급론1899에서 표현한 과시적 소비Conspicuous Consumption로서 유한계급과 노동계급의 성향에서 드러나는 차이를 명시했다.

구조기능주의 관점에서 스포츠 계층을 바라보면 일반사회의 가치체계를 반영하고, 사회통합과 체제유지의 기능을 수행하는 것이다. 일반사회의 차별적인 보상체계와 계층구조를 강화하게 되고, 경쟁에서 성공을 강조하고 유능한 인재의 참여를 유도하고 있다는 데 의의를 둘 수 있다. 또한 스포츠에서의 계층이동을 통해 상위계층으로 이동하기 위한 수단으로 스포츠에 적극 참여하는 계기를 마련할 수 있다.

갈등이론 관점에서 스포츠 계층을 바라보면 부와 권력 등이 불공평하게 배분되는 사회구조를 반영하는 것이다. 지배집단이 자신들의 이익을 유지하고 증진시키려는 노력으로 스포츠를 이용하고 있다고 본다. 즉, 권력집단이 대중을 통제하기 위한 수단으로 이용하고, 자본가들이 본인들의 사상을 대중에게 주입하여 이익을 추구하고 있다고 인식한다. 이를 통해 스포츠 참여가 참여자 간의 소외를 조장할 수 있다는 부정적 인식을 드러낸다.

상호작용론 관점에서 스포츠 계층을 바라보면 골프를 즐기며 명품 용구와 운동복 착용을 고집하는 이유는 과시적 소비를 드러낼 수 있기 때문이다. 유한계급에 속한 사람들은 생산적 노동과는 거리가 먼 활동을 선호하면서 예술, 오락, 여흥을 즐기는 데 몰두한다는 것이다. 우월적 지위를 드러낼 수 있는 스포츠 종목의 선별과 참여에 따라 사회적 위치를 공고히 하는 데 주안점을 둔다.

3) 스포츠 계층

스포츠 계층이란 스포츠라는 특정 사회제도 내에서 개인의 사회적, 문화적, 생물학적 특성에 따라 권력, 부, 사회적 평가, 심리적 만족 등이 특정 집단이나 개인 및 종목에 차별적으로 배분되어 상호 서열의 위계적 체계를 이루는 현상을 말한다.

투민M. M. Tumin, 1967에 따르면 사회계층의 특성을 사회성, 역사성, 보편성, 영향성, 다양성으로 분류하여 제시했다. 첫째, 사회성은 그 사회의 다른 사회·문화적인 요소와 관련이 있다. 사회적 지위와 위치는 성과 연령 등의 생물학적 특성과 차이로 설명될 수 없다. 즉, 사회구조적인 문제로서 보다 폭넓은 사회·문화적인 요소가 포함되면서 형성된 것이라 할 수 있다. 프로 스포츠 선수가 입단할 때 받는 연봉수준은 획일적인 기준이 아닌 계약 당시 형성된 규범 혹은 관행 등 여러 요인에 의해 결정된다. 비슷한 실력을 가진 선수라 할지라도 입단하는 구단에 따라 연봉의 차이가 나타나기도 하고, 동일한 시기에 같은 구단에 입단하는 선수라 할지라도 이력, 실적, 포지션 등에 따라 차이를 드러낸다.

둘째, 역사성은 시대에 따라 사회계층의 형태는 다르지만 불평등한 구조는 항상 존재하는 것으로 고래성古來性이라고도 한다. 약 6,000천 년 전으로 거슬러 올라가 형성된 최초의 도시국가 시기부터 사회계층 현상이 뚜렷했다. 스포츠 현장에 참여하거나 관람하는 계층이 달랐다. 남성과 상류층은 여성과 하류층에 비해 우월적 지위를 누렸다. 전차경기도 상류층만이 참여할 수 있는 권한이 있었다. 고대 그리스 시대에 헤라제전 등 여성만을 위한 스포츠 이벤트도 있었으나, 통상적으로 여성은 올림피아Olympia Games, 피티아Pythian Games, 이스트미아Isthmian Games, 네미아

Nemea Games와 같은 범그리스 스포츠 제전에 대해 참여와 관람을 허용하지 않았다.

중세 때도 기사Chivalry만이 스포츠에 대해 영주를 보호하기 위한 명목으로 교육과정에 참여할 수 있었다. 19세기 영국에서는 수당을 받고 스포츠를 하는 축구경기에 대해 경멸적인 시선을 보냈다. 노동자 계급과 중상류층 계급 간의 축구경기를 금지했던 적도 있다. 현대 스포츠에서도 미국 메이저리그의 프로 야구 투수 포지션에 흑인을 기용하지 않는 등 인종적 차별이 존재했다.

셋째, 보편성은 언제 어디서나 보편적으로 계층이 존재하는 것으로 스포츠와 관련된 불평등한 계층이 항상 편재遍在, Ubiquity돼 있다는 것이다. 우선 스포츠는 인기종목과 비인기종목으로 구분된다. 올림픽 경기에서도 이에 따라 사람들의 관심도와 TV 시청률의 큰 차이를 보인다. 프로 야구인 경우 투수가 다른 포지션보다 대우를 더 받는다. 또한 태권도와 유도는 승단체계에 따라 종목 내 계층이 형성되고, 종합격투기는 체급에 따라 대전료와 중계권료에 차등을 두는 경우에서 편재성이 나타난다.

넷째, 영향성은 사회계층이라는 위계에 따라 개인의 생활 전체에 영향을 미치는 것을 의미한다. 앞서 언급한 베블런T. Veblen, 1857–1929에 따르면 상류층은 부를 과시하는 수단으로 소비를 많이 해야 한다고 주장했다. 사회계층에 따른 스포츠 종목에 대한 선호의 차이가 있다. 상류층은 골프, 테니스, 승마, 스키 등과 같은 개인 종목을 선호하고 이를 통해 과시적 소비성향을 드러낸다. 중·상류층은 직접 참여와 직접 관람을 선호하고, 하류층은 축구, 권투, 농구 등의 비용이 상대적으로 적게 드는 단체 종목을 통해 간접 참여와 간접 관람을 선호한다.

골프와 축구

마지막으로 다양성에는 서로 다른 여러 계층구조가 있고, 이를 계층의 다양성이라고 한다. 오늘날까지도 존재하는 인도의 카스트 제도, 인류 역사에서 어느 지역에서나 존재했던 신분 제도, 현대사회의 직업·지위·평판·수입 등에 따른 계급의 형태로 사회계층을 형성해 왔거나 지금도 존속하고 있다. 스포츠의 참여는 겉으로는 평등한 조건에서 시작하는 것처럼 보이지만, 실상을 들여다보면 불평등한 조건에서 시작하는 경우도 많다.

"달리기 중에 특이한 종목이 추가됐다. 바로 호프리토드로모스Hoplitodromos라는 종목이다. 기원전 520년에 도입된 이 달리기는 전쟁 때 착용하는 전투복장을 하고 디아올로스를 치렀다. 전투복장을 갖추기 위해 우선 투구를 썼다. 왼손엔 방패를 들고 오른손에 창을 들었다. 정강이 보호대를 착용한 후 단검을 휴대하고 가죽끈으로 된 샌들을 신었다. 대략 35킬로그램에 달하는 무게를 몸에 지닌 채 달렸다. 요즘 완전 군장을 하고 뛰는 군인의 모습인 것이다. 마치 벌을 받기 위해 연병장을 하염없이 뛰었던 자화상과도 같다. 육상 필드경기에는 아콘Akon, 창던지기, 디스코스Diskos, 원반던지기, 할마Halma, 멀리뛰기 등이 있었다. 아콘과 디스코스는 대표적인 군사기술이었다. 멀리뛰기조차도 방패와 창을 대신해 균형추를 들고 뛰었다고 하니 기본적으로 전쟁에 필요한 체력조건을 테스트하는 것이었다문개성, 2021b, p.217." 근대 올림픽 종목 자체가 고대 범그리스의 도시국가 간 전쟁기술을 토대로 한 서양인의 기준으로부터 만들어졌기 때문에 전 인류를 대표하는 종목으로서 한계를 지녔다고 볼 수도 있다. 신체조건, 철학과 사상 등 동·서양의 보편적 가치를 서양의 기준으로만 대변할 수 없기 때문이다. 그럼에도 불구하고 스포츠는 신분과 같이 고착화된 계층에 비해 상대적으로 수직 혹은 수평 등의 계층 이동이 가능한 특성을 지니고 있다.

표 7-1 Tumin의 사회계층 특성

구분	내용
사회성	• 사회구조적인 문제를 통해 광범위한 사회·문화적인 요소를 포함함 예 프로구단의 입단선수의 연봉은 계약 당시 형성된 규범, 관행에 영향
역사성	• 시대에 따라 사회계층의 형태는 다르지만 항상 불평등한 구조가 있었음 (고래성 古來性) 예 고대 그리스의 남성과 상류층은 여성과 하류층에 비해 스포츠의 참가 및 관람의 권한이 있었음
보편성	• 항상 보편적으로 계층이 존재하는 것으로 불평등한 계층이 항상 편재돼 있음 (편재성 偏在性) 예 스포츠의 인기종목과 비인기 종목은 존재, 태권도는 승단체계에 따라 종목 내 계층을 형성함
영향성	• 사회계층이라는 위계에 따라 개인의 생활 전체에 영향을 미침 예 상류층은 골프, 테니스 등 개인종목 선호하며 과시적 소비성향 드러내고, 하류층은 비용이 적게 드는 축구, 농구 등 단체종목 선호함
다양성	• 사회마다 계층이 다양하고 서로 다른 계층구조(계층의 다양성) 예 스포츠는 불평등한 조건에서 시작되는 경우도 많음

> **여기서 잠깐!**
>
> **부르디외(P. Bourdieu, 1930-2002)의 아비투스(Habitus)**
>
> • 아비투스란 지속적이고 전파될 수 있는 여러 성향의 집합체이자 구조화된 기능 즉, 사람들 간에 구별을 짓게 만드는 견해를 표현하는 방식을 생성시키는 원리임
> • 문화자본은 학력, 가정환경, 가정교육으로 형성되는 자본이고, 사회자본은 학연, 혈연, 지연 등 사회적 관계의 망을 통해 얻을 수 있는 자본임
> 예 테니스를 전혀 못 치는 사람이 레슨과 시합을 병행하게 되면 무의식적으로 실행할 수 있게 됨. 이는 몸속에 체화된(embodied) 것이므로 개인적인 동시에 그 개인이 위치하고 있는 사회를 반영하는 것이라 할 수 있음

2. 사회계층과 스포츠 참가

1) 스포츠 계층의 형성과정

투민M. M. Tumin, 1967에 따르면 사회계층의 형성과정은 지위의 분화, 지위의 서열화, 사회적 평가, 보수부여의 네 가지 과정을 통한다고 했다. 첫째, 지위의 분화

Differentiation of Status는 구성원들 각자의 특정한 권리와 책임을 할당하는 것이다. 즉, 역할을 분담함으로써 다른 지위와 구별되는 과정이라 할 수 있다. 지위가 분화되는 조건은 우선 지위에 따른 명확한 업무의 구분이 분명해야 한다. 또한 역할에 대한 책임과 권리가 명확하게 구분돼 있어야 각각의 지위를 맡는 사람이 개인의 임무에 대해 책임감을 갖고 수행할 수 있다. 물론 지위를 맡을 사람이 충분히 존재해야 하는 등의 기본적인 구조가 마련해 있어야 한다. 더불어 개인의 임무를 수행할 수 있도록 유도하기 위해 보상체계를 통해 보수와 상을 수여할 수 있다.

구트만A. Guttmann, 1978이 제시했듯 고대·중세 스포츠와 근대 스포츠의 차이 중 전문화Specialization로서 프로선수와 포지션별 전문선수가 등장했음을 주목했다. 이는 민속경기, 근대화된 축구, 미식추구를 대비시켜 설명함으로써 공격수, 수비수의 명확한 구분이 없었던 민속경기와 달리 축구는 세분화된 포지션을 갖고 경기를 하고 있다. 이 외에도 구단주, 감독, 코치, 트레이너 등에 이르기까지 각각의 지위의 분화를 이루고 있다.

둘째, 지위의 서열화Ranking of Status 과정이다. 이는 필요에 따라 구성원들 각자가 수행하는 역할을 위해 지위를 배열했다. 지위를 서열화하는 기준은 지식, 체력, 인성 등과 같은 개인적인 특성, 숙련된 기술과 같은 개인의 능력, 그리고 역할 수행을 통해 구성원과 사회 전체에 미치는 영향과 효과를 불러일으키는 역할의 중요도가 있다.

축구에서 공격수 역할과 수비수, 골키퍼 역할은 앞서 언급한 지위의 분화를 통해 각자 역할을 수행한다. 지위의 서열화는 그 역할을 발휘할 수 있어야 이 과정이 이행되는 것이다. 야구에서도 투수가 갖는 역할의 중요도는 다른 포지션에 비해 크게 인식하고 있다. 또한 팀 내 주장은 팀에 기여하는 역할을 증명하기 위해 노력한다.

셋째, 사회적 평가Evaluation는 각각의 지위에 대한 사회적 평가로서 개인이 갖고 있는 가치 혹은 유용성의 정도에 따라 다를 수 있다. 평가적 판단의 종류로는 위광, 호감, 인기가 있다. 2017년부터 2023년 초까지 베트남 축구 역사상 가장 오랫동안 대표팀을 맡은 박항서 감독은 여러 대회에서 좋은 성적을 내고, 특유의 리더십을 발휘하여 탁월한 권위와 명예의 위광Prestige을 얻었다. 손흥민 선수는 프리미어 리그EPL, English Premier League에서 팀 내뿐만 아니라 다른 팀 선수, 관중, 팬들로부터 좋은 감정의 호감Good Feeling을 얻었다. 인기Popularity는 선수, 감독의 우수한 성적과 대중의 선호를 통해 얻는 높은 관심을 의미한다.

마지막으로 보수부여Rewarding는 사회적 평가에 따라 불평등하게 자원을 분배하는 것을 의미한다. 지위의 분화, 서열화, 평가에 따른 각 지위에 맞는 재산, 권력, 심리적 만족 등이 부여가 되는 것이다. 재산은 프로선수가 성적에 따라 수익 보장을 위해 지불받는 계약금Signing Bonus, 선수나 참가팀에게 지불하는 격려금의 일종인 상금Bonus, 동기유발을 위해 선수에 지원하는 포상금Reward 등 유·무형적인 재화를 말한다. 권리Right 혹은 권력Power은 무형적인 특성의 보수이다. 권리는 어떤 일을 행하거나 타인에 대해 당연히 요구할 수 있는 자격이고, 권력은 지시나 명령을 통해 다른 사람에게 영향을 미치는 공인된 권리이다. 감독은 선수선발, 출전, 전략적 판단 등의 권리를 통해 권력을 행사한다. 심리적 만족은 무형적인 특성의 보수로서 위광, 호감, 인기를 얻음에 따라 선수의 팀 공헌도 등에 따라 차이를 드러낸다.

스포츠 계층의 형성과정을 하나의 사례로 살펴보면 테니스는 선수, 코치, 감독, 트레이너 등으로 역할이 구분돼 있다지위의 분화. 세계랭킹에 따라 참가할 수 있는 테

표 7-2 스포츠 계층의 형성과정

구분	내용
지위의 분화	• 구성원 각자의 특정한 권리와 책임을 할당하는 것 • 지위의 분화 조건: 명확한 업무 구분, 역할에 대한 책임과 권리, 기본적인 구조 마련, 보상체계 예 프로 스포츠에서 포지션별 전문선수 등장, 선수·코치·감독 역할 구분
지위의 서열화	• 구성원 각자가 수행하는 역할을 위해 지위를 배열하는 것 • 서열화 기준: 개인적 특성, 개인의 기술과 능력, 역할의 중요도 예 축구의 공격수 역할, 야구의 투수 역할의 비중이 큼
사회적 평가	• 개인의 가치 혹은 유용성에 따라 평가가 다른 것 예 선수와 감독은 평가에 따라 위광, 호감, 인기를 얻음
보수부여	• 사회적 평가에 따라 불평등하게 자원을 분배하는 것 예 선수와 감독은 분화, 서열화, 평가에 따라 재산, 권력, 심리적 만족 등을 부여

니스 대회가 나누어져 있다^{지위의 서열화}. 선수가 국제 테니스 대회에서 우승하면 사회적 명성이 높아진다^{사회적 평가}. 마지막으로 세계적인 테니스 선수는 기업으로부터 많은 후원금을 받을 수 있다^{보수 부여}.

2) 스포츠 참가 유형

캐년^{G. S. Kenyon, 1969}에 따르면 스포츠 참가유형으로 행동적 참가^{1차적 참가, 2차적 참가}, 인지적 참가, 정의적 참가로 분류했다. 행동적 참가 중에 1차적 참가는 신체활동을 수단으로 하여 참가하는 경기자 자신에 의한 활동이다. 승자, 패자, 주전, 후보, 엘리트 선수, 아마추어 선수 등 스포츠 활동의 직접적 참가를 통해 결과로서 나타난다. 2차적 참가는 스포츠 생산과 소비과정을 통한 활동을 일컫는다. 예를 들어 스포츠 지도자는 직접 생산자이고, 기업가는 간접 생산자이다. 또한 경기 관람객은 직접 소비자이고 미디어를 통해 스포츠를 접하는 팬들은 간접 소비자라 할 수 있다.

인지적 참가는 학교, 사회기관 등을 통해 역사와 규칙 등 스포츠에 관한 일정 정보를 수용함으로써 이루어지는 참가를 말한다. 마지막으로 정의적 참가는 실제 스포츠 상황에 참가하지는 않지만 열성적인 스포츠팬과 같이 간접적·감정적 태도를 표출하는 참가를 말한다.

덧붙여 캐년과 슈츠^{G. Kenyon & Z. Schutz, 1968}의 분류를 살펴보면 일상적 참가, 주기적 참가, 일탈적 참가^{1차적 일탈 참가, 2차적 일탈 참가}, 참가중단과 비참가가 있다. 일상적 참가는 스포츠 활동에 정기적으로 참가하고 활동하는 것이다. 주기적 참가는 일정 간격을 유지하면서 스포츠에 참가하는 것을 의미한다. 일탈적 참가 중에서 1차적 일탈 참가는 자신의 직업을 포기할 정도로 모든 시간을 활용해 스포츠 활동을 하는 경우이고, 2차적 일탈 참가는 거액의 도박을 하거나 스포츠 관람을 탐닉할 정도로 빠져든 활동이다. 참가중단과 비참가는 스포츠의 모든 참가에 대해 불쾌한 경험 등을 겪고 참가 자체를 혐오하는 경우를 말한다.

사회계층에 따른 스포츠 종목의 선호도 차이는 앞서 언급한 바와 같이 존재한다. 골프, 테니스와 같은 개인 종목은 과시적인 소비성향을 보일 수 있어 중·상류층이 선호한다고 볼 수 있다. 골프는 장비와 회원권 등에 소요되는 비용이 다른 종목에 비해 많이 든다. 19세기 영국에서와 마찬가지로 현재도 친목도모와 사교, 비즈니스와 네트워크 형성에 필요한 목적으로 골프를 즐기는 경우가 많다. 테니스도 대표적인 중·상류층이 즐기는 종목이다. 13세기 무렵 프랑스 궁정에서 주드뽐Jeu de Paume이라 불리면서 시작된 것으로 알려진 테니스는 현대 테니스 경기현장에서도 역사와 전통을 토대로 흰색을 착용하게 하는 등의 격식을 중요하게 여기고 있다. 골프에 비해 상대적으로 비용이 적게 드는 장점도 있다. 남녀혼합 복식경기를 즐길 수 있어 여성 참여도 활발하다.

테니스와 권투

근대 스포츠가 도입되고 노동자 문화를 상징적으로 보여주는 종목은 축구와 권투이다. 공장에서 일하는 노동자가 일과 후 혹은 주말에 축구선수로 참여하여 우승하면 승리수당도 받았다. 골프, 테니스에 비해 비용이 적게 들기 때문에 노동자 집단이 축구를 관람하며 현실에 대한 억압을 표출하는 장소로 즐길 수 있었다. 노동자 집단, 비숙련 노동자들이 좋아하는 축구 다음으로 인기가 있는 권투경기에도 사람들이 몰렸다. 일자리를 찾아 도시로 몰려든 노동자와 이민자들이 힘든 노동을 마친 후 손쉽게 관람을 할 수 있었던 권투의 매력을 느꼈다.

당시 상업목적의 스포츠는 하류층의 스포츠 선수와 팬의 전유물이었다. 충분한 유산을 물려받은 상류층은 스포츠 행위에 대해 돈을 버는 목적이 아니라 사교의 장으로서 이용해야 했기 때문에 불편한 시선을 감추지 못했다. 이러한 배경으로 상류층이 하류층과의 경계를 명확하게 구분을 짓고자 아마추어리즘과 프로페셔널리즘의 이분법이 발생한 것이다.

3. 스포츠와 계층이동

1) 수직적 계층이동

개인과 집단이 차지하는 사회적 위치가 다른 위치로 옮겨가는 것을 사회 이동 Social Mobility이라고 한다. 스포츠는 다른 영역과 달리 계층이동을 할 수 있는 가능성이 높다. 즉, 사회 이동 기제로서 스포츠가 활용되는 것이다. 기제는 메커니즘 Mechanism을 뜻하는 개념으로 사회 이동에 영향을 미치는 요인의 하나로서 스포츠가 된다는 것이다.

기든스와 수톤Giddens & Sutton, 1989/2017에 따르면 사회계층이란 사회집단인종, 연령, 성, 민족 등의 계급조직의 배열 혹은 권력, 특권, 부 등이 불평등하게 분배된 계급의 사회로 정의했다. 수직이동상향이동, 하향이동, 수평이동, 세대 간 이동, 세내 내 이동, 개인이동, 집단이동 등으로 분류할 수 있다.

수직적 계층이동은 계층구조 내에서 집단 또는 개인이 지녔던 지위의 변화를 뜻한다. 이는 상향이동과 하향이동으로 다시 분류해서 살펴볼 수 있다. 예를 들어 후보선수가 주전선수가 되거나 나중에 코치나 감독으로 승진 이동하는 것은 상향이동이라 할 수 있고, 그 반대의 경우는 하향으로 수직이동이 된 것이다. 만약 어떤 선수가 가난한 가정에서 태어나 끊임없는 훈련을 통해 축구 월드스타가 되고, 이후 축구장학재단을 만들어 축구학교를 설립하여 후진양성에 큰 역할을 하고 있다면, 그 선수의 사회계층 이동 준거와 유형은 어떻게 설명할 수 있을까. 우선 개인이동으로 개인의 노력과 능력을 통해 사회적 지위가 상승할 수 있는 변화를 이룬 것이다. 또한 상향적 수직 이동과 세대 내 이동을 한 것으로 설명할 수 있다.

2) 수평적 계층이동

수평적 계층이동은 계층적 지위변화가 없이 자리를 바꾸는 경우이다. 예를 들면 선수가 원래 소속팀에서 다른 팀으로 동등한 수준으로 트레이드되면 수평적 계층이동을 한 것이다. 즉, 계층적 지위는 변화하지 않으며 동일하게 평가되는 지위로 이동한 것이다.

한국 프로야구 리그에서 활동한 선수가 미국 메이저리그 선수로 이적했다면 어떤 계층이동에 속할까. 동일한 포지션으로 이적한 것이기 때문에 수평적 계층이동이라 할 수도 있지만, 계약조건 차이와 높은 연봉 등의 이적이라면 수직적 계층이동인 것이다. 반대로 미국과 일본 프로야구 시장에서의 몸값으로 활동하다가 다시 국내 리그로 복귀하면 연봉수준과 조건이 하향으로 조정되는 경우가 많다. 이럴 때는 하향적인 수평·수직적 계층이동이라고 이해할 수 있다.

3) 세대 이동

세대 이동은 세대 간 이동과 세대 내 이동으로 구분할 수 있다. 세대 간 이동은 한 세대로부터 다음 세대로 이어지는 과정에서 발생하는 사회경제적 지위의 변화로 이해할 수 있다. 예를 들면 어떤 운동선수가 자신의 부모보다 수입이 더 많고 직업의 권위가 더 높아진 경우가 있다. 세대 간 이동은 부모의 교육적, 직업적, 수입적 성취와 같은 시기에 자녀에게 일어난 특정한 사건이 발생한 시점과 비교했을 때 사회경제적 지위의 변화를 뜻한다. 즉, 집단이동으로서 유사한 집단이 특정한 요인에 의해 집합적으로 이동할 수 있는 변화인 것이다.

반면, 세대 내 이동은 한 개인이 살아가는 동안에 발생할 수 있는 사회적·경제적인 지위의 변화로서 개인이동이다. 2군팀 소속 선수가 1군팀으로 갔다면 첫 번째 세대 내 이동을 이룬 것이다. 이후 지속적으로 성장하여 선수 은퇴 후에 코치나 감독이 된 경우에는 두 번째 세대 내 이동을 한 것이다.

여기서 잠깐!

사회적 상승이동 매개체로서의 스포츠

- 교육적 기회 제공 및 성취도 향상, 직업적 후원의 다양한 기회 제공, 올바른 태도 및 행동 함양
- 긍정적인 영향: 프로선수가 될 수 있는 기량과 능력 발달, 특기자로 상급학교 진학, 장학금 기회, 경제적, 직업적 후원을 받을 수 있는 기회, 스포츠 조직에서 사회적으로 가치 있는 행동양식과 태도를 배움
- 부정적인 영향: 불평등한 사회현실을 은폐하는 스포츠의 역할, 스포츠 이외의 다양한 가치를 습득할 기회 박탈, 과도한 훈련에 따른 소진

표 7-3 스포츠 사회계층의 이동

구분	내용

수직적
계층이동
	• 계층구조 내에서 집단 또는 개인이 지녔던 지위의 변화임
	• 개인의 노력과 능력을 통해 사회적 지위가 상승할 수 있는 변화를 이룬 것이
	  므로 개인이동임
	  예 상향의 수직적 계층이동: 후보선수가 주전선수가 되거나, 은퇴 후 코치
	    감독으로 승진 이동하는 경우 등
	  예 하향의 수직적 계층이동: 1군으로 뛰다가 2군선수로 내려간 경우 등

수평적
계층이동
	• 계층적 지위변화 없이 자리를 바꾸는 변화임
	  예 선수가 원소속팀에서 다른 팀으로 동등한 수준의 트레이드되는 경우 등
	  예 한국 프로야구에서 미국 메이저리그로 동일한 포지션으로 간다면 수평적
	    계층이동이자, 연봉과 계약조건의 차이로 수직적 계층이동임

세대이동	• 세대 간 이동: 한 세대로부터 다음 세대로 이어지는 과정에서 발생하는 사회
	  경제적 지위의 변화임
	  예 부모세대가 수입을 얻는 시점과 비교했을 시 운동선수의 수입이 훨씬 많
	    아짐(집단이동)
	• 세대 내 이동: 한 개인이 살아가는 동안에 발생할 수 있는 사회경제적 지위의
	  변화임
	  예 2군팀 선수가 1군팀으로 간 경우, 선수가 코치감독이 된 경우(개인이동)

CHAPTER 02

스포츠와 불평등

1. 스포츠 성차별

스포츠 성차별은 성별에 따라 스포츠 참여기회와 권리를 제한하거나 불이익을
주는 행위를 의미한다. 그 원인으로 성에 따라 스포츠 능력이 차별적으로 배분됐
다고 생각을 한 경우가 대표적이다. 즉, 남성은 여성에 비해 선천적으로 우월하다
는 인식에서 비롯된 것으로 생물학적 환원주의Biological Reductionism를 주장하는 이론
을 내세웠다. 생물학적 환원주의는 사회적인 것의 자율성을 거부하고, 모든 인간

행동과 사회현상을 자연적인 것으로 환원시켜 설명하려는 이론이다. 인간들 간의 차이를 문화와 사회현상보다는 유전자의 차이에서 찾고자 했던 생물학적 결정론에 근거하여 아직도 이에 대해 논쟁이 있다. 신체의 탁월성만을 겨루는 스포츠란 인식은 성에 따라 스포츠 능력이 차별적으로 배분됐다고 생각하게 했다.

이를 통해 과격한 신체활동이 여성에게 생리적 측면에서 해롭다는 인식을 갖거나, 남성이 여성에 비해 공격적이고 능동적인 성향이라고 하는 편향된 문화적 전통을 믿기에 이른다. 이는 대중매체의 편향적 보도에 따라 은연중에 성차별 의식을 갖게 되는 경우와 결부돼 지금도 해결하지 못한 성차별적 인식이다.

이러한 이론에 반박해 자유주의적 여성주의Liberal Feminism처럼 여성 스스로의 결정과 행동을 통해 여성의 능력에 집중하고 평등을 유지하기 위해 노력해야 한다는 주장도 나타났다. 또한 사회주의적 여성주의Socialist Feminism로서 여성의 경제적, 문화적 억압을 탈피하기 위해 여성 삶의 공공 및 민간 분야에 초점을 맞추는 여성주의 이론도 나오게 됐다.

스포츠에서 성차별의 극복방안으로 우선 전통적인 여성상에서 탈피하려는 노력이 필요하다. 이와 제도적 개선을 병행하여 능력에 따른 공정한 평가를 하고, 남성 선수와의 연봉 불균형을 해소하기 위한 노력이 시급하다.

고대 그리스 시기의 스포츠 경기에 여성참가에 대한 기록이 있다. 서기 2세기 경에 기술된 여행가 파우사니아스Pausanias의 기록에 따르면 고대 그리스 시대의 유명한 도자기 문화인 암포라Amphora를 통해 여성 스포츠의 시대상을 가늠할 수 있다. 4년에 한 번 올림피아에서 여성만의 스포츠 행사인 헤라제전을 개최하고 여성 전용 경기장에서 경기를 치렀다는 기록이 있다. 그럼에도 불구하고 남성 우승자처럼 동상이 발굴되지 않아 경기장 앞에 여성 우승자의 동상이 세워졌는지는 지금으로선 알 수 없거나, 여러 기록을 토대로 통상적으로 경기장에는 여성이 참여하거나 참관할 수가 없었음을 알 수 있다문개성, 2021b.

1896년 최초의 아테네 근대 올림픽을 구상한 쿠베르탱Pierre de Coubertin, 1863~1937도 여성차별 인식이 있었다. 즉, 여성은 스포츠에 참가하면 안 된다는 주장을 굽히지 않았다. 하지만 그의 주장은 오래가지 않았다. 1900년 제2회 파리올림픽에서 골프와 테니스 종목에 22명의 여성이 참여함으로써 오늘날 최초로 여성이 출전한 올림픽으로 기록됐다.

"1972년 미국의 타이틀 나인^{Title IX}이란 연방 민권법을 통해 성차별 금지 법안이 제정됐다. 이는 여학생들에게 남학생과 동일한 과목, 상담, 경제적인 지원, 건강보험, 주거환경을 비롯해 운동기회를 제공해야 한다고 명시함에 따라 여성의 스포츠 참여를 활성화하게 되는 계기가 됐다. 이후 2002년 미고등교육법^{Higher Education Act}의 타이틀 나인 개정법안을 발의한 하와이 출신 최초의 여성이자 동양계 미국인인 팻시 마츠 타케모토 밍크^{Patsy Matsu Takemoto Mink}의 이름을 차용해 팻시 밍크 교육 기회 평등법^{Patsy T. Mink Equal Opportunity in Education Act}으로 개칭됐다^{문개성, 2023a, p.64}." 이처럼 미국에서 타이틀 나인^{Title IX}이란 성차별 금지 법안이 제정 후 개정되는 과정을 통해 여성의 스포츠 참여가 활성화됐다. 오히려 현재 올림픽 경기에서 리듬체조, 싱크로나이즈드 스위밍 등은 여성만이 참가하는 정식 종목이 되기도 했고, 스포츠 성평등 문제로서 IOC는 2016년 외과적인 성전환 수술을 받지 않은 성전환자들도 선수 출전을 허용하게 했다.

2. 스포츠 인종차별

스포츠 인종차별은 스포츠 현장에서 특정 인종에 불이익을 주는 행위를 의미한다. 그 원인으로 문화적 차이에서 오는 갈등에서 비롯됐다. 사회경제적 장벽을 통한 제한에서도 원인을 찾을 수 있다. 예를 들어 흑인선수들은 경비지출이 적고, 개인 기량에 좌우되는 종목의 참여가 많다는 인식이 있다. 또한 대중매체의 편향적 보도에 따라 은연중에 인종차별 의식을 갖게 하기도 한다.

숱하게 많은 스포츠 인종차별 사례 중에서 1950년대 들어와서야 미국 메이저리그 프로 야구에 흑인선수가 등장했고, 남아프리카공화국에서는 1960년까지 백인선수만 올림픽에 참가했다. 또한 스포츠 중계 아나운서가 무심코 내뱉은 멘트에서도 인종차별 인식이 드러나곤 한다. 즉, 흑인선수의 타고난 경기력은 발생학적이고, 백인선수는 후천적 노력의 결과란 인식의 확산을 그대로 전달하는 경우다.

또한 흑인선수는 수영종목에 적합하지 않은 신체조건을 갖고 있다고 설명하는 경우도 은연중에 자리 잡은 스포츠의 인종차별적 인식이라 할 수 있다.

"미국 흑인 육상선수인 토미 스미스Tommie Smith와 존 카를로스John Carlos는 맨발로 검은 장갑을 낀 한 손을 지켜 세우며 각각 1위, 3위 시상대에 올랐다. 미국 내 소수 민족의 열악한 생활여건과 차별에 대한 무언의 항의로 지금도 인구에 회자되는 장면이다. 은메달을 목에 건 호주출신의 백인선수 피터 노먼Peter George Norman, 1942-2006은 두 흑인선수와의 연대의 의미로 인권배지를 달고 시상대에 올랐다. 2012년 호주정부는 노먼 선수가 1972년 뮌헨올림픽에 선발됐음에도 불구하고 국가대표에서 제외시켰음을 인정했다. 정부는 2006년에 타계한 그를 위해 2018년 공로훈장을 수여했다. 노먼이 세상을 떴을 때 스미스와 카를로스는 그의 관을 들기도 했다문개성, 2019."

스포츠 현장에서 인종차별을 극복하는 방안으로 1965년 12월 제20차 국제연합총회에서 「인종차별철폐국제조약」이 채택됐다. 이로써 인종을 초월한 실력으로 경쟁해야 한다는 인식이 확산돼야 함을 강조했다. 인종에 대한 편견을 해소하고자 노력해야 하고, 차별철폐의 이념과 방법론을 제시해야 한다. 스포츠 사회통합이란 긍정적인 기능을 극대화시켜 다문화 사회의 다양성과 가치를 존중하는 인식개선과 문화조성이 필요하다.

3. 스포츠 장애차별

스포츠에서의 장애차별이란 장애로 인해 스포츠 참여의 권리와 기회를 비장애인과 동등하게 누리지 못하는 불평등을 말한다. 체육시설 이용의 차별, 체육용·기구의 차별, 체육지도자의 차별, 이용 프로그램의 차별, 신체적·생리적 능력의 차별, 경기 참가의 차별 등이 있다. 국내의 「장애인차별금지법」에 따라 장애를 이유로 스포츠 참여를 원하는 장애인에 대한 제한, 배제, 분리, 거부는 기본권의 침해에 해당한다.

이러한 차별의 원인으로 우선 장애의 접근이 어려운 스포츠 시설도 큰 이유가 되고 있다. 또한 장애인에 대한 편견과 이해 부족, 장애인 체육활동의 교수방법을 숙지한 지도자 부족도 차별을 부추기는 원인이 될 수 있다.

스포츠 장애차별을 극복하기 위한 방안으로 장애인이 이용하는 데 어려움이 없도록 기존의 공공체육시설을 리모델링해야 한다. 장애인체육 지도자의 양성과 배치를 지속적으로 해야 하고, 장애인 생활체육 동호인클럽 지원과 프로그램을 확대해야 한다.

🔵 여기서 잠깐

국내 장애인체육 발전과정

1961	군사원호청 창설
1965	최초의 국제대회참가(국제척수장애인경기대회)
1968	이스라엘의 텔아비브장애인올림픽대회에 처음 참가
1972	하이델베르그장애인올림픽대회 탁구 휠체어부분(TT1) - 송신남 선수(국내 최초 장애인올림픽 금메달리스트)
1975	한국소아마비협회 설립
1981	제1회 전국장애인체육대회
1987	미국 인디애나 하계스페셜올림픽대회에 처음 참가
1988	서울장애인올림픽 이후부터 크게 발달(종합7위)
1989	한국장애인복지체육회 설립
1997	캐나다 토론토 동계스페셜올림픽대회에 처음 참가
1999	한국장애인복지진흥회로 개편(←한국장애인복지체육회)
2000	전국장애인체육대회 순회개최 시작
2005	문화관광부로의 장애인체육 이관 / 장애인체육의 법적·제도적 기반인 국민체육진흥법을 개정 공포 / 대한장애인체육회 설립
2006	대한장애인올림픽위원회(IPC) 설립(국제체육업무 전담)
2008	16개 시도지부 설립 / 전국장애청소년체육대회 개최

III

현대 스포츠를
통해 해결해야 할
과제와 갖추어야
할 비전

PART

08 스포츠와 일탈

09 스포츠와 사회조직

10 미래사회와 스포츠

[학습 목표]

- 스포츠 일탈의 개념과 원인을 설명할 수 있다.
- 아노미 이론을 설명할 수 있다.
- 과소동조와 과잉동조를 설명할 수 있다.
- 집단 응집력과 팀 구축을 설명할 수 있다.
- 리더십을 설명할 수 있다.
- 선수, 지도자, 심판 윤리를 설명할 수 있다.
- 스포츠 세계화와 탈영토화를 설명할 수 있다.
- 환경윤리, 동물윤리를 설명할 수 있다.
- 향후 고민해야 할 다양한 이슈를 설명할 수 있다.

스포츠와 일탈

CHAPTER
01 스포츠 일탈의 이해
02 스포츠 일탈의 종류

CHAPTER 01

스포츠 일탈의 이해

1. 스포츠 일탈의 원인과 기능

1) 스포츠 일탈의 개념과 원인

일탈Deviance이란 사회적 규범이나 규칙으로부터 벗어나는 사고와 행동으로 사회적으로 비난, 낙인, 불명예 등을 받는다. 스포츠 일탈Sports Deviance은 스포츠 현장의 내외부에서 일어나는 보편적인 가치, 규범, 법률 등을 위반하는 행동을 의미한다. 스포츠가 갖고 있는 규범적 가치를 벗어남에 따라 야기되는 일체의 행동과 사고방식도 포함된다.

학생선수는 학생과 선수라는 두 가지 역할 사이의 갈등이 상존한다. 학업을 이어가야 하는 부담과 대회에 나가 좋은 성적을 얻어야 하는 부담을 안고 있다. 이와 같은 현실에 처한 환경의 부담으로 스포츠 일탈의 원인이 될 수도 있다. 무엇보다 스포츠 일탈이 발생하는 원인은 승리추구와 페어플레이라는 양립할 수 없는 두 가지 가치의 지향점에서의 갈등이라 할 수 있다. 즉, 스포츠 경기에서 갖춰야 할 규범적 체계를 고수하면서 바로 눈앞에 다가온 것처럼 보이는 승리를 얻고자 하는 욕망에서 비롯된다. 즉, 생각과 결과의 차이로서 스포츠 규범과 성공을 위한 욕망의 불일치에 따른 갈등인 것이다.

이러한 갈등의 배경에는 승리 선수에게만 보상을 많이 하는 구조에 의한 갈등이라 할 수 있다. 선수가 코치, 감독 등으로부터 부당한 지시를 무비판적으로 수용하는 과잉동조도 이러한 배경에 기인한다고 볼 수 있다. 이외에도 과학기술 발전과 스포츠 규범 사이의 시간적 차이에 따른 새로운 규정이 확립되지 않았을 때도 스포츠 일탈이 발생하기도 한다.

그리고 스포츠에서 허용된 행동이 사회 영역에서는 허용되지 않는 범위의 차이에서 스포츠 일탈이 나타나기도 한다. 예를 들어 스포츠의 가벼운 규칙 위반은

거친 태클

허용되기도 하지만, 사회에선 용인이 되지 않을 경우가 있다. 이는 팀 스포츠에서의 태클이나 몸싸움은 스포츠에서 통제된 힘의 사용이란 개념으로 정당한 폭력일 수 있다는 인식이 있기 때문이다.

2) 스포츠 일탈의 기능

일탈이란 개념은 일반적으로 부정적인 의미로 받아들이지만 긍정적인 기능을 하는 경우도 있다. 즉, 스포츠 일탈의 순기능이 있다. 우선 스포츠 일탈이란 개념을 통해 규범, 규칙을 어기는 행동이란 인식으로 일탈행동의 예방효과를 갖는다. 예를 들어 승부조작 사례를 보고 많은 선수들이 경각심을 갖는다. 선수활동의 영구제명을 비롯해 민·형사상의 책임을 지는 모습이 언론에 대대적으로 보도되면서 돈이 거래되는 승부조작의 유혹을 미연에 방지할 수 있다.

스포츠 현장에서의 가벼운 일탈행동은 사회적 불만을 완화시켜 주는 사회의 안전판 역할을 하기도 한다. 현재는 지나친 폭력으로 경계하자는 목소리도 있지만, 아이스하키 경기에서 허용된 주먹다짐은 잠재된 공격성을 해소시켜 주기도 한다.

스포츠 일탈은 시대에 따라 기준이 달라진다. 즉, 새로운 규칙과 규범을 만드는 계기를 제공하는 창의적 활동의 환경을 마련해야 한다. 예를 들어 높이뛰기에서 배면뛰기 기술의 창안은 기록경신에 기여하고 있다. 1966년 보스턴 마라톤 대회에서 여성이 신분을 속이고 참가한 계기로 여성 마라톤의 출발이 됐다. 당시엔 일탈로 규정됐지만 오늘날 스포츠 성평등이란 이슈를 공고히 하는 사례로서 좋은 모델이 되는 것이다. 이처럼 스포츠 일탈은 사회적 규범이나 규칙을 벗어나는 행위로 제도권에서는 배제됐지만, 사회적 정의를 실현하는 개인적 노력과 그에 따른 사회적 이슈를 끌어 올린 측면에서 순기능으로 설명될 수 있다. 덧붙여 개인적 차원에서 일상생활에 지장을 줄 정도로 스포츠에 적극적으로 참여하거나, 규칙을 심하게 동조하여 발생하는 일탈에 대해선 긍정적 일탈로 바라볼 수 있다. 스포츠에 과도하게 참여하는 운동중독의 경우 일탈로 규정하지만, 타인에게 부정적인 영향을 미치지 않는 범위 내라면 긍정적인 일탈로 볼 수 있다는 것이다.

반면, 스포츠 일탈의 역기능으로 스포츠의 공정성 및 질서체계가 훼손한다는 데 있다. 근대 스포츠의 특성으로 기록을 경신하는 명분에 따라 스포츠에서 선수들의 약물복용이 지속된다면 그 행위 자체는 경기의 공정성이 훼손되는 것이다. 또한 스포츠 참가자의 사회화에 부정적인 영향을 미칠 수밖에 없다. 예를 들어 야구경기의 벤치 클리어링 싸움Bench-clearing Brawl이 발생할 때 참가하지 않은 선수가 따돌림을 당하거나, 일부 선수들의 과격한 폭력이 관객들에게 노출됨에 따라 스포츠 현장에서 허용된 폭력정도로 인식하게 하는 부정적인 기능이 있을 수 있다. 이와 같이 사회규범을 위반하는 행동이나 상황을 초래하는 부정적 일탈이 있다.

2. 아노미 이론

1) 일탈을 바라보는 관점

일탈은 공식적 일탈과 비공식적 일탈이 있다. 공식적 일탈은 공식적 규칙과 법에 대한 위반 행위를 의미한다. 즉, 권한을 가진 사람들에 의해 공식적 제재나 처벌을 받을 수 있다. 비공식적 일탈은 명문화되지 않은 관습 및 공유된 이해에 대한 위반 행위이다. 선배나 동료에 의해 비공식적인 제재나 벌을 받는 경우에 해당된다.

일탈을 바라보는 관점으로 절대론적 접근과 상대론적 접근으로 구분해볼 수 있다. 절대론적 관점으로 접근해본다면 절대적인 기준을 벗어나는 것은 오로지 일탈이라고 보는 시각이다. 또한 상대론적 관점의 접근은 어떤 상황이 일어난 환경에 따라 용인될 수 있는 행위의 범위가 다르고, 그 범위를 벗어나는 것이 일탈이라고 보는 시각이다. 이는 사회 구조적인 문제에서 일어날 수 있음을 일부 허용할 수 있다. 예를 들어 사회적 일탈과 스포츠 일탈은 용인되는 범위가 다르다는 점이다. 즉, 스포츠 일탈은 원인이 다양하므로 절대론적 접근과 상대론적 접근이 모두 필요하게 된다. 예를 들어 스포츠에선 가벼운 규칙 위반은 용인될 수 있지만, 금지약물 복용을 허용하지 않는다. 일상에선 정해진 규칙을 벗어나면 법에 저촉될 수도 있고,

의사가 처방해주는 범위의 약물을 복용할 수 있다.

2) 선수의 일탈행동 유형

머튼K. Merton, 1910-2003의 아노미Anomie 이론1957을 통해 스포츠 일탈을 살펴보면 다음과 같다. 아노미란 지배적인 규범과 가치가 없어서 혼란에 빠진 상태를 의미하는 것으로 다섯 가지를 제시했다. 첫째, 동조주의Conformity란 문화적인 목표와 제도화된 수단을 동시에 수용하는 행위이다. 규칙을 준수하면서 승리하고자 하는 행위이므로 일탈과는 거리가 멀게 보일 수도 있다. 하지만 경기 종료가 얼마 남지 않은 상황에서 시간을 일부러 흐르게 하기 위해 이기고 있는 팀 선수교체 때 천천히 나가고 들어오게 하거나, 경기규칙을 벗어나지 않는 범위 내에서 파울 행위를 하는 경우는 일탈인 것이다.

둘째, 혁신주의Innovation는 문화적인 목표를 수용하면서도 제도화된 수단을 거부하는 행위이다. 불법적인 방법을 동원해서라도 승리하고자 하는 것이므로 명백한 일탈에 해당된다. 일상에서의 혁신이란 긍정적인 개념을 담고 있지만, 스포츠 현장에서의 혁신은 규범위반과 같은 비도덕적 개념으로 이해할 수 있다. 좋은 선수를 영입하기 위한 불법적인 스카우트 행위, 금지된 약물 복용, 더 나아가 금지약물 리스트에 존재하지 않은 신생 약품 복용, 승부조작을 위한 뇌물수수, 경기장 내 폭력행위, 고의적인 경기규칙 위반 및 상대선수 위협 등에 이르기까지 혁신주의의 행태는 만연해 있다.

셋째, 의례주의Ritualism이다. 문화적인 목표는 거부하지만 제도화된 수단을 수용하는 행위이다. 스포츠 규범을 위반하지 않아 긍정적인 태도로 보일 수 있지만, 공정한 경기를 위해 수행해야 할 의무인데 반해 마지막까지 최선의 노력을 다하지 않는다는 점에서 일탈이라 할 수 있다. 경기를 참가하는 것에 의의를 두는 데 그친다면 선수로서의 신분을 망각하는 것이기 때문이다.

넷째, 도피주의Retreatism로서 스포츠 종목별로 규정된 규범, 가치, 수단을 거부하는 행위이다. 즉, 승리를 추구하는 것과 공정경쟁을 하는 것 모두를 거부한다. 일상에선 알코올과 약물 중독자와 같은 부류가 된다. 스포츠 선수들이 스포츠 참가

자체를 포기하거나 중단해버리는 경우로서 과도한 승리지상주의에 따른 경쟁, 경기만을 치루는 비인간적인 환경, 지나친 상업주의, 학업결손에 따른 진로에 대한 불안감 등이 증폭돼 나타날 수도 있다. 스포츠 자체에 대해 염증을 느낄만한 충격적인 경험을 겪거나 보상이 충분히 이뤄지지 않을 때도 도피주의의 일탈로 나타나기도 한다.

마지막으로 반란주의Rebellion, 반역주의가 있다. 반란주의는 도피주의처럼 문화적 목표와 수단을 모두 거부하지만, 새로운 목표와 수단을 제시하는 행동을 한다. "나이키는 2018년 하반기에 미국사회에 만연한 인종차별 이슈를 끌어올린 콜린 캐퍼닉을 광고 모델로 기용했다. 주제는 'Dream Crazy'이다. 나이키의 유명한 슬로건 'Just Do it'의 30주년 캠페인의 주인공으로 낙점되며 광고에 등장하자 미국 보수층을 중심으로 나이키 불매운동이 벌어지기도 했다. 하지만 밀레니얼과 Z세대에 열렬한 호응을 얻으며 4천 3백만 달러의 홍보효과를 얻었다. 광고 메시지를 통해 변화를 두려워하지 않는 나이키 정신을 직·간접적으로 제시하면서 스포츠 용품 이미지를 주도한다. 즉, 새로운 세대를 향해 잠재적인 소비자를 확보하기 위한 상징적 의미를 담아 사회적 순기능에도 기여할 수 있는 환경을 마련한 것이다. 제도권 내의 선수 일탈이 사회적 공감대를 끌어올렸고, 기업이 적극적으로 이 이슈에 끼어들게 되면서 스포츠 일탈의 순기능적 측면을 확장시켰다문개성, 2023a, p.80."

미식축구선수 콜린 캐퍼닉은 2016년 경찰의 인종차별에 항의해 국가 연주 시에 일어나는 것을 거부하고 무릎을 꿇는 모습을 전 세계인에게 보여주었다. 이 일로 미식축구리그NFL에서도 선수자격이 박탈돼 쫓겨났다. 콜린 캐퍼닉은 일탈 행동으로 제도권에선 배제됐지만 사회적 이슈를 끌어올리는 데는 큰 성과를 얻었다. 즉, 스포츠 일탈의 순기능으로서 인식되는 것과는 별개로 선수 일탈로 규정된 사례라 할 수 있다. 이외에도 학생선수의 학습권을 보장하기 위한 새로운 제도 도입에 적극 동참하는 행위를 하거나, 고착화된 스포츠계의 풍토를 바꾸기 위한 캠페인에 나서는 행위도 반란주의의 일환으로 해석할 수 있다.

표 8-1 아노미 이론에 따른 선수 일탈행동 유형

구분	내용
동조주의	• 문화적 목표와 제도화된 수단을 수용 • 규칙을 준수하면서 승리하려는 것
혁신주의	• 문화적 목표는 수용하지만, 제도화된 수단은 거부 • 불법적인 수단을 동원해서라도 승리하려는 것
의례주의	• 문화적 목표는 거부하고, 제도화된 수단은 수용 • 승리추구에 집착하지도 않고, 최선을 다하지도 않는 것(무사안일)
도피주의	• 문화적 목표와 제도화된 수단을 모두 거부 • 승리추구와 공정경쟁을 모두 거부하는 것
반란주의	• 문화적 목표, 제도화된 수단을 모두 거부하고, 새로운 목표와 수단 제시 • 승리추구와 공정경쟁의 수용이나 거부와는 관계없이 자신만의 수단, 방법을 동원하여 새로운 목표를 달성하려는 것

CHAPTER **02**

스포츠 일탈의 종류

1. 과소동조와 과잉동조

1) 과소동조

앞서 언급한 동조Conformity를 과소동조Underconformity와 과잉동조Overconformity로 구분할 수 있다. 과소동조는 선수들이 훈련 혹은 경기 중에 규칙이나 규범이 있다는 것을 알면서도 모른 척 하거나, 몰라서 발생하는 일탈행동이다. 잘못된 것임을 알면서도 규칙을 어기고 금지된 행동을 하는 일탈 행동으로 스포츠 현장에서 자주 발생한다. 선수라면 스포츠 경기의 폭력이 잘못됐다고 인식하고 있을 것이다. 그럼에도 불구하고 폭력을 저지르거나, 담합에 의해 승부조작을 하는 행위, 경기를 앞두고 팀 내의 음주금지 규정을 위반하는 경우 등 스포츠의 규범체계를 인지하면

서도 일탈을 한다. 이와 같이 스포츠 체계의 부정적인 영향을 줄 수 있는 과소동조
에 대한 엄격한 조치와 예방을 위한 다양한 방안을 강구해왔다.

2) 과잉동조

과잉동조는 과소동조와 비교
했을 시 상대적으로 강력한 예방
조치가 부족하다. 이는 선수들이
훈련 혹은 경기 중에서 규칙이나
규범을 무비판적으로 무조건 따

벤치클리어링

름으로써 한계를 벗어난 일탈행동을 하는 경우다. 선수가 균형적 사고를 갖지 못
하고 특정한 규범에 지나치게 동조하면서 나타나는 일탈행동으로서 조직을 위해
과도한 충성을 하는 경우에 빈번하게 등장한다. 만약 지도자의 지시로 상대팀 선수
에게 부상을 입히기 위해 태클을 거는 행위를 맹목적으로 수행한다면 과잉동조라
할 수 있다. 경기에 헌신할 것을 요구하는 지시에 대해 위험이나 고통을 자연스럽
게 받아들이면서 수행하게 된다. 상대팀 투수가 빈볼을 던지자 그 투수에게 주먹
을 휘두르는 행위 등도 해당이 된다. 스포츠 집단을 특수집단이라고 생각하면서
집단에 대한 애착이 강하게 돼 본인의 행동이 집단의 결속에 기여한다고 생각하는
경우라 할 수 있다. 이러한 측면에서 규칙을 위반한 행위가 아닌 경우라면 긍정적
일탈로도 볼 수 있다.

2. 약물복용과 부정행위

1) 약물복용

도핑Doping이란 1930년대부터 사전에 등재되면서 사용됐다. 이는 선수가 운동
경기에서 성적을 향상시킬 목적으로 약물을 사용하거나 특수한 이학적 처리를 하
는 일이다. 현대 스포츠에선 아나볼릭 스테로이드 투여, 적혈구생성촉진인자 투여
등 상시 금지약물, 경기기간 중 금지약물, 특정스포츠 금지약물에 대해 강력한 조

치를 취하고 있다.

스포츠 도핑의 역사는 1904년 제3회 세인트루이스 올림픽 때 마라톤에서 우승한 토머스 힉스 선수의 인터뷰에서 비롯됐다고 볼 수 있다. 도핑의 규제가 없었기 때문에 우승의 비결에 대한 질문에 스트리치닌과 브랜드라는 약물을 공급받은 결과라고 답변을 했다. 1910년부터 최초의 과학적 도핑검사를 시작한 이후, 1964년 도쿄 하계올림픽 대회에서 도핑국제회의를 개최했다. 이 대회부터 국제올림픽위원회IOC 의무분과위원회를 발족하면서 공정한 경기를 위한 도핑 규제를 본격적으로 시행했다. 이를 계기로 1960년 즈음까지 사용했던 암페타민, 이뇨제, 진통제 등의 약물사용을 엄격하게 금지했다. 1968년 멕시코시티에서 개최된 올림픽 때부터 국제올림픽위원회IOC에서 반도핑 활동을 전개했고, 동계올림픽에선 개최지역인 그레노블에서 처음으로 도핑 검사를 실시했다. 1988년 서울 하계올림픽에서 벤 존슨 선수가 도핑검사에 발견돼 금메달이 박탈됐던 사례는 유명하다. 1999년 세계반도핑기구WADA, World Anti-Doping Agency를 창설하여 금지약물을 구분했다. 이 기구의 대표적인 금지조항은 물리적 조작 금지, 화학적 조작 금지, 유전자 도핑 금지로 돼 있다. 우리나라도 2006년에 한국도핑방지위원회KADA, Korea Anti-Doping Agency 설립을 통해 선수 도핑에 대한 관리를 철저하게 하고 있다.

도핑을 금지하는 이유로 대표적인 것은 공정성 훼손이다. 이는 스포츠의 가장 기본적인 가치인 페어플레이 정신에 위배됨으로써 윤리적, 도덕적인 문제를 낳는다고 보고 있다. 즉, 비윤리적이고, 비인도적인 행위로서 스포츠의 가치 자체가 훼손된다. 또한 선수의 건강에 대한 부작용의 우려가 크다. 도핑규제가 이뤄지지 않는다면 승리의 집착으로 의학적이고 건강상의 문제가 발생해 결국 선수 건강이 손상되기 때문이다.

도핑을 하게 되는 원인을 원천적으로 봉쇄해야 하는 것이 있다. 바로 강요에 의한 도핑과 부정적인 역할 모형으로 설명할 수 있다. 예를 들어 2014년 소치 동계올림픽 때 러시아는 국가가 주도적으로 자국의 선수들에게 원치 않는 금지약물을 사용함에 따라 큰 문제가 됐다. 이는 강요에 의한 도핑으로서 유망한 젊은 선수들에게 2018년 평창 동계올림픽을 비롯한 세계대회에 출전하며 성장할 수 있는 기회를 박탈했다. 또한 우상선수 흉내에 따른 부작용으로서 부정적 역할의 모형을 미연에 방지해야 한다는 논리이다. 특히 청소년 선수들은 유명 선수의 도핑을 모방할 가능성이 크며, 그렇게 될 경우 약물오남용이 사회적으로 크게 확산될 위험성이 있다.

세계반도핑기구

2) 부정행위

스포츠 일탈은 스포츠맨십 또는 페어플레이 정신이 위배되는 행위로 나타날 때 가장 크게 우려하게 된다. 특히 승리를 위한 집착에서 비롯된 부정행위가 있다. 승리에 대한 보상이 크다고 생각하는 경우와 경기결과가 불확실하다고 생각할 때 나타날 수 있다. 이외에도 공학기술이 경기결과에 미치는 영향이 크다고 생각할 때, 경기규칙이 지나치게 엄격한 경우, 사회경제적 지위가 낮은 선수가 많이 참가한 경우에도 부정행위로 이어질 수도 있다.

부정행위의 종류로는 제도적 부정행위와 일탈적 부정행위가 있다. 제도적 부정행위는 경기전략과 전술 상 어느 정도 용인되는 행위를 말한다. 예를 들어 농구에서 발꿈치를 사용해 수비수의 부담을 키우고자 하는 행위, 축구에서 태클을 수시로 사용해 부담을 주거나, 경기를 지연시키는 행위 등이 있다. 축구에서 헐리웃 액션이라 불리는 심판의 눈속임을 유도하는 행위도 제도적 부정행위에 해당된다. 일탈적 부정행위로는 앞서 제시한 약물복용과 승부조작이 대표적이다. 또한 상대편의 경기용구를 의도적으로 훼손하는 행위도 일탈적 부정행위로 간주한다.

이와 같은 부정행위는 범죄행위로도 이어질 수 있다는 점에서 문제가 된다. 심판매수, 금품제공의 수준에서 폭행, 상해, 절도, 강도, 심지어 살인에 이르기까지 범죄가 일어난다면 돌이킬 수 없게 된다. 스포츠라는 특수한 상황을 고려해 스포츠인의 범죄행위를 설명하는 이론으로 정화이론과 사회학습이론이 있다.

정화이론은 스포츠 참가를 통해 좌절감, 욕구불만, 공격성 등과 같은 감정을 표출함으로써 내부에 축적된 감정을 정화할 수 있어 범죄행위를 줄일 수 있다고 주장한다. 사회학습이론은 범죄행위가 후천적으로 사회에서 학습된 것이므로 스포츠에 참여하면서 범죄행동도 학습할 수 있다는 것이다. 스포츠 경기결과에 따라 배당이 결정되는 도박에서 일어날 수 있다.

3. 스포츠 폭력

1) 스포츠 폭력의 개념

스포츠 폭력의 정의는 운동선수, 감독, 심판, 단체임원, 흥행주 등과 같은 스포츠 관계자, 관중 등과 같은 일반인이 운동경기 또는 훈련과정 중에 스포츠와 관련하여 고의나 과실로 신체적, 언어적, 성적으로 나타나는 폭력행위를 의미한다. 즉, 스포츠 경기나 스포츠와 관련해서 남에게 상해를 입히거나 파괴적인 행동을 보이는 것이다.

스포츠 폭력행위는 스포츠상황에서 상대에게 신체적, 정신적, 언어적, 성적으로 위해를 가하는 것이다. 그 원인으로 승리선수와 팀에게 많은 보상을 주는 제도에서 기인한다. 승리 제일주의가 팽배해 있는 한 언제 어디서든 일어날 수 있는 것이다. 앞서 언급한 코치나 감독으로부터의 복종주의 문화와 팀 승리를 위해 헌신한다는 인식의 과잉동조 현상에서도 폭력이 유발되기도 한다. 이를 통해 폭력성이 곧 우월성이란 인식과 함께 자신의 정체감을 확보하는 일이라 착각하는 것이다.

스포츠폭력 유형으로 난폭한 신체접촉, 경계폭력, 유사범죄 폭력, 범죄폭력, 도구적 폭력, 적대적 폭력 등이 있다. 경기 도중에 발생하는 공격행위로서 도구적 공격과 적대적 공격이 있다. 도구적 공격은 농구의 리바운드 반칙을 하거나 팔꿈치를 크게 휘두르는 행위, 야구 유격수에게 과감한 슬라이딩을 감행해 더블플레이를 방해하는 행위에서 찾아볼 수 있다. 이는 외적인 보상을 위해 공격하는 행위이다. 다시 말해 승리, 금전, 위광 등 다른 외적 보상이나 목표를 획득하기 위한 행위가 도구적 공격에 해당된다. 또한 적대적 공격은 승리보다 상대 선수에게 고통을 주거나 부상이 주목적이 되는 경우다. 예를 들어 투수가 타자 안쪽에 위협적인 공을 던지는 경우를 들 수 있다.

스포츠는 인간의 근원적 욕구인 폭력성을 발산하는 도구의 역할을 하고, 모의적인 폭력으로서 사회적으로 인정받는 영역이 스포츠가 된 측면이 있다. 스포츠에서는 자기통제를 요구하는 제도와 규범을 통해서 폭력성을 제한하고 있기 때문에 스포츠 현장에서의 폭력을 허용하는 환경이 마련된 것이다. 이를 통해 스포츠 폭력의 의미가 스포츠에서 통제된 힘의 사용은 정당한 폭력이라는 용인된 폭력 혹은 자기 목적적 폭력이란 개념을 갖고 있다. 또한 스포츠 폭력의 특수성 혹은 이중성으로서 스포츠는 폭력적인 성향의 분출을 자극하면서 동시에 감시하고 제어하는 개념이 있다.

⊘ 여기서잠깐

폭력에 대한 정의

- 플라톤(Plato, 기원전 427년~기원전 347년)의 폭력론: 폭력은 그 자체로 존재하는 것이 아니라 존재의 결핍을 통해 무질서를 초래하는 근원이므로 예측 불가능한 것임
- 아리스토텔레스(Aristoteles, 기원전 384년~기원전 322년)의 분노: 인간 내면의 분노로부터 시작된 폭력은 악순환을 통해 반복되는 것임
- 토마스 홉스(T. Hobbes, 1588-1679)의 폭력론: 인간의 폭력적인 속성을 자연 상태와 욕망의 체계에서 비롯된 것이므로 인간은 통제되지 않는 폭력을 행사하는 존재임
- 르네 지라르(R. Girard, 1923-2015)의 폭력론: 인간 폭력의 원인은 공격본능이니 자연 상태가 아닌 모방적 경쟁관계이므로 자신이 좋아하는 사람의 폭력행위를 무의식적으로 따라 할 수 있음
- 한나 아렌트(Hannah Arendt, 1906-1975)의 악의 평범성(banality of evil): 아무런 생각 없이 시키는 대로 하거나, 이전에 하던 대로 하는 것으로 잘못된 관행에 복종할 수 있음
- 미셸 푸코(Michel Foucault, 1926-1984)의 규율과 권력: 위계질서와 같은 규율을 가장하여 권력이 생산되고, 그 권력의 행사가 폭력으로 변질됨

2) 집합행동

홀리건

블루머H. Blumer, 1969는 집합행동Collective Behavior, 집단행동을 크게 대중이 참여하는 소요와 같은 초보적 형태의 행동과 사회운동과 같은 지속적인 행동으로 구분했다. 또한 네 가지 관중 유형으로 행동적 관중, 인습적 관중, 표출적 관중, 우연적 관중이 있다. 관중폭력은 관중들의 집단행동이 일상적인 기준에서 벗어나 일탈행동으로 변질된 것이다. 즉, 집합행동집단행동으로서 오늘날 대표적인 훌리거니즘Hooliganism이 있다. 이는 '군중'과 '팬의 무질서'를 합해서 만든 단어로서 스포츠 팀 응원을 빌미로 폭력적 행동을 일삼는 무리를 가리킨다. Part 05에서 낮은 정의성Low Definition, 높은 참여성High Participation으로 높은 감각의 몰입이 요구되는 '쿨 미디어 스포츠'인 축구에서 훌리건 발생의 원인을 제시한 바 있다.

관중 폭력의 원인은 무엇보다 응원하는 팀에 대한 승리지상주의 열망이 과도할 때 나타난다. 한 개인이 군중의 일원이 되었을 때 군중의 익명성을 통해 표출하게 된다. 즉, 군중 속에서는 개별성과 책임성이 없어지고, 선수들의 폭력이 관중들에게도 동조의식을 불러일으키는 경우에 관중 폭력이 발생할 수 있다.

드워C. Dewar, 1979에 따르면 관중 폭력은 관중이 많을수록, 경기 후반부일수록, 기온이 올라갈수록, 시즌이 막바지일수록 난동 발생 가능성이 높다고 했다. 또한 관중폭력이 발생할 가능성이 클 경우는 관중의 규모가 클 때, 관중의 밀도가 높을 때, 매우 중요한 경기일 때, 경기자체가 폭력적이었을 때, 사회적 지위가 낮은 관중이 많을 때 높다. 경기장 시설이 열악하고, 불쾌지수가 높을 때와 어웨이 경기가 홈경기보다 관중폭력의 가능성이 크다. 무엇보다 선수 간에 또는 반대편을 응원하는 관중 간에 신체접촉이 일어나기 쉬운 환경에서 관중 폭력이 빈번하게 나타난다.

집합행동을 불러일으키는 이론으로 전염이론Contagion Theory이 있다. 이는 군중 속의 소수사람에 의한 폭력성이 쉽게 전염됨을 의미한다. 이성적인 개인의 행동이 집단으로 모여 있을 때 비이성적인 행동을 한다는 것이다. 군중의 영향을 받아 개인의 정체성을 상실하게 되고, 다른 사람을 모방하려는 심리가 촉발돼 집합행동을 일으킨다.

수렴이론Convergence Theory은 개인이 평소에 지닌 반사회적 생각이 군중이라는 익명성에서 표출된다는 관점이다. 특정한 상황 속에 남들로부터 일시적으로 영향을 받는 전염이론과 달리 일상 속에서 감춰져 왔던 실제 자아를 익명적 상황 속에서 표현한다는 데 차이가 있다. 유럽과 남미 축구경기에서 빈번하게 발생하는 훌리건의 집합행동을 놓고 수렴이론으로서 설명을 한다. 즉, 본인이 응원하는 팀의 패배에 국한되지 않고, 평소 지녔던 사회적 불만을 응집된 장소에서 폭력적으로 표현한다고 보는 것이다.

규범생성이론Emergent Norm Theory, 발현적 규범이론은 동질성이 거의 없던 개인들이 큰 집단으로 발전하면서 다수가 동조하는 새로운 규범을 통해 표출한다는 관점이다. 집합행동의 전염성과 모방성을 갖고 있으면서 각 개인마다 지닌 이성적 판단과 사고도 발현되는 특성이 있다. 경기 중에 심판의 잘못된 판정을 내리는 경우에 상대편뿐만 아니라 응원하는 팀의 팬마저도 야유를 보내기도 한다. 고의적 파울로 인해 팀의 패배로 이어졌을 때 이물질이 담긴 병을 경기장에 던지는 경우도 이에 해당한다고 볼 수 있다. 또한 파도타기 응원처럼 관람객의 일부에서 시작된 응원이 전체로 번지기도 한다.

부가가치이론Value Added Theory, 사회변형이론은 집합행동이 일어나기 위해선 다양한 요인과 조건들이 순차적으로 조합해서 표출한다는 관점이다. 사회적 상황에서 집합행동이 발생하는 원인으로 스멜서N. J. Smelser, 1962는 구조적 배경, 구조적 긴장, 촉진요인, 참여자의 동원, 사회통제 기제를 제시했다김우성, 2020, 재인용. 사회적 상황은 사회구조적인 선행요인이 먼저 발생하는 구조적 배경은 외환 및 금융위기, 인종 갈등, 정치사회적 충돌, 전쟁 등 여러 요인이 있다. 구조적 긴장은 갈등요인이 지속되면서 발생하는 긴장요인이다. 촉진요인은 실제 집합행동이 발생하기 위해 필요한 요인을 의미한다. 백인경찰의 흑인에 대한 무차별적 진압으로 인한 갈등은 미식축구 선수 콜린 캐퍼닉의 항의 퍼포먼스로 시작돼 현재 사회적 항의의 표시로 활용되고 있다. 참여자의 동원은 많은 대중이 함께 할 때 사회적 상황으로 이어질 수 있다. 마지막으로 사회통제 기제는 재발하지 않기 위한 장치 마련이다. 유럽 축구의 과격한 팬들로 인한 훌리건이 발생한 팀 간의 경기에서는 각 관중 사이의 거리를 떨어뜨리는 좌석 배치, 퇴장할 때 동선의 거리 띄우기 등 다양한 예방책을 제시하고 있다.

표 8-2 집합행동 발생이론

구분	내용
전염이론	• 군중 속의 소수사람에 의한 폭력성이 쉽게 전염됨 • 군중의 영향으로 개인의 정체성 상실이 쉬워짐
수렴이론	• 개인의 반사회적 생각이 군중의 익명성 속에서 표출됨 • 일상 속에 감춰져 왔던 실제 자아를 표현함(축구 훌리건)
규범생성이론	• 동질성이 거의 없던 개인들이 큰 집단으로 발전함 • 다수가 동조하는 새로운 규범을 통해 표출함
부가가치이론	• 다양한 요인과 조건들이 순차적으로 일어나고 집합행동이 발생함 • 구조적 배경, 구조적 긴장, 촉진요인, 참여자 동원, 사회통제 기제

관중 폭력의 예방 방안으로 폭력예방에 관한 제도를 개선해야 한다. 관중 폭력은 경기에서 스포츠 참여의 관여를 항상 사람들의 태도와 스포츠에 대한 지역 사회 지지에 중요한 영향을 미치므로 '윤리적 가치관'을 고취시킬 필요도 있다. 또한 관중도 스포츠 참가자의 일부이므로 스포츠맨십을 준수할 의무가 있음을 인지시켜야 한다. 스포츠 팀도 자기 팀을 응원하는 관중들에게 건전한 응원문화를 정착시켜야 하는 의무를 인지시켜야 한다.

스포츠와 사회조직

CHAPTER

01 스포츠와 사회집단

02 스포츠 조직의 정책과 윤리

CHAPTER 01

스포츠와 사회집단

1. 스포츠 집단의 응집력

1) 집단 응집력의 개념

집단 응집력Cohesiveness이란 집단이 갖는 특징을 뜻한다. 즉, 집단의 통일과 화합 등을 의미하는 것으로 집단의 성공에 영향을 미치는 중요한 요인이다. 유사개념은 단결Group Association, 팀정신Team Spirit, 팀워크Team Work 등이 있다.

집단 응집력에 대해 페스팅어 등 Festinger, Schachter, & Back, 1950에 따르면 집

집단 응집력

단에 구성원들을 머무르게 할 수 있는 심리적인 힘이라 정의했다. 로트 등A. J. Lott & B. E. Lott, 1965은 집단 구성원 사이의 상호 긍정적 태도의 강도라고 표현했다. 밀T. M. Mill, 1967은 집단의 구성원 사이에 정서적으로 친밀하다고 느끼고 집단에 애착을 공유하는 정도라고 규정했고, 카트라이트D. Cartwright, 1968는 집단 구성원이 집단 내에 남아 있고 싶어 하는 정도라고 했다. 세레스카임J. F. Sehreischeim, 1980에 따르면 집단 구성원들이 서로를 좋아하고 집단의 일원으로 존재하고 싶어 하는 정도, 던캔W. J. Duncan, 1981에 의하면 공동목적을 달성하기 위해 단일 단위로서 사고하고 행동하는 집단의 힘이라 했다. 덧붙여 캐론A. V. Carron, 1982에 따르면 구성원들이 집단의 목적과 목표를 얻기 위하여 뭉치려는 경향으로 집단 응집력을 정의했다.

2) 집단 응집력의 이론

캐론A. V. Carron, 1982의 응집력 이론적 모형을 살펴보면 환경적 요인, 개인적 요인, 팀 요인, 리더십 요인으로 분류했다. 환경적 요인은 주변의 상황이 선수들을 하

나의 집단 구성원으로 묶어놓은 힘이다. 개인적 요인은 선수들의 개인적 특징과 성향 등을 의미하고, 팀 요인은 팀의 과제, 승리 열망, 집단 지향의 목표, 팀 능력, 팀 안정성 등이라 했다. 또한 리더십 요인은 지도자 행동, 선수와 소통, 리더십 스타일 등을 의미한다. 덧붙여 집단의 승리를 위한 강한 열망과 적당한 수준으로 함께 생활해온 스포츠 팀의 응집력이 높다고 주장했다. 이로써 팀의 요인으로 팀 과제, 승리의 열망 정도, 지향하는 목표, 팀 능력, 팀 안정성을 제시했다.

스타이너I. D. Steiner, 1972의 집단 생산성 이론에 따르면 실제 생산성은 잠재적 생산성에서 잘못된 과정으로 인한 손실을 차감한 결과라 했다. 실제 생산성은 승률과 같은 객관적인 척도로서 스포츠 집단의 성취 정도를 의미한다. 잠재적 생산성은 팀의 모든 자원을 최적수준으로 활용했을 때 성취할 수 있는 것으로 가정할 수 있다. 또한 그는 잘못된 과정으로 인한 손실을 사회적 태만으로 발생한다고 했다. 이를 링겔만 효과Ringelmann Effect라고 규정했다. 즉, 집단의 과제수행에서 발생하는 개인의 노력이 줄어든 현상을 뜻한다. 다시 말해 개인의 동기손실을 링겔만 효과사회적 태만현상라고 한 것이다. 예를 들어 줄다리기에서 집단이 내는 힘의 총합이 개인의 힘을 모두 합친 것보다 적게 나타나는 현상이 바로 링겔만 효과라 할 수 있다. 즉, 집단의 인원수가 증가할 때 발생하는 개인의 수행 감소는 동기손실로 인한 것이다.

이와 같은 사회적 태만의 발생원인을 할당전략, 최소화 전략, 무임승차 전략, 반무임승차 전략으로 제시했다. 할당전략은 혼자일 때 최대의 노력을 발휘하기 위해 집단 속 에너지를 절약하는 전략이다. 최소화 전략은 가능한 최소의 노력을 통해 성취하려는 전략이고, 무임승차 전략은 집단 속에 개인이 자신의 노력을 줄이고, 타인의 노력에 편승하여 혜택을 받기 위한 전략이라 할 수 있다. 마지막으로 반무임승차 전략은 무임승차를 원하지도 않고 열심히 노력하지도 않는 개인이 자신의 노력을 줄이고 혜택을 얻으려는 전략이다.

표 9-1 Steiner의 링겔만 효과 원인

구분	내용
할당전략	• 혼자일 때 최대의 노력을 발휘, 집단 속 에너지 절약
최소화 전략	• 가능한 최소의 노력 발휘하여 성취
무임승차 전략	• 집단 속 자신의 노력을 최소화, 타인의 노력에 편승
반무임승차 전략	• 무임승차를 원하지 않으면서도 자신의 노력 최소화

위의 과정손실 원인은 개인이 집단에서 일을 하면서 사회적 영향력을 덜 받게 될 때 발생할 수 있다. 또한 개인이 집단에서 일을 하면 각성수준이 낮아지거나, 집단의 성과를 높이기 위해선 자신의 노력이 꼭 필요한 것은 아니라고 생각하게 될 때도 과정손실이 발생한다. 이러한 결과는 결국 개인의 노력이 줄어들게 된다.

와인버그와 굴드Weinberg & Gould, 2015에 따르면 스포츠 팀 내에서 사회적 태만을 방지하기 위한 방법으로 각 선수마다 노력하는 정도를 확인할 수 있어야 한다. 소집단으로 구성되는 것이 좋고, 팀 내의 상호작용을 통해 개인의 책임감을 높이고, 팀 목표와 함께 개인의 목표를 설정하는 것도 필요하다. 물론 선수 간 혹은 선수와 지도자 간의 충분한 대화는 필수적이다. 개인의 독특성과 창의성을 발휘하여 팀에 공헌할 수 있을지의 여부를 강조할 수 있어야 개인의 노력과 성취의 중요도를 인식할 수 있다.

또한 일시적으로 동기가 저하되는 것은 누구나 일어날 수 있음을 서로 인지하고, 서로 다른 포지션의 연습과 사회적 태만이 팀 전체에 미치는 영향도 인지할 수 있어야 한다. 강도 높은 훈련 뒤에는 휴식 시간을 통해 반드시 재충전을 해야 하고, 사회적 태만의 허용상황을 규정함으로써 원칙을 준수하되 융통성이 있는 팀의 운영도 필요하다.

집단응집력과 운동수행의 관계는 팀이 승리하면 팀의 응집력은 더 좋아진다. 상호의존적인 스포츠에서는 팀의 응집력이 좋으면 팀의 성적도 좋아진다. 또한 독립적인 스포츠에서는 팀의 응집력과 팀의 성적 사이에는 관계가 없고, 팀의 응집력과 팀의 성적이 정적 관계 혹은 부적 관계로 나타나기도 한다. 이처럼 스포츠 집단의 응집력을 높일 수 있는 계기를 마련하고, 사회적 태만을 줄일 수 있는 전략을 적용해 성공적인 스포츠 조직의 모델로서 자리매김하는 것이 중요해졌다.

3) 팀 구축

팀 구축Team Building이란 팀을 재정비하여 팀 응집력이 있는 팀다운 팀으로 변모시키는 것을 의미한다. 팀의 경기력을 향상시킬 목적으로 팀에 개입하는 것으로서 팀 스포츠 종목에 필수적인 요인이라 할 수 있다. 팀 구축을 위한 방법으로 목표설정, 임무분담, 문제해결, 팀원 간의 관계개선이 있다. 또한 팀 구축 중재 전략과 요인은 환경요인, 구조요인, 과정요인이 있다. 환경요인의 예로는 팀 구성원이 동일한 유니폼을 입는 방법이 있다. 구조요인은 매주 한 번씩 팀 미팅을 열어 각자의 역할과 책임을 논하는 경우이다. 마지막으로 과정요인은 팀 구성원 간 상호작용과 의사소통의 기회를 충분히 갖는 경우를 통해 이해할 수 있다.

스포츠 팀의 응집력을 향상시킬 수 있는 방법을 살펴보면 다음과 같다. 우선 팀이 다른 팀과 구별되게 만들고, 구성원들이 가깝게 지낼 수 있는 기회를 증가시켜야 한다. 그리고 팀의 구성원들이 각자의 역할을 명확하게 이해하고, 수용할 수 있도록 환경을 마련해야 한다. 달성 가능한 목표를 설정하고 의사결정 과정에 구성원들을 참여시켜 팀 구성원들의 상호작용을 활성화시켜야 한다. 이를 토대로 팀 구성원들이 팀 규범에 순응할 때 응집력을 높일 수 있다.

팀 구축

팀 구축 프로그램은 집단구조를 통해 역할의 명료성과 리더십을 구축하고, 집단환경으로 근접성과 독특성을 제시할 수 있다. 또한 집단과정을 통해 희생, 협동, 소통이란 팀 구축의 중요한 요인을 인지하고 적용시키며, 집단응집력으로 과제응집력과 사회응집력을 병행하여 구축할 수 있도록 해야 한다. 이러한 노력이 현대 스포츠 현장에서 좋은 성적으로 평가받고 지속 가능한 환경을 유지하는 데 있어 필수적인 작업이 됐다.

2. 스포츠 집단의 리더십

1) 리더십 개념

리더십Leadership이란 집단의 공통목표를 효과적으로 달성할 수 있는 방향으로 유도하는 것이다. 사회적 통제Social Control, 지도적 지위 및 조직의 책임자 자리 Headship 등이 유사한 개념으로 쓰이고 있다.

피고스Pigors, 1953는 리더십에 대해 특정한 성격의 소유자가 공통의 문제를 추구할 때 자신의 의지, 감정, 통솔력 등으로 다른 사람을 이끌고 다스리는 특성이라고 했다. 햄필과 쿤Hemphill & Coons, 1957은 집단이 지닌 공동으로 지향하는 목적을 달성하기 위해 집단 구성원들의 활동을 선도하는 지도자의 행동이라고 했고, 카트라이트D. Cartwright, 1968는 집단목표를 선정하는 활동, 집단목표를 실현시키는 활동, 구성원 간의

스포츠 팀 지도자

상호작용의 질을 높이는 활동으로 규정했다. 또한 플레시맨E. A. Fleishman, 1973은 목표나 목표군의 달성을 위해 의사소통과정을 통한 개인 간의 영향력을 행사하는 시도로서 표현했고, 스톡딜R. M. Stogdill, 1974은 목표설정으로 향하고 목표달성을 이루도록 집단행위에 영향력을 행사하는 과정이라고 했다. 바로우J. C. Barrow, 1977에 따르면 설정한 목표를 향해 나아가도록 개인, 집단에 영향력을 발휘하는 행동과정을 리더십이라고 했다.

즉, 리더십이란 조직 활동에 영향을 미치는 행위로 구성원들에게 동기부여를 유발시켜 조직 내 커뮤니케이션 활성화를 토대로 조직의 목표를 달성하도록 하는 기능을 의미한다. 리더십을 통해 조직 내에서 동기부여 요인과 정보전달 기능을

수행하게 되고, 개인 역량을 배양시키게 한다. 이를 통해 조직발전을 유도하고 궁극적으로 조직 전체의 성과를 유도할 수 있다.

여기서잠깐!

리더십의 종류

- **거래적 리더십**(transactional leadership): 리더가 구성원들의 생산성에 대해 보상으로 교환하는 방식의 리더십
  - 특성: 조건적 보상(contingent reward), 예외에 대한 적극적인 관리(active management by exception), 예외에 대한 소극적인 관리(passive management by exception), 자유방임(laissez-faire)
- **변혁적 리더십**(transformational leadership): 구성원들 개개인 스스로 문제를 능동적으로 해결할 방식으로 찾도록 지원하는 리더십
  - 특성: 이상적인 영향(idealized influence), 영감을 불어넣기(inspiration), 지적인 자극(intellectual stimulation), 개인적인 배려(individual consideration)

---

2) 리더십 이론

리더십 이론은 시대의 트렌드와 특징을 고려하여 특성이론, 행동이론, 상황이론 등으로 변천했다. **특성이론**Trait Theory은 지도자에게 필요한 인성과 특성은 타고났다고 하는 관점이다. 스톡딜Stogdill, 1950은 성공적인 리더의 다섯 가지 성격특성으로 지능, 성취동기, 책임감, 참여, 사회적 지위를 제시했다. 바스Bass, 1990는 스톡딜의 연구를 토대로 여섯 가지의 리더십 차원을 분류했다. 신체특성, 성격, 사회적 배경, 사회적 특성, 지능과 능력, 과업 관련 특성으로서 리더만이 갖춘 고유한 자질과 특성을 제시했다.

행동이론Behavioral Theory은 1940년대 후반부터 초기 리더십 특성이론을 보완하는 과정에서 성립됐다. 이는 리더십의 보편적인 행동특성이 집단을 효율적으로 이끌기 위해서 필요하고, 학습에 의해 성취된다는 관점이다. 대표적으로 와이트와 리핏White & Lippitt, 1968의 아이오와Iowa 대학의 연구로서 권위적 리더, 민주적 리더, 자유방임적 리더로 분류해 제시했다. 즉, 그룹 구성원들은 권위적 리더보다 민주적 리더를 선호하고, 그룹 내 적대행위는 민주적 그룹보다 권위적 그룹과 방임적 그

룹이 높으며, 그룹의 생산성은 민주적 리더가 제일 높다는 결과가 나타났다.

또한 햄필과 쿤스Hemphill & Coons, 1957가 최초로 제시하고, 핼핀과 위너Halpin & Winer, 1957에 의해 보완된 오하이오Ohio 대학의 연구로서 지도자 행동을 배려성, 구조화 주도 행동, 생산성 강조, 감수성 또는 사회적 인지로 분류했다. 특히 배려Con-sideration와 구조화 주도 행동Initiation Structure으로 대표되는 리더십의 2요인Two Factors 이론은 격자이론Managerial Grid으로 유명한 블레이크와 머튼Blake & Mourton, 1964에 영향을 주었다. 구조화 주도 행동은 부하들의 역할을 명확하게 리더가 정해주는 것을 말한다. 구조주도가 높은 리더는 일 중심의 성향을 중시하고, 과업의 성과에 따라 평가하는 것을 선호한다. 또한 배려는 리더가 부하들의 복지, 지위, 공헌 등에 관심을 가져주는 행동으로 구성원의 의견을 존중하고, 대화와 참여에 적극 지원하는 리더가 곧 배려가 높은 리더이다.

칸과 카츠Kahn & Katz, 1953의 미시건Michigan 대학의 연구는 생산 지향성, 피고용자 지향성을 제시했다. 1940년대 후반부터 1950년대 초반까지 활발한 연구를 통해 리더의 행동Leader Behavior, 집단과정Group Process, 집단성과Group Performance 간의 관계에 주안점을 두었다. 이를 통해 직무중심적 리더Job-Centered of Production-Centered Leader는 생산과업에 대한 관심이 높고, 공식적인 권한을 통해 구성원들을 면밀하게 관리 감독하는 리더유형이고, 구성원 중심적 리더Employee-Centered Leader는 부하 직원들과의 관계를 중요시하게 생각하고, 권한위임을 통해 구성원들의 성취를 지향하는 유형의 리더로서 제시했다.

여기서 잠깐!

McGregor(1960)의 X-Y 이론

- X 유형 지도자: 부하직원들이 게으르고, 외재적으로 동기화되고, 자아 통제를 할 수 없고, 그들의 일에 책임감을 가지지 않는다고 가정
- Y 유형 지도자: 부하직원들이 내재적으로 동기화되고, 자아를 통제할

X이론	Y이론
1. 사람은 일을 싫어한다.	1. 사람은 원래 일을 싫어하지 않는다.
2. 사람은 책임을 회피하려고 한다.	2. 사람은 일의 조건에 따라 만족할 수 있다.
3. 사람은 강요, 명령, 징벌이 필요하다.	3. 사람은 목표달성을 위해 열심히 일
4. 사람은 도전보다	

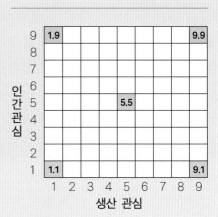

수 있으며, 책임감을 가지며 조직에 헌신한다고 가정

안정을 바란다. 한다.
5. 사람은 4. 사람은 책임감을 갖
 창조적이지 않다. 고 일을 잘 처리하
  려고 노력한다.
  5. 사람은 창조적이다.

Blake & Mourton(1964)의 관리격자 이론(Managerial Grid)

- 생산에 대한 관심(concern for pro-duction), 인간에 대한 관심(con-cern for people)으로 분류
- 1.1형: 방임형=무관심형(impover-ished) / 1.9형: 인간중심형=인기형(co-untry club) / 9.1형: 과업중심형(task or authority-obedience) / 5.5형: 중간형=타협형(middle of the road) / 9.9형: 이상형=팀형(team)

리더가 처한 상황에 초점을 맞춘 상황이론Situational Theory은 대표적으로 피들러F. E. Fiedler, 1964의 상황적합성 이론상황유관 이론, 상황부합 이론이 있다. 이는 지도자의 특성뿐만 아니라 리더십을 발휘하는 상황을 강조했다. 그는 상황변수로서 리더-구성원 관계, 직위 권력, 과업구조로 분류했다. 리더·구성원 관계Leader-member Relationship는 리더에 대한 부하직원의 신뢰, 존경 등의 정도를 의미하고, 직위 권력Position Power은 조직 내에서 공식적인 지위를 통해 채용, 해고, 승진, 급여인상 등에 미치는 정도를 말한다. 또한 과업 구조Task Structure로서 업무분담이 절차화된 정도를 의미한다.

상황이론를 토대로 첼라두라이P. Chelladurai, 1978는 스포츠 팀 내의 리더십 모형을 제시했다. 그는 스포츠 상황에서 지도자 행동이 선수의 만족도와 수행능력에 영향을 미친다고 했다. 영향을 미치는 원인변인인 선행조건으로 상황특성, 리더특성, 구성원 특성을 제시했다. 그리고 지도자 행동은 규정행동, 실제행동, 선호행동이 있고, 결과변인으로서 수행결과와 선수만족으로 이어진다고 봤다. 또한 첼라두라이와 살레Chelladurai & Saleh, 1980는 스포츠 리더십 척도의 지도자 행동으로 훈련과 지시행동, 권위적 행동, 민주적 행동, 사회적 지지 행동, 긍정적 피드백 행동으로 분류했다.

표 9-2 Chelladurai의 다차원적 리더십 모델

구분	내용
선행조건	• 상황특성, 리더특성, 구성원 특성
지도자 행동	• 규정행동, 실제행동, 선호행동
결과	• 수행결과, 선수만족

3) 강화와 처벌

Part 03의 사회학습이론에서 언급한 강화Reinforcement는 원하는 행동이 나타난 다음에 자극을 줌으로써 미래에 그러한 반응이 나타날 가능성을 증가시키는 것을 의미한다. 스포츠 조직에서 필요한 행동수정기법이라 할 수 있다. 또한 처벌이란 원하지 않는 행동이 나타났을 때 자극을 줌으로써 그러한 행동을 회피하게 만드는 것이고, 행동조형은 강화물들을 사용하여 선수들의 행동을 점차적으로 가꾸고 다듬어 나가는 것을 뜻한다.

정적강화는 어떤 반응의 빈도를 높이기 위해 강화하는 것으로 부적강화와 반대되는 개념이다. 즉, 부적강화는 불쾌하거나 고통스러운 자극을 제거함으로써 바람직한 반응의 확률을 높이는 것이다. 1차적 강화는 물질과 물건으로 강화하는 것으로 2차적 강화와 반대된다. 2차적 강화는 칭찬과 미소 등으로 코치와 선수의 사회적 관계를 통해 강화하는 것을 의미한다. 연속강화는 바람직한 행동을 할 때마다 연속적으로 강화하는 것으로 간헐강화와 반대되는 개념으로 활용되고 있다. 즉, 간헐강화는 바람직한 행동이 있더라도 강화를 하는 때도 있고, 하지 않을 때도 있는 것을 뜻한다.

효과적인 강화지침으로서 즉각적으로 강화하는 것이 필요하고 일관성을 유지해야 한다. 성취결과뿐만 아니라 노력과 행동에도 반응해야 하고, 배우는 것이 모

두 축적되는 것은 아니기 때문에 바람직한 행동을 지속하기 위한 강화가 반드시 요구된다. 그리고 효과적인 처벌지침으로는 처벌의 효과보다 부정적인 영향에 대해 주의를 기울여야 한다. 동일한 규칙 위반에 대해서도 누구나 똑같이 처벌을 해야 하고 사람이 아니라 행동을 처벌하는 데 초점을 둬야 한다. 규칙 위반에 관한 규정은 지도자와 구성원이 협동해서 작성하는 것이 좋다. 유의해야 할 점은 신체활동을 처벌 방법으로 이용하지 말아야 한다.

와인버그와 굴드Weinberg & Gould, 2015는 처벌지침에 대해 구체적으로 제시했다. 즉, 동일한 규칙을 위반했을 때 누구든 동일한 처벌을 해야 하는 일관성이 중요하다고 했다. 또한 앞서 제시한 것처럼 사람이 아니라 행동을 처벌해야 한다. 규칙위반의 처벌규정을 만들 때 선수의견을 반드시 반영해서 처벌지침에 대한 공감과 공유를 사전에 해야 한다. 이외에도 신체활동으로 고통을 줄 수 있는 처벌의 방법을 금지하고, 보상의 일종이나 관심을 끌기 위한 처벌도 금지해야 한다. 개인적 감정의 처벌금지, 연습 중 실수에 대한 처벌금지, 전체 선수들 앞에서 처벌금지도 지침으로서 지켜야 할 덕목이다. 물론 불가피할 때 단호한 처벌도 중요하다. 덧붙여 나이를 고려한 처벌, 처벌이 필요한 선수에게 처벌이유를 설명하고, 개인 잘못을 집단 전체로 돌리지 않기 등이 있다.

CHAPTER 02

스포츠 조직의 정책과 윤리

1. 스포츠 조직의 정책

1) 스포츠와 정치의 유사성

스포츠와 정치는 유사한 점이 있다. 우선 스포츠 참여자는 학교, 지역사회, 회사 등 조직을 대표한다. 또한 스포츠 조직은 정치 조직처럼 고도로 조직화돼 있다. 정치는 스포츠를 이용하고 스포츠도 정치를 이용해야 상호 이득이 생길 수 있는 구조로 발전했다. 스포츠 경기를 시작하기 전 또는 경기를 시작한 후의 의식이 정치의식과 유사한 점도 스포츠와 정치의 상호관계를 이해할 수 있다.

Part 04에도 제시한 스포츠가 정치에 미치는 영향으로 국민의 화합과 협력, 외교적 승인과 국위 선양, 국민의 건강과 행복 증진, 국가 간의 화해와 협력 등과 같은 순기능이 있다. 반면, 정치선전 및 체제 강화, 사회통제, 정치적 시위, 국가 간의 분쟁 등과 같은 역기능도 있다. 이와 같이 스포츠는 정치적 결정 및 과제와 밀접한 관계가 있기 때문에 스포츠 조직 내의 윤리성 문제를 부각시켜 구성원이 지켜야 할 덕목으로 각별하게 주지시켜야 한다.

스포츠계의 4대 악습^{문화체육관광부, 2014}으로 승부조작 · 편파 판정, 폭력 · 성폭력, 입시 비리, 조직의 사유화를 지목했다. 정책은 정부기관이 공식적으로 결정한 미래 지향적인 기본방침이다. 정책분석, 정책결정, 정책집행, 정책평가의 과정을 통해 정책을 수립한다. Part 08의 스포츠 일탈 유형의 연장으로 스포츠계에서 뿌리 뽑아야 할 잘못된 관행과 법적인 처벌에 대해 주관부처가 윤리성 문제를 고려하여 정책을 내놓았다. 그만큼 스포츠 팀, 단체 및 기타 조직에서 도출된 윤리적인 영역에 대해 사회적 민감성을 수용할 만큼 준비가 덜 돼 있다는 반증이기도 하다.

스포츠 정책의 관점으로 미시적 관점과 거시적 관점이 있다. **미시적 관점**은 스포츠 정책을 입안하고 정책을 수립하는 과정에서 부정부패를 방지하거나, 어떤 행동을 하면 안 된다는 식의 규제로서 접근한다. 또한 **거시적 관점**은 스포츠 정책의 공익성과 봉사정신을 강조하고, 스포츠 발전을 위해서는 스포츠 정책의 윤리성이 반드시 확립돼야 함으로 보편적 접근이 필요하다.

2) 스포츠 조직의 윤리경영

조직윤리란 조직의 구성원이 업무수행을 할 때 조직의 공통적인 목적 달성을 위해 행동규범으로서 지켜야 할 윤리를 의미한다. 다른 하나는 조직이 하나의 공동체로서 활동을 할 때 상대가 되는 단체^{조직} 또는 개인에게 지켜 주어야 할 윤리와 도덕으로서 중요한 가치로 여기고 있다.

스포츠 조직의 비윤리 유형은 조직의 사유화, 승부조작, 편파판정, 폭력, 파벌 형성, 공금횡령, 부정회계, 불공정 심판 등 매우 다양하다. 스포츠 조직의 비윤리적 행동 원인은 개인윤리의 소멸로 인해 스포츠 조직에서 비윤리적 행동이 발생할 수 있다. 또한 자기관심만을 추구하는 문화에서 나타나거나 외부압력은 비윤리적 행동원인이 된다. 스포츠 윤리의 실천과제로서 스포츠 윤리 의식의 패러다임을 전환해야 한다. 스포츠 행위자에 대한 법적인 과제를 실천해야 한다. 또한 스포츠 윤리 강령을 제정하고 조정시스템을 구축할 필요가 있다.

스포츠 조직의 윤리적 문화조성에 필요한 행동수칙을 살펴보면 다음과 같다. 우선 수칙은 애매모호하지 않아야 하고, 그 수칙이 적용될 사람들에게 확실히 명시돼야 한다. 또한 수칙은 위반의 결과를 명확히 해야 하고, 기업 활동에서 윤리를 최우선 가치로 바라봐야 한다. Part 04에 나타난 바와 같이 스포츠 경제의 새로운 성장동력으로 스포츠 산업시장이 확대되고 있다. 스포츠 시설업, 스포츠 용품업, 스포츠 서비스업으로 대변되는 스포츠 산업영역의 경영자가 갖춰야 할 윤리적 리더십이 요구되는 현실이다.

이 리더십을 갖추기 위해선 능률향상만을 위한 노동환경을 만들면 안 된다. 인사배치에 대해 공정을 기하고 공과 사를 구분해야 한다. 인간성을 존중하고, 개인의 존엄을 중시해야 한다. 덧붙여 공해, 오염 등의 사회적 비용을 고려해야 하고, 과대선전 등으로 소비자를 기만하지 말아야 한다. 품질의 부당표시와 강매 등과 같이 불공정 거래를 비롯해 분식회계 등으로 이해관계자를 기만하면 안 될 것이다. 스포츠 산업 경영자는 사회복지에 공헌해야 하는 사명을 가져야 한다. 결론적으로 경영자의 윤리적 실천의지와 경영의 투명성 확보는 가장 중요한 주제로서 현대사회에 안착해야 한다.

2. 스포츠 조직의 윤리

1) 선수 윤리

선수의 스포츠 윤리는 하루아침에 함양되는 것이 아니다. 어릴 때부터 스포츠 맨십과 페어플레이를 인지할 수 있는 환경에 노출돼야 한다. 기성세대가 다음 세대를 위한 스포츠 지도는 부상을 미연에 방지하게 함으로써 선수생활을 오랫동안 지속할 수 있도록 선진형 운동환경을 마련해야 한다.

어린이 운동선수 보호방안으로 성장발달에 지장이 있을 정도의 무리한 운동을 금지시켜야 한다. 승리를 지나치게 강조하기 보다는 기초기술과 기초체력 위주의 훈련을 하도록 한다. 또한 평생 동안 운동을 생활화할 수 있는 기반을 조성해야 하고, 공부와 운동을 병행할 수 있는 환경을 마련해야 한다. 물론 체벌을 금지하고 다양한 진로의 가능성을 열고 교육해야 한다.

학교체육의 인성 및 교육적 가치로 반사회적 행위를 순화시키고, 구체화시켜 근원적인 경향을 제어할 수 있도록 한다. 스포츠 활동은 부정적인 정서를 감소시키고, 긍정적인 정서를 증진시킬 수 있다. 즉, 타인에 대한 정서적 공감능력을 향상시키고, 집중력과 주의력 등 지적기능 발달의 토대가 될 수 있음을 이해하고 교육에 임해야 한다. 이를 통해 창의적인 사고기술과 비판적 판단능력을 향상시킬 수 있다. 일탈 방지, 친사회적인 행동, 생활기술을 향상시키게 함으로써 스포츠맨십과 페어플레이 정신을 함양하고 사회성과 도덕성을 기르는 데 주안점을 둘 수 있어야 한다.

맹자孟子, 기원전 372년?-기원전 289년?가 제시한 인간의 네 가지 본성인 사단四端으로서 학교체육의 인성 및 교육적 가치로 삼을 필요도 있다. 첫째, 수오지심羞惡之心이 있다. 이는 의롭지 못함을 부끄러워하고, 착하지 못함을 미워하는 마음이다. 반칙을 의도적으로 일삼거나 심판이 눈치를 채지 못했을 때 모르는 척하고 승리에만 치중한다면 수오지심이 없는 것과 같다. 선수는 공정한 경기로 임해야 하고 종료될 때까지 최선을 다해야 하는 마음을 길러야 한다.

둘째, 사양지심辭讓之心으로 겸손하여 남에게 사양할 줄 아는 마음이라 할 수 있다. 비록 현대 스포츠 사회가 우승한 사람에게 관심을 집중시키고, 차등적으로 보상을 하는 시스템이라 할지라도 좋은 성적을 얻을수록 겸손한 마음을 잃지 않도록 해야 한다. 선수의 짧은 인터뷰가 방송을 타면서 사양지심을 갖췄는지가 순식간에 판단을 하게 하는 미디어 시대에 살고 있다. 아무리 우수한 성적의 소유자라도 사양지심이 없으면 비판에 직면하게 된다. 한 사회의 일원으로서 지켜야 할 덕목에 대해 어릴 때부터 배양할 필요가 있다.

셋째, **시비지심**是非之心으로 옳고 그름을 판단할 줄 아는 마음이다. 팀 승리가 우선이라 할지라도 잘못된 지시를 맹목적으로 이행하는 과잉동조 혹은 부정한 방법인 줄 알면서도 이행하는 과소동조를 하지 않도록 시비지심을 알아야 한다. 옳고 그름은 자신을 지도하는 코치 혹은 지원을 아끼지 않는 부모가 하는 것이 아니라, 오로지 자신 스스로가 이 판단을 할 수 있어야 한다. 수동적인 자세가 익숙한 훈련 환경에 오랫동안 노출돼 있으면 이와 같은 판단도 남에게 의지하려고 할 수 있다. 자칫 승부조작과 같은 범법행위의 유혹마저도 남의 말에 쉽게 속아 돌이킬 수 없는 지경에 이를 수도 있는 것이다.

마지막으로 **측은지심**惻隱之心으로 어려움에 처한 사람을 애처롭게 여기는 마음이다. 축구 경기에서 상대방 선수가 쓰러져 있으면 경기를 멈추기 위해 공을 일부러 밖으로 찬다. 마라톤 경기 중에 경쟁자가 쓰러졌을 때 본인의 우승을 눈앞에 두고도 경쟁자를 부축해주는 선수의 마음이 바로 측은지심이다. 성적으로 모든 것을 가늠하는 현대 스포츠 현장에서도 상대를 존중하는 마음자세가 중요하다. 유소년 체육, 학교체육 현장 등에서 자연스럽게 길러졌을 때 보다 성숙한 성인선수로서 성장을 하는 것이다. 이러한 밑바탕이 차곡차곡 쌓일 때 스포츠 일탈을 미연에 방지할 수 있다.

여기서잠깐

맹자의 사단으로 본 삶의 자세
주춧돌이 디딤돌 되어
"우리 정치는 항상 뜨겁다. 최근 경제가 많은 부침을 겪고 있지만, 우리는 가장 못살았던 나라에서 경제적으로 세계 선진국에 올라서 있다. 자원이 없다 보니 기술과 인재를 양성하는 과정을 초스피드로 이뤄낸 결과로서 21세기에 필요한 최첨단 기술을 모두 갖고 있다고 해도 과언이 아니다. 이와 같은 성취를 만끽하기도 전에 뒤를 돌아보니 문제점이 보이기 시작했다. 발전 속도가 빨라 얻는 것도 많지만 잃는 것도 만만치 않았다. 대표적으로 사람들 간의 겸양을 찾기가 어렵게 됐다. 겸손한 태도로 남에게 양보하거나 사양하게 되면 오히려 불이익으로 돌아온다. 거만한 태도로 남을 짓밟고 뺏어옴으로써 이익만 좇는 것이 목표와 이상이 된 씁쓸한 현실을 마주한다. 앞서 언급한 정치현장을 보면 사양지심(辭讓之心)을 찾을 겨를은커녕, 조롱과 혐오가 가득하다. 국민들이 인간다운 삶을 영위하고 상호 간의 이해를 조정하며 사회 질서를 바로잡는 원론적인 정의 자체가 무색해진다. 이로써 뜨거운 정치판에 차가운 시선이 난무할 수밖에 없게 만든다. 오히려 그러한 분위기를 인위적으로 조장하는 것일 수도 있겠다. 정치는 본인들이 알아서 할 테니 관심을 멀리하도록 말이다. 그럼에도 우리 국민은 포기하지 않는 근성을 발휘하고 역동적으로 바꾸고자 하는 열망을 표출한다. 늘 그렇듯 위기에 강하다. 아무리 관심을 끊으려 해도 결국 높은 관여를 한다. 빠른 산업화에 덧붙여 우리 삶의 형태에서 그 원인을 찾을 수도 있다. 예를 들면 사람들 간 생활반경이 지리적으로 가깝고 심리적으로도 밀착돼 있다. 누가 아파하면 무슨 일일까 돌아보게 된다. 필자는 개인적으로 생면부지의 사람과 소통할 때 인연이 될 만한 사람인가 판단하는 기준을 그 사람이 측은지심(惻隱之心)을 갖고 있느냐로 삼는다. 어려움에 처한 사람을 애처롭게 여기는 사람, 그러한 인간의 본성이 중요하다고 여기기 때문이다. 기둥 밑에 기초로 받쳐 놓은 돌을 주춧돌이라고 한다. 땅 밑에 있어 눈에 보이지 않지만 그것이 빠지면 건물이 기울어진다. 그 무엇보다 중요한 역할을 하는 것이다. 위기가 닥쳤을 때 주춧돌을 선택하는 사람이 있다. 주춧돌에서 디딤돌이 되길 바라며 자기를 밟고 가라는 것이다. 거친 광야에서든 질퍽한 흙탕물에서든 디디고 다닐 수 있게 용기를 부여한다. 맹자는 수오지심(羞惡之心)으로 의롭지 못함을 부끄러워해야 한다고 했다. 이를 모르고 세상을 마음대로 주물럭거릴 것으로 착각하는 부류는 항상 있지만 호락호락하지 않는 곳이 바로 우리가 사는 세상이다. 옳고 그름을 판단할 줄 아는 시비지심(是非之心)을 가져야 할 때이다. 주춧돌을 밟고 디딤돌로 걷기 시작할 때이다(문개성, 2023.10.10.)."

2) 지도자 윤리

지도자에 의한 선수폭력의 원인은 다음과 같다. 우선 지도자는 최고결정권자의 권한을 갖고 있기 때문이다. 지도자는 팀의 전략과 전술을 지휘하는 최고의 위치에 있고, 선수들의 진로를 결정하고 연봉에 영향력을 행사할 수 있다. 또한 감시와 통제를 받지 않고, 경기 출전권의 전권을 행사할 수 있다. 이러한 지도자의 권한으로 인해 윤리의식이 부족하게 됐을 때 선수에 대한 폭력을 아무렇지 않게 자행할 수 있다.

공자孔子, 기원전 551년 – 기원전 479년는 '내가 원하지 않는 일을 남에게 하지 말라其恕乎! 己所不欲, 勿施於人 기서호! 기소불욕, 물시어인'라고 했다. 논어 위령공衛靈公에 나오는 문구로 자공이 '일언으로 종신토록 행할 만한 것이 과연 있겠나이까?有一言而可以終身行之者乎? 유일언이가이종신행지자호?'라고 공자에게 물었을 때 답을 한 것이다. 즉, '서恕'라고 했다. 용서, 관용과 관련한 한마디이다. 내가 원하지 않는 것은 남에게도 베풀지 말라.'라고 한 것이다.

위 고전은 내가 원하지 않는 것은 남도 원하지 않을 것이라는 동등한 고려Equal Consideration의 원리를 내포한다. 이를 스포츠 현장에 대입해보면 스포츠맨십의 근간이 되는 개념이다. 즉, 스포츠맨십은 하지 말아야 할 행위를 하지 않는 것도 있지만, 스스로 원하지 않는 것을 상대 선수에게도 행하지 않는 원리를 실천하는 것이 좀 더 중요한 이치라 할 수 있다. 이러한 원리를 지도자는 자신의 선수시절에 겪었던 잘못된 관행을 그대로 답습하는 것이 아니라 선수의 미래를 위해 정확한 지도를 해야 한다.

선수대상의 폭력을 방지하는 대책으로 우선 지도자의 인식을 개선해야 한다. 또한 학교 운동부 감독의 권한과 권위의 견제장치를 마련해야 하고, 정기적으로 운영위원회 소집 등과 같은 행정절차를 원칙적인 운영으로 이어가야 한다. 체벌해야 성적을 낼 수 있다는 지도자와 학부모 등의 그릇된 인식에서 탈피해야 하는 것도 매우 중요하다. 지도자의 자격제도를 강화하고 지도자의 신분을 보장해야 한다. 선수들이 스포츠 인권센터와 같은 제도를 적극적으로 활용할 수 있도록 독려할 수 있어야 한다.

지도사로서 대회에 나가 좋은 성적을 얻게 하는 것이 선수진로를 위해 매우 중요하다. 하지만 교육자로서 책임과 권한은 승리 지상주의에서만 머물러 있으면 안 되는 것이다. 교육을 빙자한 신체적, 언어적 폭력을 추방시켜야 선수들의 선·후배 간 폭력 문화가 전달이 되지 않는다. 항상 엄격한 기준과 원칙을 적용하면서 선수들의 민주적인 의사결정 과정을 중시해야 한다. 덧붙여 선수 개개인의 책임감, 창의적 사고, 스포츠맨십을 강조하고, 스스로 그 기준과 원칙을 어겼을 때 응당한 처분을 받는 것에 대해 공감을 이뤄야 한다.

3) 심판 윤리

논어 안연顔淵에 나오는 문구로 제나라 경공이 공자에게 정치를 물으니, '君君, 臣臣, 父父, 子子군군, 신신, 부부, 자자', '임금이 임금답고, 신하가 신하답고, 아버지가 아버지답고, 아들이 아들다우면 정치는 잘 돌아간다.'라고 답을 했다. 다시 말해 사회질서 체계를 확립하고자 했던 '정명正名'을 설파한 것이다. 사회 구성원의 모든 행위는 그 이름과 역할에 맞게 사고하고 행동해야 한다. 이러한 도덕적 요구를 통해 각자에게 주어진 사명을 다할 수 있게 된다. 스포츠 현장에 이를 적용한다면 선수, 지도자, 심판 등의 스포츠인들은 스포츠인답게 스스로의 권위를 채워나가는 것이 곧 스포츠맨십이라 할 수 있다.

심판윤리는 개인윤리와 사회윤리로 분류할 수 있다. 개인윤리는 심판 개인의 공정성, 청렴성 등의 인격적 도덕성을 의미한다. 외부의 지시나 간섭을 단호히 뿌리칠 수 있는 자율성, 성품과 행실이 바르고 탐욕이 없는 청렴성을 지녀야 한다. 심판의 도덕신념이 사적이익을 위한 것이라면 도덕적이라 할 수 없다. 항상 공적인 마인드로 공평무사, 공명정대, 청렴결백해야 하고, 편견과 차별성을 탈피해야 한다. 또한 사회윤리는 협회나 기구의 도덕성과 밀접한 연관이 있다. 아무리 개인 스스로 윤리기준을 지킨다고 할지라도 협회 차원의 비윤리적 행태가 자행된다면 의미가 없을 것이다.

심판의 사회적 역할의 순기능으로 심판행위는 기술적 판단행위이므로 윤리적 가치가 있다는 데 있다. 또한 심판의 판정은 보편타당성이 있고, 객관적 필연성이 있다. 심판의 판정행위는 심판의 절제 있는 자세로서 그 자체로 의미가 있다. 반면, 심판의 역기능은 오심과 편파 판정이 빈번하게 이뤄졌을 때 부정적인 평가를 받게 되는 것이다. 오랜 기간 이루어진 협회 차원의 행정적 처리, 기술적 보완을 비롯해 심판 개인의 노력이 더해진 권위를 하루아침에 무너뜨릴 수 있다는 한계가 있다.

이와 같이 심판역할의 역기능을 최소화하려면 심판의 징계강화, 비디오 판독 등 객관적인 심판 제도의 도입, 심판 판정의 실시간 감시와 해석을 위한 기술, 정기적인 심판보수 교육, 판정 능력 강화 반복훈련, 심판 윤리교육 등을 강화해야 한다. 다시 말해 심판판정에 오류가 있다고 해서 징계만 강화하거나, 심판판정의 불신으로 자동판독기계의 맹목적인 의지문화만을 강조한다고 해서 해결될 수 없다.

VAR

국제축구연맹FIFA은 2018년 러시아 월드컵 때부터 비디오 보조 심판VAR, Video Assistant Referees을 공식적인 경기의 판정보조기계로 사용했다. 2019년 FIFA U-20 월드컵 대회 때 우리나라와 세네갈과의 4강전에서 VAR이 7차례나 사용되면서 경기흐름이 중간에 끊기기도 했지만 전반적으로 호응이 좋았다. 향후 중계기술과 판독기술이 발전함에 따라 심판이 기계를 사용하는 비중이 커질 가능성에 대해 인식하게 됐다. 2022년 카타르 월드컵 때는 보다 더 진일보한 VAR을 선보이며 가장 정확한 판정은 바로 기계로 인해 판정된 결과에 대중들은 맹신하게 됐다. 즉, VAR 화면이 송출되면 어떠한 문제 제기도 사라졌다.

그렇다고 해서 기계에 의존하는 현상을 맹목적으로 바라볼 것이 아니라 심판 고유의 업무기능을 강화하는 노력이 우선시 돼야 한다. 그럼에도 미래사회에는 갈수록 스포츠 장비가 개선될 것이다. 이러한 흐름은 심판이 기계에 의존하게 되면서 직무가 축소될 수도 있다. 이에 오심에 따른 심판에 대한 비난이 사라지길 심판 스스로도 바랄 수 있다. 스포츠 규칙과 제도는 미디어 주권자인 기업광고주의 요청에 따라 변화됐다. 농구의 4쿼터제로의 변화 등이 이에 해당되는데 판정기계의 발달도 심판제도의 변화를 이끌 수 있다. 상업주의에 따른 스포츠 규칙의 변화로서 미디어가 스포츠에 미치는 영향의 일환으로 경기장 곳곳에 세련된 기계가 선보이는 판독장비로 대체될 수도 있다.

결론적으로 사람만이 전달해줄 수 있는 메시지를 대중들에게 각인시키려고 노력해야 한다. 경기장 속에서 선수들과 함께 뛰며 냉철한 시선으로 판정을 내리는 심판의 역할을 강화해야 한다. 이러한 문제 제기와 해결의 근간에는 심판 윤리가 작용할 수밖에 없다.

스포츠 사회와 윤리

미래사회와 스포츠

CHAPTER

01 현대 스포츠 사회의 문제의식

02 스포츠 미래와 인간의 내면

현대 스포츠 사회의 문제의식

1. 스포츠 세계화

1) 스포츠의 탈영토화

스포츠 세계화란 전 세계가 같은 종목의 스포츠를 같은 규칙 아래에서 경기를 하는 현상을 말한다. 1863년 축구협회Football Association가 설립되기 이전에는 한 팀의 선수 숫자뿐만 아니라 손으로 공을 잡기도 하는 등 경기마다 다른 형태가 펼쳐졌다. 심지어 심심치 않게 발생하는 폭력사태를 막을 길도 없었다. 스포츠 조직이 생겨난 이후 공을 차는 형태에까지 구체적인 사항을 명시함으로써 규정과 제도를 정비했다.

오늘날 스포츠 소비문화 측면에서 스포츠 세계화는 가속화되고 있다. 스포츠가 내재하고 있는 가치를 전 세계에 전파했고, 스포츠의 탈영토화가 일어났다. 즉, 국내 선수의 해외진출과 외국선수의 국내 유입 등을 비롯해 다양한 형태의 스포츠 노동이주가 활발해졌다. 매기와 수젠Magee & Sugden, 2002은 스포츠의 탈영토화를 다섯 가지로 제시했다.

첫째, 개척자와 같은 방식이다. 이와 같은 형식에 해당하는 선수들은 금전적인 보상 외에도 다른 가치를 추구한다. 즉, 이주한 국가와 친밀한 관계를 형성한다. 둘째, 용병이다. 이들은 경제적 보상이 최우선의 가치로 둔다. 더 나은 경제적 보상이 가능할 때 이주도 가능하다. 현재 전 세계에서 인기 있는 프로 스포츠 리그에 장기간 속하는 경우가 많다. 오늘날 스포츠 마케팅 시장에선 선수의 국적보다 구단의 브랜드가 우선순위가 된 것이다.

셋째, 유목민과 같은 방식이다. 개인이 처한 여러 상황에 따라 이동이 가능하다. 스포츠 종목의 특성으로 이주하는 경우도 많다. 넷째, 정착민의 형태다. 경제적 보상 외에 다른 요인으로 정착하게 된다. 스포츠 리그 내의 몸값을 높이는 것도 중요하지만, 가족들과 함께 보다 나은 사회적 환경을 추구하게 됐을 때 구단에 오래

머물고자 한다. 마지막으로 귀향민과 같은 형태를 제시했다. 선수가 해외로 이주했다가 다시 귀향하는 경우다. 해외경험을 토대로 자국으로 복귀한 후 은퇴할 시점까지 활동하는 것이다. 자국 팬의 친밀도와 인지도를 높이면서 Part 03에 언급했던 '스포츠로부터의 탈사회화' 이후 '스포츠로의 재사회화' 과정을 성공적으로 이룰 수 있는 환경을 마련할 수 있다.

2) 스포츠 세계화의 원인과 과정

크리켓

20세기 이후 스포츠 세계화의 속도가 붙은 것은 제국주의의 영향도 크다. 식민지에 스포츠를 도입하면서 문화적 수용을 통한 지배집단의 욕구를 관철하고자 했던 것이다. 즉, 제국주의 시대에 스포츠를 통한 동화정책은 식민지 체제의 지배를 정당화하는 수단으로 여겼다. '코먼웰스 게임Commonwealth Games'은 영연방국가들이 참가하는 대형 스포츠 이벤트로서 영연방국가의 통합수단이 됐다. 영국의 스포츠로 알려진 크리켓과 럭비는 영국의 식민지였던 영연방국가에서 현재도 인기를 구가하고 있다.

우리나라의 일제강점기 때 교육정책을 보면 체육·스포츠를 빼놓을 수가 없다. 1차 조선교육령1911년을 통해 각급 학교의 교육연한을 단축하고 전통문화를 말살하는 취지로 일본어를 보급했다. 이와 병행하여 국권회복 의지를 말살시키기 위해 병식체조를 스웨덴 체조스웨덴 교육자 링(Ling)이 창안한 체조로서 교육, 의료, 병식, 미적 부분으로 구분로 변경하여 보급했다. 학교체조교수요목1914년을 통해 식민지통치하의 학교체육을 본격적 궤도에 올려놓았다. 일본식 유희문화를 도입하고 체조를 비롯해 여러 가지 체육종목을 시행했다. 2차 조선교육령1922년에서는 3·1운동의 충격을 받고 통치정책을 변경했다. 기존의 무단통치정책에서 문화통치정책으로 전면에 내세웠다. 사범학교, 대학 설립, 육상 등의 학교대항경기를 치르며 체육·스포츠 보급이 여전히 뒤따랐다. 3차 조선교육령1938년에선 민족말살기에 내린 교육명령으로 국체명징, 대동아번영, 내선일체, 인고단련 등을 강요하기에 이른다. 일본에 의해 황국신민 체조가 도입된 시기다. 일명 라디오 체조로 공영 라디오 방송을 통해 전파했다. 4차 조선교육령1943년에선 모든 교육기관의 수업연한을 단축하고, 조선어와 조선역사 교육을 전면 중단시켰다.

일본은 1919년 조선체육협회를 설립해 체육단체 관리, 조선신궁대회 개최 및 근대 스포츠 보급을 했다. 일제강점 시기 전부터 사이클1906년 첫 사이클 경기 개최, 유도1906년 일본인 우치다 료헤이 소개, 경마1909년 근위 기병대 군사들이 경마회 개최, 역도1926년 일본 체조학교를 졸업한 서상천이 귀국하면서 소개 등이 소개됐다. 이 시기에 일본체육단체에 대응해 1920년 조선체육회제1회 전조선야구대회로 시작한 오늘날의 전국체육대회 효시, 1925년 관서체육회평양을 근거지로 전조선축구대회 개최가 설립됐다. 체육·스포츠 활동을 통해 민족의식이 고취되고, 손기정마라톤, 엄복동사이클 등의 국제적인 스포츠 선수가 등장했다. 이처럼 제국주의로부터 스포츠 보급의 역사가 내포돼 있다.

또한 종교전파를 위한 스포츠 보급의 수단도 스포츠 세계화에 영향을 미쳤다. 신흥 종교를 선교목적으로 전파하며 새로운 종목의 스포츠를 소개하는 것이다. 19세기 기독교는 아시아와 아프리카 원주민의 종교적 거부감을 해소하는 데 스포츠를 활용했다. 우리나라도 개화기 선교사 질레트P. L. Gillette, 1872~1938에 의해 조직된 황성기독교청년회를 통해 야구1904년 도입, 빙상1905년, 농구1907년 등이 소개됐다.

또한 스포츠 세계화의 가속화는 무엇보다 **정보통신 발달**과 **과학기술의 진보**를 통해 이뤄졌다고 해도 과언이 아니다. 이는 스포츠의 시·공간적 제약을 극복하는 데 기여하면서 스포츠 경기의 미디어 중계를 통해 전 세계를 하나로 묶었다. 이외에도 건강에 대한 관심이 급증하면서, **고령화 사회**의 도래에 따른 체육·스포츠의 가치가 높아지고, **여성의 스포츠 참여**가 급증하게 된 과정도 스포츠 세계화의 원인으로 볼 수 있다.

3) 프로 스포츠 시행 제도

스포츠 세계화 사례로는 앞서 언급한 **스포츠 노동이주**국내 선수의 해외 진출, 해외 선수의 국내 유입, 태권도의 올림픽 공식종목 채택2000년 시드니 올림픽에 따른 세계화, 세계적인 스포츠 용품나이키, 아디다스의 다국적 기업 성장 등 스포츠 산업 전반에 걸쳐 일어나고 있다. 특히 스포츠 서비스업 분야의 성장은 21세기 사회의 스포츠가 앞으로 어떻게 걸어가야 하느냐를 고민하게 하는 영역이라 할 수 있다.

1896년 세계 최초의 프로 스포츠 구단인 미국의 신시내티 레드 스타킹즈가 창단됐다. 20세기 들어 폭발적으로 성장한 프로 스포츠 리그는 스포츠 세계화의 상징적인 사례가 됐다. 스포츠 세방화世方化, glocalization는 세계화와 동시에 현지화를 이룸으로써 시너지 효과를 극대화하려는 경영방식을 일컫는다. 예를 들어 한국선수가 프리미어 리그EPL에서 뛰면 그 리그가 한국에서 인기가 높아진다. 비슷한 기량을 갖고 있는 선수를 영입할 때 아시아 출신이 아프리카 출신보다 스포츠 마케팅의 전략으로도 유리할 것이다. 스포츠 상품의 소비력이 아시아 시장이 크기 때문이다. 이처럼 스포츠 소비자를 유인하는 전략으로 스포츠의 노동이주 현상은 더욱 활발해질 것이다.

벨기에 축구선수인 장마크 보스만이 1990년 FC 리에주로부터 프랑스 덩케크르 클럽으로 이적하고자 했으나 소속구단 반대로 유럽사법재판소에 소송을 제기해서 승소한 '보스만 판결Bosman Ruling'이 있다. 이는 스포츠 선수의 직업선택 자유를 인정한 대표적 사례로서 알려져 있다. 이처럼 스포츠 노동이주 현상이 활발해질수록 선수 권익을 보장하는 스포츠 에이전트 시장도 앞으로 더욱 확대될 것이다. 물밑에서 이뤄지는 스포츠 계약 시장의 확장은 곧 프로 스포츠 시행 제도의 안착과 개선의 반복이 일어날 가능성도 높다.

이는 흥행을 담보로 운영돼야 하기 때문이다. 대표적으로 프로 스포츠 리그에선 전력 평준화 제도를 도입함으로써 재미를 극대화시키고자 한다. 드래프트 제도Draft System는 일정 자격요건을 갖춘 선수를 프로연맹 등 스포츠 단체의 주관 아래 성적 역순 등의 다양한 방법으로 구단에게 지명권을 부여하고 선수를 지명·선발하는 제도이다. 항상 우승하는 팀만 우승하게 된다면 재미도 반감될 뿐만 아니라 지역연고제에 따른 소비자 불만과 이탈로도 이어질 수 있다. 이 과정이 반복된다면 기업 협찬시장도 축소될 우려가 있기 때문에 스포츠의 본질로 돌아가 스포츠맨십과 페어플레이로서 리그 결과의 변수를 항상 끌어올려야 한다. 이를 비롯해 자유계약제도^{Free Agent}도 마찬가지다. 구단이 해당 선수의 보유권을 상실 혹은 포기했을 때 어떤 구단과도 자유롭게 계약을 맺을 수 있는 전력 평준화 제도의 일종이다. 덧붙여 각 구단이 당해 시즌에 각 구단 보유 선수에게 지급하기로 한 연봉 총상한제인 샐러리 캡^{Salary Cap}도 프로 스포츠 팀 간의 전력 평준화 제도로서 가치를 발휘하고 있다.

<table>
<tr><td rowspan="8">여
기
서
잠
깐!</td><td colspan="2">프로 스포츠 시행제도</td></tr>
<tr><td>구단 전속 계약</td><td>• 선수와 구단 사이에서 체결되는 계약, 선수와 구단의 권리와 의무를 규정
• 상호 간의 성실히 하여야 하는 의무를 명시</td></tr>
<tr><td>드래프트 제도
(Draft System)</td><td>• 일정 자격요건을 갖춘 선수를 프로연맹 등 스포츠 단체의 주관 아래 성적 역순 등의 다양한 방법으로 구단에게 지명권을 부여, 선수를 지명, 선발하는 제도
※ 프로 스포츠 팀 간 전력평준화</td></tr>
<tr><td>자유계약제도
(FA, Free Agent)</td><td>• 구단이 해당 선수의 보유권을 상실 혹은 포기했을 시 어떤 구단과도 자유롭게 계약을 맺을 수 있는 제도
※ 프로 스포츠 팀 간 전력평준화</td></tr>
<tr><td>샐러리 캡
(Salary Cap)</td><td>• 각 구단이 당해 시즌에 각 구단 보유 선수에게 지급하기로 한 연봉 총상한제
• 소속선수 연봉합계가 일정액을 초과할 수 없도록 규정
※ 프로 스포츠 팀 간 전력평준화</td></tr>
<tr><td>래리 버드 룰
(Larry Bird Rule)</td><td>• 래리 버드 예외조항(Exception)이라고도 함
• 기존 소속팀과 재계약하는 자유계약선수는 '샐러리 캡'에 적용받지 않는다는 예외 조항</td></tr>
<tr><td>트레이드(Trade)</td><td>• 선수의 보유권을 가지고 있는 구단이 선수의 보유권 및 기타 권리를 타 구단에게 이전하는 것</td></tr>
<tr><td>임의탈퇴선수</td><td>• 구단이 복귀조건부로 선수계약을 해제할 수 있는 규정
• 계약 해제를 바라는 듯한 본인의 행동에 따라 구단이 계약을 해제한 선수</td></tr>
<tr><td></td><td>선수보류조항
(Player Reserve
Clause)</td><td>• 구단이 선수의 다음 시즌 계약 우선권을 갖도록 함
• 선수들에게 계약기간 보수를 보장해 주는 제도</td></tr>
</table>

웨이버 공시 (Waiver)	• 구단이 소속 선수와 계약을 일방적으로 해제하는 방법(방출) • 프로 스포츠 구단 등에서 선수에 대한 권리를 포기하는 것
포스팅 시스템 (Posting System)	• 프로야구에서 외국선수 선발 시 이적료를 최고로 많이 써 낸 구단에 우선협상권을 부여하는 공개입찰제도
팜 시스템 (Farm System)	• 유소년팀, 세미프로 등 하위리그를 통해 다양한 자체선수 선발시스템
옵트 아웃 (Opt out)	• 선수와 구단 간 동의가 있는 경우 계약을 파기할 수 있는 권한 • 주로 장기계약하는 야구 선수들이 추가하기 시작한 조건 으로 FA로 다른 팀의 이적을 하지 않더라도 선수 본인의 성적에 따라 높게 책정할 수도 있고, 계약 주체가 잔류 대신 계약의 소멸을 결정할 수 있음

2. 스포츠와 환경

1) 스포츠와 환경윤리

2018 평창동계올림픽 환경파괴

스포츠와 환경과의 관계는 윤리적인 관점에서 바라볼 수 있다. **환경윤리**란 동물보호, 자연보호, 환경보호의 원칙을 세우고, 환경 · 도덕적 의사결정의 토대를 마련하는 것이다. 환경 친화적, 생태지향적인 규범을 설정하고 가능성과 타당성을 연구하는 영역은 환경윤리학과 생태윤리학 등이 있다. **지속가능한 스포츠 발전**을 위한 노력으로 스포츠 참가자 중심주의에서 탈피해야 한다. 즉, 자연환경을 파괴하는 시설을 사용하지 않거나 건설 자체에 대한 반대 목소리를 높일 수도 있다. 스포츠용품의 재활용화를 적극 추진하거나 자연의 다양성을 보존하기 위한 노력을 병행할 수도 있다.

또한 스포츠 환경을 분류하고 스포츠가 환경에 미치는 영향을 고민할 수 있어야 한다. 즉 자연보전구역, 공원, 야생지 등과 같은 순수환경, 야외 스포츠 공간인 개발환경, 실내 스포츠 환경인 시설환경의 차이를 인식하고, 각각의 특성에 맞게 스포츠를 적용해야 한다. 스포츠가 환경에 미치는 영향으로 스포츠 시설물의 건설, 교통 이용 증가, 자연을 이용한 스포츠 종목의 확대 등에 따라 환경을 위협하는 문제가 발생할 수 있다. 그리고 오염된 환경은 스포츠 활동에 지장을 미칠 수 있다는 상식을 갖춰야 한다. 순환주의를 표방한 요나스H. Jonas, 1984는 환경문제 해결을 위해 새로운 책임개념을 도입해야 한다고 주장했다. 즉, 책임의 원칙을 강조한 것이다.

이처럼 스포츠와 환경은 분리해서 생각할 수 없는 윤리적 관점의 영역으로 스포츠 교양이란 측면을 잘 이해하고 몸에 익혀야 할 것이다. 이를 위해 이해해야 할 지속가능한 윤리적 전제가 있다. 첫째, 필요성의 계율로서 새로운 시설을 건립할 때는 필요성을 파악해야 한다. 둘째, 역사성의 계율로서 인간뿐 아니라 자연도 역사를 가지고 있다는 것을 알아야 한다. 마지막으로 다양성의 계율로서 인간과 자연의 공존을 위해서 자연의 다양성이 보존될 수 있게 모두가 노력해야 한다.

여기서 잠깐! 스포츠에 적용 가능한 환경윤리학

① 인간 중심주의 환경윤리
- 베이컨(F. Bacon), 데카르트(L. Descartes): 인간을 자연의 주인으로 생각
- 패스모어(J. Passmore): 도덕원리만으로도 생태계를 해결할 수 있다고 주장을 했음. 즉, 인간은 다른 생명체를 보호해야 함
- 베르크(A. Berque): 인간의 거처란 뜻의 '에쿠멘(ecoumen)'이란 개념을 도출하여 지구는 인간이 살기 좋은 환경이 돼야 한다고 주장함

② 동물 중심주의 환경윤리
- 싱어(P. Singer): 고통을 느낄 수 있는 존재는 모두 도덕적 고려의 대상이 되어야 함(동물 해방론)
- 레건(T. Regan): 본래의 가치를 가지고 있는 개체의 권리를 존중해야 함(동물 권리론)

③ 자연 중심주의 환경윤리
- 슈바이처(A. Schweitzer): 생명에 대한 외경을 기초로 한 생명 중심주의를 강조
- 테일러(P. Taylor): 슈바이처(A. Schweitzer)의 생명외경사상을 발전시킨 생물 중심적(bio-centric) 환경윤리 제시(생명중심주의), 도덕적 행위자는 생명에게 도덕적 배려를 실천해야 함
- 레오폴트(A. Leopold): 생태중심주의를 표방했고 토지이용을 경제적 측면 외에 윤리적, 미적관점 고려 주장(대지윤리)
- 네스(A. Naess): 피상적 생태주의(자원고갈, 환경오염 등을 막기 위한 환경운동)에서 심층적 생태주의(세계관, 생활양식 자체를 바꿈)로 전환해야 한다고 주장

2) 스포츠와 동물윤리

소싸움

현재에도 지구 곳곳에서 동물 스포츠가 자행되고 있다. 스페인과 멕시코 등지의 투우와 한국의 전통 민속놀이인 소싸움 등이 있다. 국내 소싸움은 2011년부터 합법적 사행산업으로 인정받고 운영되고 있다. 두 마리 황소가 승부를 겨루는 놀이로서 경기주체가 사람이 아니라 동물이란 점에서 승부조작 가능성이 낮다는 평가도 있지만, 공격성이 내재된 인간의 싸움을 동물로 대체하여 이용한다는 점에서 비판의 대상이기도 하다. 이처럼 동물을 인간의 오락 대상으로 삼았다는 점에서 위에서 언급한 동물 중심주의와 자연 중심주의의 환경윤리와는 거리가 멀다. 즉, 도덕적 고려의 대상은 동물을 비롯해 자연의 생명체를 포함한 생태계 전체로 확대해야 한다고 주장하는 것과 반대되는 스포츠이다.

테일러P. Taylor, 1986는 **생명중심주의**로서 네 가지의 의무를 제시했다. 첫째, 불침해의 의무로서 다른 생명체에 해를 끼쳐서는 안 된다는 것이다. 둘째, 불간섭의 의무로서 개별 생명체의 자유와 생태계에 간섭해서는 안 됨을 의미한다. 셋째, 신뢰의 의무로서 동물을 기만하는 행위를 해서는 안 된다. 예를 들어 미끼를 활용한 낚

시와 뒷 등이 해당된다. 마지막으로 보상적 정의의 의무이다. 이는 인간이 부득이하게 다른 생명에게 해를 끼친 경우 피해를 보상해야 한다는 것이다.

칸트Immanuel Kant, 1724-1804는 도덕적 지위를 내세워 어느 누구도 도덕적 지위를 갖고 있는 인간에게 피해를 주어선 안 된다고 했다. 동식물이나 돌과 같은 무생물은 도덕적 지위가 없으므로 죽이든 살리든 인간이 마음대로 해도 되고, 인간의 소유물인 동물과 식물은 도덕적 지위를 가지고 있는 인간이 주인이므로 보호받아야 한다는 논리이다. 이는 자신이 속한 종은 옹호하고, 다른 종은 배척하는 편견이나 왜곡된 태도로서 종차별주의라 볼 수 있다.

반면, 피터싱어P. Singer, 1975의 이익평등동등 고려의 원칙에 따르면 감가능력이 있는 존재들은 이익을 배분하는 대상이 되고, 이익을 배분할 때에는 감가능력에 따라 평등하게 배분해야 한다고 했다. 그는 동물해방론을 통해 동물 객체 각각의 고통을 해방해야 하고, 고통을 느낄 수 있는 존재는 모두 도덕적 고려의 대상이 돼야 한다고 했다. 이는 반종차별주의로서 인간이 서로 간에 차이가 있듯이 이 세상의 모든 존재들은 저마다의 차이가 있으므로 서로의 차이를 인정하고, 그 차이에 알맞은 대우를 받아야 한다는 주장으로 이어질 수 있다.

스포츠 분야의 종차별주의는 만연해 있다. 대략 1만 2천 년쯤 수렵채취의 유랑생활에 변화가 일어나면서 씨를 뿌리는 농업혁명이 수천 년이 지나며 본격화됐다. 이 시기와 맞물리며 동물이 경작수단을 위해 필요해지면서 소, 말 등을 이용하게 됐다. 이러한 동물의 경작·운반 도구화는 스포츠 분야의 종차별주의로 인식하지 않는다. 다만, 동물의 경쟁도구화, 교감도구화, 유희도구화, 연구도구화에 대해선 종차별주의에 해당된다. 동물의 경쟁도구화는 전쟁, 경마, 동물 간의 싸움에 활용되는 경우다. 현대 전쟁이 도래하기 전에는 기동성이 좋은 말은 이동과 전쟁도구로 활용됐다. 경마는 17~18세기 무렵 영국에서 고급 순종말을 이용한 경주에서부터 시작됐다. 상류층에서 인기가 있어 경마를 왕의 스포츠Sports of King라고도 불리며 인기를 끌었는데, 현대 사회에서도 스포츠 갬블링의 대표적 상품이 됐다. 또한 소싸움과 투견 등과 같은 동물 간의 싸움도 종차별주의로서 인식하고 있다.

동물의 교감도구화는 승마, 마장마술, 장애물 비월 경기 등을 통해 살펴볼 수 있다. 훈련과정이 동물에게 큰 스트레스를 안김으로써 스포츠 종차별주의로 인식하게 됐다. 이외에도 수렵, 낚시, 서커스, 투우 등과 같은 동물의 유희도구화와 흰쥐, 고양이 등을 비롯해 원숭이와 같은 영장류를 활용한 동물의 연구도구화도 스포츠 분야의 종차별주의라 할 수 있다.

> **동물실험 윤리 3R**
> - 대체의 원리(Replace): 실험재료를 인간 대신 고등동물로 대체, 고등동물 대신 하등동물로 대체, 하등동물 대신 식물로 대체, 식물 대신 무생물로 대체할 것을 권장
> - 축소의 원리(Reduce): 실험에 동원되는 동물의 숫자를 실험결과의 신뢰도를 확보할 수 있는 최소한으로 감축할 것으로 권장
> - 순화의 원칙(Refinement): 실험에 동원되는 동물들에게 최대한의 복지와 도덕적 지위에 맞는 대우를 해 줄 것을 권장

3) 전염병과 기후위기에 따른 스포츠

20세기 중반에 도래한 현대 스포츠는 공학기술의 발달로 스포츠 장비가 개선되고 끊임없는 기록경신을 추구했다. 최상의 운동수행 능력을 보유하기 위해 스포츠 과학 영역이 급격히 발달했고, 심지어 유전자 공학의 발달로 유전자 조작을 통한 도핑우려를 낳고 있다. 스포츠 분야의 과학기술로는 매트류, 신발류, 모자류, 호구류 등의 안전을 위한 기술이 발전했다. 또한 시간계측 장비, 사진 판독, 도핑검사 장비 등의 감시를 위한 기술을 비롯해 디스크 자전거, 전신 수영복, 유리섬유 장대와 같은 수행능력향상을 위한 기술의 발전으로도 이어졌다. 다만, 전신수영복 착용 금지와 같이 스포츠는 신체적 경쟁을 우선시 한다는 원칙을 고수하고 있다. 스포츠의 공정성이 훼손되는 순간, 스포츠가 걸어온 성공적인 상품으로의 가치도 하락할 것이기 때문이다.

그럼에도 불구하고 스포츠와 과학기술 결합에 따른 윤리문제는 항시 존재할 것이다. 이를 적극적으로 지원하게 되면 긍정적인 과학기술의 관점으로 스포츠 과

학이 되지만, 방치하게 되면 스포츠가 첨단기술의 경연장으로 변질되면서 부정적 과학기술의 관점인 기술도핑이 될 수 있는 기로에 있다. 스포츠에서 인간 경쟁보다 기술 경쟁으로 치달아 기록에 대한 가치가 하락할 수 있고, 인간의 순수한 노력이라는 정신적 측면의 스포츠 가치에 소홀하게 된다는 점을 가장 우려하고 있다. 고대ㆍ중세 스포츠와의 차이로서 기록지향의 근대 스포츠가 도래하고 현대 스포츠의 발전을 통해 미래 스포츠에서도 공정성과 형평성의 문제는 항상 중요한 테마가 될 것이다.

미디어에 의한 스포츠의 정보 제공이 확산되면서 미디어 제작자의 영향력은 날로 커지게 됐다. 새로운 미디어의 출연과 잠재적인 스포츠 소비자를 양산하고, 뉴스포츠는 지속적으로 등장하면서 새로운 스포츠 소비자층을 공략하게 됐다. 이처럼 정보화 시대의 스포츠는 스포츠 교육서비스에 대한 요구가 증대되고, 다양한 경기전략에 대한 정보를 신속하게 제공받음으로써 국력에 따라 스포츠의 모든 분야에서 실력 차이를 드러내고 있다.

19세기부터 스포츠 조직의 합리화를 거쳐 오늘날 **스포츠 관료사회**가 공고하게 구축됐다. 과도한 합리화는 개인의 개성을 말살할 우려가 있다. 상업주의의 심화로 스포츠 제도의 변화, 스포츠 규칙의 변화, 아마추어리즘의 퇴조 등의 폐해를 익히 경험했다. 그러나 스포츠 세계화를 통한 다양한 인종과 문화가 공존하는 세계를 구축하게 되면서 인류 모두가 공감할 만한 보편적 가치를 추구하고 있다.

"캐시모어E. Cashmore, 2000에 따르면 현대인이 스포츠에 열광하는 이유를 세 가지로 꼽았다. 첫째, **삶이 너무 뻔하다**predictable는 것이다. 문명화 과정을 통해 질서와 안정을 우선적으로 추구하며 안전한 환경이 도래했다. 즉, 더럽고 잔인한 속성이 일상에서는 찾아보기가 힘들면서 대리만족을 얻어야 하는 현대인은 스포츠에서 쟁취하는 승리와 환호 속에서 찾는다는 것이다. 이러한 스포츠만의 결과를 예측할 수 없는 불확정성에서 상품 가치를 지니게 됐다. 둘째, 현대인의 삶이 지나치게 **예의바르다**civil는 것이다. 고대 로마의 콜로세움에서 실제로 벌어졌던 삶과 죽음 사이에서 검투사의 모습이 현대 스포츠에 그대로 투영된다. 흥행을 위한 연출 무대가 필요하고, 모든 관심은 승자에게 초점을 맞추게 된다. 즉, 사람들은 적자생존 본능에 따라 일상을 지내고 있고, 스포츠는 그 생존본능의 추진력을 제공하는 상징적 상품이 된 것이다. 셋째, 삶이 너무 안전하다^{safe}는 것이다. 앞서 언급한 문명화를 거치고 예측 가능한 규칙에 종속되면서 어느 정도 안전을 담보로 하고 있다. 물론 현대 전쟁, 원자력발전소의 재난, 환경오염 등 새로운 영역에서 안전을 위협하는 요인이 생겼지만, 과거와 같이 질병, 소수통치 집단의 폭압에 따른 야만의 시대는 지나갔다고 본 것이다. 캐시모어$^{Cashmore,\ E.}$는 승마의 장애물 경주에서 담장을 낮추면 모두가 안전하지만, 승마협회는 그렇게 하려고 하지 않거나, 권투와 암벽타기, 극한 스포츠$^{Extreme\ Sports}$와 같은 위험요소가 다분한 스포츠 종목이 생겨나는 것에서 이 이유를 설명했다$_{문개성,\ 2023a,\ p.13}$."

공고히 스포츠 시장이 구축돼 오면서 아무런 문제가 없을 것 같은 스포츠가 위기를 맞이했다. 바로 2019년 하반기부터 발발한 코로나19^{COVID19} 팬데믹이다. 스포츠 조직의 합리화, 공학기술의 발달, 미디어의 재편 등에 이르기까지 앞으로만 나아갈 것 같았던 스포츠가 한순간에 멈춰서면서 많은 사람들이 충격을 받았다. 의료과학기술이 짧은 시간 안에 모든 것을 해결해줄 것만 같았지만 생각보다 나약한 인간의 무력감에 21세기를 살아가는 현대인에게 큰 충격을 안겨다 주었다. 캐시모어가 얘기한 스포츠에 매료된 이유가 정형화, 예의바름, 안전함이라고 하는 현대인 삶의 특성이 무색해졌다. 정형화된 삶을 완전히 뒤흔든 사건이고, 예의바름에 어긋난 행태를 목도하게 되면서 현대인의 삶이 전혀 안전하지 않다는 것을 인지하게 됐다.

결국 의료과학기술에 기대어 큰 파고를 넘겼지만, 새로운 변이 혹은 변종의 바이러스 감염이 늘 상존할 수 있음을 알게 된 것이다. 덧붙여 엘니뇨$_{해수면\ 온도가\ 평년보다\ 높은\ 상태}$와 라니냐$_{해수면\ 온도가\ 평년보다\ 낮은\ 상태}$가 반복되면서 위기로 닥친 기후변화도 있다. 공기 중에 머금은 수증기량의 폭증으로 홍수가 나거나 메마른 날씨의 연속으로 자연발화 등을 포함해 지구 온난화에 따른 위기는 심각한 수준이다. 이를 극복하지 못할 수 있는 임계점이 얼마 남지 않았다고 보도되고 있다.

그럼에도 인간의 욕망을 여실히 보여준 대회가 있었다. 즉, 코로나19로 감염자 수가 폭발적으로 늘고 있는 시점인 2021년에 도쿄 올림픽 개최를 강행했다. 당시

뉴욕타임즈가 개최하는 이유에 대해 신랄하게 비판했다. 'There are three main reasons: money, money, and money The New York Times, 2021.5. 11.' 다시 말해 국제올림픽위원회 IOC와 일본정부가 바이러스 팬데믹

무관중 스포츠 경기

사태에도 지구촌 전체에 위험에 빠트릴 수 있는 행사를 강행한 이유는 '세 가지 이유, 즉 돈, 돈 그리고 돈'이었던 것이다. 과연 스포츠가 인류에게 전달하고자 하는 것은 무엇인가라는 본질적 질문에 돈money이 해답이 될 수 있을까.

CHAPTER 02

스포츠 미래와 인간의 내면

1. 스포츠 공격성과 도박심리

공격성이란 사람 혹은 동물을 정복하거나 경쟁에서 이기기 위해 언어와 행동으로 표현되는 분노로 이해할 수 있다. 경쟁에서 승리를 목적으로 하는 스포츠에는 본질적으로 공격성이 내재돼 있다. 스포츠에서 공격성이 나타나는 원인으로 자신의 한계를 넘어서고자 하는 도전정신에서 비롯된다. 이는 자신의 탁월성을 드러내고자 하는 시도와 인간의 원초적인 욕망과 살아온 환경에서 습득된 것이라 할 수 있다.

이와 같은 공격성은 Part 08에 드러난 폭력적 일탈행동인 신체적인 손상과 정신적·심리적인 압박을 가하는 물리적인 강제력으로 드러난다. 즉, 개인적 감정과 무관하게 팀의 승리를 위한 수단으로 행사하는 도구적 폭력과 승리보다 상대선수의

부상을 목적으로 공격하는 적대적 폭력으로 나타난다. 덧붙여 스포츠의 공격성은 개인적 폭력을 유발하기도 한다. 다시 말해 상대방으로부터 공격을 당하거나 좌절 때문에 분노했을 때 충동적으로 표출되는 폭력행위가 될 수 있다. 이는 선수뿐만이 아니라 인간이 갖고 있는 본성으로서 관객이나 TV 시청자들도 익명에게 공격성을 표출할 수 있는 대리만족의 매개를 찾는다.

고대 올림픽은 기원전 776년에 시작해 무려 1,100여 년 동안 개최되다가 서기 393년에 중단됐다. 기원전 648년에 고대 올림픽의 정식 종목으로 채택된 판크라티온Pankration은 레슬링팔레 Pale과 권투푸질리즘 Pugilism를 합쳤다. 고대 그리스 철학자 플라톤Plato, 기원전 427년~기원전 347년도 완벽한 경기라 칭하였다. 눈, 코, 입 등의 부위를 찌르거나 깨무는 것 외에 인간의 몸을 총동원해 상대를 제압하는 방식에서 대중들은 매력을 느꼈던 것이다.

1896년 쿠베르탱에 의해 부활된 근대 올림픽에선 레슬링과 권투가 별개의 종목으로 부활했지만, 판크라티온의 불씨는 남아 있었다. 오늘날에는 노동자 집단이 선호했던 20세기 권투에서 21세기의 **격투 스포츠**로 대중의 관심이 새로운 버전의 프로 스포츠로 이전된 것이다. 다만, 격투 스포츠가 미디어를 통해 안방까지 잔인한 광경이 송출되면서 윤리적 논쟁이 끊이지 않고 있다.

찬성의견으로는 경기장 안에서 이루어지는 합법적인 폭력이란 점이다. 인간 내면에 갖고 있는 **공격성을 정화**시키는 역할을 한다는 데 있다. 오히려 폭력적이었던 사람을 스포츠맨으로 교화하는 역할을 수행한다는 주장도 있다. 불우한 청소년기를 겪었던 격투 스포츠 선수가 성공하면서 알려진 스토리에 근간하기도 한다. 반면, 반대의견으로는 청소년이 폭력적 행동에 노출되고 모방할 가능성이 있다는 데 있다. 선수뿐만 아니라 관중들의 폭력성도 증가시킬 수 있고, 폭력이 일반화되는 사회를 조장할 가능성이 있다는 점에서 비판의 목소리도 크다. 즉, 폭력에 대해 무감각해지거나 중독을 초래할 수 있음을 경계할 필요가 있다.

이와 유사하게 인간의 내면에는 **도박심리**가 있다. 도박 세계에 대한 대박 환상을 누구나 꿈꾸며 도박을 시작한다. 본전 회복에 대한 동기와 일확천금을 얻을 수 있다는 기대감, 더 나아가 자신만이 돈을 딸 것 같은 대박에 대한 환상 등이 도박을 하는 이유이다. 반면, 영국의 사회학자 리스G. Reith, 2002에 따르면 도박을 하는 이유는 금전적 이득 보다는 인간의 근원적 욕망에서 비롯된 것으로 봤다. 도박을 통해 얻는 기분, 감정, 흥분 등의 내재적 보상이 더 크다는 것이다. 도박행동은 흥분과 스릴을 안겨다 주기도 하지만 불안감과 초조감과 같은 위태로운 감정을 누그러뜨리고 보상받음으로써 자존감을 회복하는 수단이 된다고 했다.

우리나라도 합법적인 사행산업 7종을 운영하고 있다. 1922년 경마를 시작으로 1947년 복권, 1994년 경륜, 2000년 카지노강원랜드, 2001 체육진흥투표권스포츠토토, 2002년 경정, 2011년 소싸움이 있다. 이 중에서 스포츠 갬블링은 경마, 경륜, 경정, 체육진흥투표권이다. 스포츠의 기본적 특성인 신체성, 규칙성, 경쟁성을 포함한 종목이다. 여기서 인간의 신체성을 제외하면 앞서 언급한 동물의 유희도구로 변질된 소싸움까지 스포츠 갬블링에 포함할 수 있다. 이러한 사행산업의 합법화는 인간 본연의 도박심리를 양성적인 곳을 끌어들여 부정적 확산을 미연에 방지하자는 명분이 있다. 더불어 국가정책상 세금 외에 기금을 조성하고 필요한 부분에 지원할 수 있는 매력도 있다. Part 04의 스포츠 경제 부분에 포함시킬 만한 명분사업과 매력사업의 복합체가 바로 사행산업이 됐다.

스포츠 미래는 보다 더 인간의 본성을 자극할 것이다. 인간의 공격성과 도박심리를 적절한 수준으로 조절하기 위한 명분을 들고 매력적인 상품으로 다가올 것이다. 합법적인 사행산업의 진입로를 계속해서 확장시키려고 할 수 있다. 미디어를 통해 스포츠 규칙과 스케줄을 바꾸면서 시장Market에서 살아남은 현대 스포츠 상품은 계속 진화할 것이다. 인간의 본연적 특성을 거스를 수 없기 때문이다. 국가의 정책적 비전을 통해 균형 잡힌 스포츠 상품의 허용에 관해 진지한 고민이 요구된다.

격투 스포츠와 경륜

2. 기술도핑과 유전자 조작

국제수영연맹FINA, 현재 World Aquatics로 개칭은 2010년부터 엘지알 레이서LZR Racer라 불린 최첨단 수영복의 착용을 금지했다. 공정성 추구에 위배된 명백한 사례로 본 것이다. 이는 2008년 베이징 올림픽 수영종목에서 23개의 세계 신기록이 쏟아졌기 때문이다. 이와 같이 기술도핑의 의혹은 앞으로도 예의주시해야 할 것이다. 2011년 대구세계육상선수권대회에서 남아프리카공화국의 의족 스프린터 피스토리우스가 비장애인육상경기에 참가신청을 했다. 장애인이 비장애인 경기에 동등하게 참여하는 사례로서 많은 관심을 불러일으켰지만, 국제육상경기연맹은 출전을 허용하지 않았다. 경기에 사용되는 의족의 탄성이 오히려 비장애인 선수에게 불리하게 작용할 수 있다고 판단했다. 이는 기술적 불공정으로 스포츠의 공정성에 위배돼 금지시킨 것이다. 이후 2013년 여자 친구를 살해하는 충격적인 일탈소식으로 선수로서의 삶은 종료됐다.

마라톤

스포츠 유전자가 있을까. 분명 타고난 재능에 의해 발군의 성적을 내는 선수들이 존재한다. 엡스테인D. Epstein, 2013이 조사한 바에 따르면 아프리카 케냐의 칼렌진족이 거둔 마라톤의 기록경신 신화를 통해 환경적 요인의 비중이 예상외로 크다. 마라톤 풀코스 42.195km를 인간이 2시간 안에 완주하는 것은 불가능하다고 생각했다. 하지만 2019년 10월 인류 역사상 최초로 그 벽을 허물었다. 주인공은 엘리우드 킵초게 선수로 오스트리아 빈 프라터파크에서 열린 영국의 화학업체 이네오스INEOS가 주최한 대회에서 나왔다. 그는 1시간 59분 40.2초란 기록을 남겼다.

이 대회는 2시간 벽을 깨기 위해 의도적으로 마련한 행사이다. 주최 측은 경기 시간, 습도, 온도 등을 감안한 최적의 환경을 염두에 두었고, 선수는 총 41명의 페이스메이커와 앞에서 달리는 차로부터 형광색 빛을 받으며 속도를 조절했다. 심지어 자전거 보조요원들로부터 음료를 전달받을 수도 있었다. 비공식 마라톤 경기로 집계됐지만, 본인이 갖고 있던 공식적인 세계기록2시간 01분 39초에 도전한 결과이다. 기술도핑이란 새로운 이슈도 이어갔다. 늘 혁신을 주도하는 나이키가 킵초게만을 위한 특수 조깅화를 제작했다. 밑창 중간에 탄소섬유로 만든 판을 사용해 스프링과 같은 기능을 넣음으로써 뛰는 힘을 10% 정도 높여주는 역할을 했다.

그 역시 칼렌진족 출신이다. 케냐 인구의 약 12퍼센트를 차지하는 490만 명에 불과한 칼렌진족의 뛰어난 육상 능력을 설명하는 진화이론이 나올 정도로 항상 논쟁이 뜨거운 이슈이기도 하다. 인류학자가 말하길, 칼렌진족의 신체적 특성은 닐로트형Nilotic type이라 부르는 극도로 홀쭉한 체형이다. 엉덩이가 좁고 팔다리가 가늘고 길다. 즉, 유달리 길쭉하다. 마라톤은 킵초게 선수가 2022년 9월에 2시간 01분 09초로 자신의 세계기록을 경신하더니, 2023년 10월 케냐의 켈빈 키프텀 선수가 미국 시카고 마라톤 대회에서 2시간 00분 35초로 세계기록을 세웠다. 공식적인 기록으로 2시간 벽을 허무는 데 얼마 남지 않았다.

스포츠 유전자는 매우 흥미로운 주제이다. 끊이지 않는 선수의 약물복용 문제, 스포츠 과학으로 포장된 기술도핑이란 인식, 기록경신과 자본이 어우러진 기업 마케팅은 계속될 것이다. 프랑스의 경제학자 시모노P. Simonnot, 1988가 칭한 호모 스포르티부스Homo Sportivus, 즉 스포츠 하는 사람에 대한 이슈는 매일 쏟아진다. 인간이 흘린 땀과 노력의 평가가 소홀해져선 안 되므로 더욱 관심을 기울이는 것이기도 하다. 앞으로 '기술도핑'이란 이슈는 새로운 주제가 아닐 정도로 계속 등장할 것이다.

기존의 일탈방식인 과소동조, 과잉동조, 약물복용, 부정행위, 폭력 등과 달리 기술발달에 따른 새로운 방식의 도핑의 문제를 안게 됐다. 기술도핑 외에 앞으로 심각하게 받아들여져야 하는 문제는 유전자 조작을 통한 기술력 향상이다. 타고난 스포츠 유전자에 대한 관심이 높은 것을 넘어 경기력을 높이는 방법으로 유전자를 조작할 수 있다면 어떻게 될까. 물론 현재는 인간의 존엄성을 무시하고, 스포츠 정신에 반하는 행위로 받아들이고 있다.

이는 부작용으로 선수생명을 위협할 수 있고, 기록 지상주의에 따라 인간의 상품화 문제가 더욱 부각될 수 있다. 본질적으로 스포츠 가치와 페어플레이의 스포츠 정신에 위배된다. 이와 같이 유전자 조작을 반대하는 이유로서 우선 안전성이 검증되지 않았다. 또한 인간의 존엄성이 침해될 수 있고, 생태적·진화적 변이를 통해 종의 정체성에 혼란을 일으킬 수 있다는 점도 문제로 지적하고 있다. 그럼에도 기록경신에 대한 인간의 욕망이 그릇된 행위로 변질될 수없이 많은 사례를 통해 유전자 조작 문제도 새로운 이슈로 나타날 것이다.

3. 스포츠 본질과 우리의 과제

1) 압축성장 스포츠

1920년 출범한 **조선체육회**는 같은 해에 제1회 전조선대회를 개최하고, 1938년 일제 강점 때 해체되는 아픔을 겪었다. 1936년 베를린 올림픽 때 우승한 손기정 선수의 사진을 일장기를 삭제한 채 신문에 올린 것을 빌미로 삼았던 것이다. 해방과 전쟁 중에도 대회를 이어가며 2019년 서울에서 100회 **전국체육대회**가 개최됐다. 이렇게 자생적으로 성장한 체육 행정력이 오늘날 올림픽과 월드컵을 비롯해 국제적인 스포츠 이벤트 개최에 거부감이 없는 시민의식과 수준을 갖춘 국가가 됐다.

우리나라는 속도전으로 밀어붙인 산업화로 세계 유례를 찾아볼 수 없을 만큼 성공을 했다. 1960, 70년대의 과오가 극명한 정치적 자산은 우리에게 어두운 그림자를 남겼다. 완벽한 역사적 해석과 청산은 마무리되지 않았다. 현재 진행형이다. 소위 먹고 살기 힘든 시절인 1962년에 「**국민체육진흥법**」 제정으로 오늘날 가장 핵심인 체육 관련 법안이 됐다. 많은 스포츠 지도자를 양성하고 엘리트 선수를 육성하면서 스포츠 강국의 토대가 됐다. 또한 생활스포츠인의 삶에 지대한 영향을 미칠 수 있는 스포츠 복지국가의 기초가 된 것이다.

정통성이 부족한 5공화국 땐 많이 알려진 바와 같이 스포츠를 통치에 적극 활용했다. 대표적으로 프로 스포츠화이다. 물론 이 역시 산업화를 이룬 속도처럼 군부의 압력으로 인한 속도전으로 가능했다. 이처럼 한국의 프로 스포츠 리그는 전

광석화같이 출범하고 성장을 했다. 1982년 프로야구, 이듬해 프로축구 리그를 발족한 것이다. 겨울의 농구대잔치를 포함해 사시사철 몽환의 그림자처럼 시민을 항상 드리웠다.

이 시기의 프로 스포츠는 어떤 의미가 있을까. 정치권력이 대중의 심리를 교묘히 이용하기 위해 기업을 압박해 인위적인 상품을 만들었다. 오랜 기간 군부독재에 힘겨웠던 대중에게는 유사한 정권의 연장이었다. 프로 스포츠는 모르핀처럼 끊지 못하고 영화 등과 함께 대중문화를 성장시켜 나갔다. 일정부분 정권이 희망한대로 성공을 거두면서 '스포츠 공화국'이란 오명에도 사람들을 현혹시키기에 충분했다.

특히 1980년 광주의 상처가 아물기도 전에 프로야구의 출범은 여러 가지의 회환과 분노가 버무려졌다. 프로야구 해태 팀의 활약은 정치적 소외지역으로 낙인이 찍힌 호남인들에겐 그야말로 내재돼 있던 분노와 밀려오는 희망이 뒤섞일 수 있는 매개였다. 2014년 개장한 기아 타이거즈 홈구장인 '광주-기아 챔피언스 필드'는 국내 최초의 경기장 명칭권 사례로의 의미를 뛰어넘는 한국 현대 역사의 궤를 이으며 성장한 상징적 장소인 것이다.

성장과 아픔은 공존한다고 했는가. 대중을 향한 마취제는 제대로 효과를 발휘했다. 다수가 취했을 때 소수는 어두운 정치를 끄집어내어 공론화 시켰다. 엄청난 탄압을 받으면서도 굴하지 않았다. 이 와중에 속도전으로 치른 아시안 게임1986과 서울 하계올림픽1988은 우리 고유의 자산으로 남았다. 어느덧 올림픽과 월드컵으로 대표되는 대형 스포츠 이벤트를 거뜬히 치러내는 국가가 됐다. 우리나라 스포츠 근·현대사는 눈물과 환호가 동시에 버무려져 있다. 완벽하게 분리할 수 없다. 조선시대를 포함해 근대와 현대가 함께 이 시대를 이루고 있기 때문이다. 이 마취제를 통해 오늘날 스포츠 산업 성장의 발판이 된 것도 콘텍스트Context, 어떤 일의 전후사정가 됐다. 역사의 아이러니다. 반복되지 않길 희망한다.

2) 미래성장 스포츠

박빙의 순간 '2 Minute Warning'을 각 팀에 주며 경기를 중단하게 한다. 미식축구 얘기다. 그 시간대에 광고주의 입맛에 맞는 광고를 넣기 위함이다. 19세기 영국은 스포츠를 수출했다. 대서양 건너 북미로 날아든 럭비를 미국식 방식으로 바꾸었다. 대표적 규칙으로서 상대 진영으로 전진할 때 럭비와 달리 앞으로 공을 던질 수 있다. 매우 공격적인 방식으로 흥행을 위한 요소를 끼어 넣었다. 미디어의 발전은 광고주기업의 막강한 힘을 발휘하게 하는 수단이 됐다. TV 주권자는 우리가 아니라 결국 광고주인 셈이다. 이 사실만으로는 상업주의에 찌든 미국 프로 스포츠의 단면으로 볼 수 있다. 그러나 새로운 발상으로 최고의 인기를 구가하는 것은 어떻게 설명을 해야 할까. 자본주의 가치를 품고 스포츠의 본질을 훼손하지 않는 미래 스포츠의 비전을 고민해야 한다.

우린 스포츠 강국에서 '스포츠 산업 강국'이란 새로운 목표에 방점을 두고 있다. 스포츠 강국이라 하면 국제무대에서 엘리트 선수들이 우수한 성적을 거두고, 스포츠 교류를 통한 외교에도 능숙한 국가의 모습이다. 스포츠 산업 강국은 새로운 성장동력으로서 부가가치를 창출하는 국가의 위상을 뜻한다. 세련되고 매력적인 스포츠 상품을 창출하고 수출도 할 수 있는 것이다. 마치 K-POP처럼 한류의 연속선상에서 'K-스포츠' 상품의 가능성을 높이고 있다. 이미 한국에서 자생한 선수들이 세계무대에서 인정을 받고 있다. 앞으로는 선수상품에서 리그상품으로 확장될 수 있어야 한다.

스포츠 본질이 경쟁이기 때문에 갈등과 타협은 양팔저울에 올려놓듯 양면성을 지닌다. 경쟁, 갈등, 타협이란 영역이 공정하고 투명하게 이뤄질 때 진정한 스포츠의 가치를 기대할 수 있다. 스포츠는 현대사회가 복잡해지고 다양해지면서 인간행동의 충동과 자극을 훨씬 뛰어넘는 콘텐츠가 됐다. 개인적으로는 건강을 유지하고 싶은 욕망이 있다. 또한 어떤 집단은 사회를 통제하기 위한 수단으로 필요하다. 이처럼 개인과 집단에서 유용해졌다. 대중의 정치적 무관심을 종용하는 매력적인 장치로 정치 집단은 스포츠를 통해 십분 활용하고자 하는 욕망을 드러낸다.

미디어는 스포츠와 떼려야 뗄 수 없는 관계다. 현대 스포츠를 미디어 스포츠라 불려도 무방할 정도로 우리 삶 깊숙이 자리 잡았다. 현란한 카메라 각도는 우리를 유혹한다. 기술 발달 과정의 한복판에 있다. 언제 어디서든 어떤 시선으로 스포츠 중계를 즐길 수 있을지 선택만 하면 된다. 이와 같은 미디어 기술은 세계적으로 독보적일만큼 우린 실시간 소통에 능해 있다.

스포츠를 놓고 인류 공통의 언어란 수식어를 붙인다. 인종, 종교, 거주지와 상관없이 스포츠 세계화에 힘입어 동일한 규칙에 따른 사고와 행동을 새로운 언어로 공유하는 것이다. 정치, 경제, 문화, 미디어, 교육, 사회계급, 계층, 일탈, 사회조직 등 매우 복잡한 관계와 각각의 비유로 가득 차 있지만 지혜롭게 해석하고 일상에 적용하기 위한 노력을 하고 있다. 20세기 산물 중의 하나인 스포츠는 인류 공통의 유산으로 세계화됐다. 사시사철 찾아오는 프로 스포츠 리그가 있고 4년에 한 번 안방 깊숙이 넘나드는 올림픽과 월드컵이 있다. 빅 이벤트들의 흥행이 겹치지 않게 두 대회를 2년 터울로 개최한다. 선수들의 올림픽 출전 자격과 월드컵 본선행을 위한 지역 예선을 미디어를 통해 노출시키면서 상시 소비하는 콘텐츠로 만들었다. 즉, 아무 때나 스포츠를 소비할 수 있다.

질병에 의한 감염으로 세계사적인 변곡이 있어 왔듯이 스포츠는 어떻게 바뀔까. 게임을 표방한 새로운 플랫폼 위에서 실제 캐릭터^{선수}가 경기할 수도 있다. 스포츠 생산품과 혁신 기술은 이미 존재한다. 매력적 콘텐츠를 사장^{死藏} 시킬 리 없다. 새로운 산업과의 융·복합을 두려워할 리 없다. 경기 도중 고객이 베팅한 선수가 승점을 내면 배당에 따라 소비자에게 돌려줄 수도 있다. 경기장 방문자처럼 접속자 수를 늘리고 시장^{Market}을 키우려고 할 것이다. 기업광고가 삽입되고 소비자를 유혹할 것이다. 이해 관계자들 간의 조율만 남았다. 새로운 비즈니스를 위한 법, 제도 마련과 그 공간에서의 수익구조 재편만 남았다. 어차피 해봄직한 스포츠 형태를 보다 앞당길 동인^{動因}으로 환경의 위기와 사태를 극복하고자 할 수도 있다. 압축성장 스포츠에서 미래성장 스포츠로의 비전을 우리가 가져가 보면 어떨까. 그러한 진지한 고민을 지속적으로 하고 적용을 하되, 개인이 누릴 수 있는 평범한 일상의 스포츠 세계를 놓쳐서도 안 될 것이다.

평범한 일상을 누리기 위한 스포츠

스포츠케이션, 관광지에서 흘리는 땀의 의미

곧 더위 먹은 세상이 도래한다. 물에 발 담그거나 단순히 빠지기만 하면 재미없다. 첨벙첨벙 걷거나 풍덩 빠져야 순간을 오롯이 느낄 수 있다. 우리말의 의태어와 의성어는 참으로 매력적이다. 빼놓을 수 없는 게 또 있다. 바로 단어와 단어의 조합으로 탄생한 신조어다. 몇 해 전부터 여름이 다가오면 이 단어가 심심치 않게 나온다. 바로 '스포츠케이션'이다.

스포츠를 즐기기 위한 휴가

일거양득(一擧兩得), 일거다득(一擧多得). 한자어를 차용해 한 가지 일을 하며 두 가지 이상의 이익을 보게 되는 경우에 비유적으로 쓴 표현이다. 스포츠케이션(Sportscation)은 '스포츠(Sports)'에 '휴가(Vacation)'를 섞은 단어다. 스포츠 활동을 하기 위해 휴가를 보낸다는 얘기일 수도 있고, 휴가를 보내기 위해 스포츠 활동을 한다는 얘기일 수도 있다. 휴가를 관통하는 테마가 스포츠인 것이다.

스포츠케이션은 시장(Market)에 늘 민감한 마케터들에겐 한 번쯤은 손대고 싶은 영역으로 부상했다. 한편 2022년의 주요 키워드로서 '헬시플레저(Healthy Pleasure)'가 있다. 건강하면 기쁨이 찾아온다. 하지만 그 기쁨을 위해 감내해야 할 몫이 만만치 않았다. 절제된 일상에서 오는 팍팍함, 다이어트를 위한 고통 등이 따랐다.

시간과 돈을 투자하는데 왜 힘까지 들여야 할까. 생각을 조금 바꿨다. 즐겁게 하면 될 일을 어떻게 하면 즐겁게 하는 것일까. 사람들은 일상에서 변화를 찾기도 했다. 아예 벗어나는 일탈이 아닌 아주 조금의 변화. 그건 현대 인류가 단 한 번도 겪지 못했던 코로나19가 가져다준 패러다임의 변화이기도 하다.

기억의 망각

우리에겐 기억과 망각이 있다. 학습 경험을 저장해 다시 꺼내서 쓸 수 있는 게 기억이다. 망각은 기억 자체가 사라져 재생되지 않는 현상이다. 코로나19로 무관중 프로 스포츠 경기라도 TV를 통해 지켜본 게 다행이었던 오래지 않은 기억을 갖고 있다. 감염병의 공포를 대응책 없이는 이겨낼 수 없다는 뼈저린 기억을 간직하면서도 많은 부분이 인재(人災)였다는 사실을 망각하고 있는 것도 사실이다. 강렬한 기억으로 예전 기억을 꺼내기가 어려울 때 간섭현상을 통해 망각의 길로 들어선다. 팬데믹 이후 모처럼 찾아온 시기다. '스포츠케이션'이라는 새로운 트렌드로 힘겨웠던 일상에 활력을 불어넣어 보자.

참여 활동 방식에 따라 스포츠 관광을 두 가지로 분류해보면 수동적 스포츠 관광(Passive Sports Tourism)과 능동적 스포츠 관광(Active Sports Tourism)이 있다. 각각 다시 분류하면 전자는 축구 관람과 같은 경쟁적 스포츠 관광과 스포츠 박물

관 견학 등의 비경쟁적 스포츠 관광이다. 후자는 골프와 같은 경쟁적 스포츠 관광과 서핑, 스노클링, 스킨스쿠버 등의 레저스포츠를 즐기는 비경쟁적 스포츠 관광이다. 수동적 혹은 능동적 스포츠 관광은 지역마다 갖는 특수성과 매력을 더해 효과를 거둘 수 있다는 가능성이 커졌다. 건강한 기쁨을 누리기 위한 '스포츠케이션' 트렌드가 폭발적으로 이어질 수 있기 때문이다. 운동하기 위해 휴가를 보내는 스포츠케이션은 능동적 스포츠 관광 유형에 속한다. 몇 해 전부터 급부상한 이 트렌드의 가능성을 찾아가 보자. 그 지점에서 흘리는 땀의 의미는 무엇일까.

모든 세대의 갈망, 건강

2021년, 문화체육관광부에 따르면 한 해 동안 규칙적인 생활체육활동 참여율은 주 2~3회로 33.7%를 차지했으며 주 2회 이상 49.8%, 주 1회 이상은 60.8%로 나타났다. 전혀 하지 않는 비율도 28.7%다. 운동 방법을 모르거나 활로를 찾지 못한 잠재적 소비자군도 포함이다.

연령대별로 주 2회 이상 운동에 참여하는 비율을 살펴보면 70대가 53.4%로 가장 많았고, 20대가 53.3%로 뒤를 이었다. 60대 51.8%, 40대 50.3%, 30대 48.4%, 50대 48%, 10대 41.4%로 나타났다. 최근 '스포츠케이션' 트렌드 보도 기사는 MZ세대에 초점을 뒀다. 이에 국한되지 않고 보다 확장돼야 할 의미 있는 수치이기도 하다.

20~30대의 전유물로서 '스포츠케이션'을 이해하면 시장을 분석하는 데 한계가 있기 마련이다. 다양한 측면에서 바라봐야 한다. '스포츠'와 '휴가'란 조합이 너무 매력적이기 때문이다. 모든 세대의 갈망인 건강이란 테마를 단 하루도 허투루 쓰지 않을 수 있는 방법이 될 수 있진 않을까.

이어 생활체육 종목을 살펴보면 걷기 41.4%, 등산 13.5%, 보디빌딩 13.4%, 요가·필라테스·태보 7.2%, 골프 6.8%, 자전거·사이클·MTB 6.2%, 축구·풋살 5.8%로 집계됐다. 이용하는 스포츠 시설은 민간 시설 30.3%, 공공 시설 27.9%, 학교·직장 시설 10.7% 순으로 나타났다. 모든 세대를 아우를 수 있다는 '스포츠케이션'의 가능성을 크게 열어두고 눈에 띄는 종목과 시설을 대략적으로 이해했다. 앞서 언급한 잠재적 스포츠 소비자와 눈에 띄지 않는 종목·시설까지 염두에 두며 다음 단계로 넘어가보자.

시장의 진화

팬데믹으로 불확실한 미래를 걷고 있을 무렵, 세계적인 경영 마케팅 학자인 필립 코틀러(Philip Kotler)는 새로운 진화를 제시했다. 5.0 시장이다. 이 개념을 이해하기 위해선 시장의 변화 과정을 살펴볼 필요가 있다.

첫째, 제품 위주의 마케팅을 하는 1.0 시장이다. 표준화·전문화·단순화로 생산자가 소비자에게 일방적으로 제품과 서비스를 제공한다. 프로 스포츠 경기장의 품질을 기대하기 전에 경기 자체를 보는 것만으로도 만족했던 시절이 있었다. 지금은 상상도 못할 일이지만 경기 불만으로 소주병이 날아다니고 깨지곤 했다.

둘째, 소비자 중심의 마케팅을 하는 2.0 시장이다. 시장 환경이 독점에서 벗어나 경쟁사의 제품이 등장하고 소비자 의견을 경청하는 시기다. 프로 스포츠 구단에서 팬층을 확보하기 위한 노력이 더해진다. 프로 스포츠 팀 간의 경쟁뿐만 아니라 프로 스포츠 종목끼리도 소비자 확보를 위한 경쟁을 하게 됐다.

셋째, 인간 중심의 마케팅을 하는 3.0 시장이다. 고객을 감동시키기 위해선 소비자의 목소리에 귀를 기울이는 수준에서 머물면 안 된다. 진심 어린 감동을 줘야 한다. 체험 마케팅과 스토리텔링(Story-Telling)이 중요해졌다.

넷째, 온·오프라인을 통합한 4.0 시장이다. 대표적으로 옴니채널(Omni-Channel) 마케팅이 있다. 이곳에선 온라인과 오프라인에서 가격과 서비스의 동일함을 추구한다. 소셜미디어를 통해 스토리두잉(Story-Doing)을 한다. 소비자분만 아니라 구단 주도 자기표현을 거침없이 한다. 유통회사가 야구단을 인수(2021년 SSG 랜더스 출범)하면서 온·오프라인 시장으로 확장해 멀티채널을 가동하는 전략을 보여준 사례가 있다.

마지막으로 앞서 언급한 5.0 시장이다. 고객이 필요한 구성 요건을 기술 혹은 기계에 의해 해결하고자 하는 개념이 코로나19로 침체됐다가 극복하는 과정(2021년)에서 자리가 잡혀가고 있다.

소비자의 행동 패턴을 AI, 빅데이터 등의 기계·기술에 의해 찾고 분석하는 수준까지 다다른 것이다. 그럼에도 불구하고 소비자 행동의 기본적인 동기와 태도, 가치 등을 읽는 능력은 오직 인간만이 다른 인간을 이해할 수 있다고 여겨진다. 이러한 이유로 생산자와 유통자 내에서 전략을 구상하는 마케터의 영역은 그 중요함을 잃지 않을 것이다.

디지털 시장에서의 경험은 실제 세계인 오프라인 공간에서 접목될 때 그 진가가 발휘될 수 있다. 물론 고객 의견을 듣는 것, 즉각 응대하는 것, 이야기를 만들고 함께 행동하는 것, 공동 창조(Co-creation)란 개념이 중요해졌다. 그렇다면 본 주제인 '스포츠케이션'을 놓고 무엇을 함께 만들어가야 할까. 필립 코틀러의 얘기를 좀 더 빌려 세대의 변화를 접목해 살펴보자.

세대의 변화 속 '스포츠케이션'

트렌드 변화를 얘기할 때 배놓지 않고 등장하는 주제가 세대(Generation)를 분류하고 특성을 규정짓는 것이다. 다양한 영역에서 활동하는 마케터들은 세대별 구분을 통해 시장 세분화의 기초를 마련한다. 글로벌 정세와 맞물려 몇 년 정도의 오차가 있을 수 있지만 급성장을 통해 소비력이 강한 한국 사회에 적용해도 무방하다. 최대의 마케팅 본고장인 미국에서 분류한 이 해법을 따라가 보자.

첫째, 베이비붐세대다. 1946년에서 1964년에 태어난 세대로 세계전쟁 종료 후 많은 지역에서 높은 출산율을 기록했다. 그 이전 세대보다 더 오래 살면서 은퇴를 미루거나 은퇴 후에도 일을 계속한다. 새로운 기술보다 기존의 사업 방식을 고수하는 경향이 강하다.

둘째, X세대다. 1965년에서 1980년 사이에 태어난 세대로 현재 경제활동 인구 중에서 구매력과 영향력이 가장 크다. 사회에 진출할 무렵에 인터넷이 발전하면서 아날로그와 디지털 환경의 경계에 있게 됐다. 이들은 새로운 기술과 표현 방식을 지속적으로 습득했다.

셋째, Y세대는 1981년부터 1996년 사이에 태어난 세대로 디지털에 능통하다. 소셜미디어 등을 통해 자신을 표현하는 데 매우 개방적이다. 기성 브랜드보다 소셜미디어 커뮤니티 내의 구성원을 포함한 동료를 더 신뢰한다. 소유보다 경험을 중요시하기 때문에 기존 세대보다 제품과 서비스를 다량으로 구매하지 않는다.

넷째, Z세대로서 이번 주제에서 가장 중요한 주체라 할 수 있다. 이들은 1997년부터 2009년 사이에 태어난 세대로 밀레니얼세대와 합쳐 MZ라는 마케팅 용어로 불리고 있다. 태어난 직후부터 디지털 환경에서 성장해 디지털 기기를 원어민처럼 구사한다고 해서 최초의 디지털 네이티브(Digital Native)라고도 한다.

MZ의 특성을 조금 더 살펴보면 이들은 온·오프라인을 구분하지 않고 무한한 콘텐츠를 소비하길 선호한다. Y세대처럼 소셜미디어를 통해 일상을 공유하지만 세련되고 여과된 이미지가 아닌 실용주의적인 태도를 중시한다. 있는 그대로에 초점을 맞추고 제품과 서비스를 소비하는 방법을 스스로가 통제하길 원한다. 솔직하게 자신을 표현하기 때문에 개인화와 맞춤화의 편리성을 매우 중요하게 생각한다. 이를 토대로 변화를 주도할 수 있는 역할에 대해 자신감을 보인다.

마지막으로 알파세대는 2010년부터 2025년 사이에 태어났거나 앞으로 태어나서 성장할 세대다. 이들은 급속하게 변화하는 도시환경에서 자라며 교육을 받게 된다. 스크린을 보는 시간이 상대적으로 길기 때문에 기술을 자기 삶에서 꼭 필요한 일부이자 자신의 확장으로 여길 것이다. 누구에게나 필요한 '스포츠케이션'을 어떻게 이해하고, 어떤 방식으로 경험해볼까. 각자의 몫이다.

스포츠 관광 목적지에서 흘리는 땀

관광 목적지(Tourism Destination)란 사람들을 끌어당기는 매력적 유인물(Attraction)을 경험하기 위해 일정 기간 동안 머물며 여행하는 장소이다. 스포츠 관광 목적지(Sports Tourism Destination)는 자연스럽게 유형과 무형의 스포츠 관광 유인물이 존재하는 장소가 된다. 우리만의 스포츠 관광 목적지의 문화를 만들 수 있지 않을까. 스포츠와 휴가의 조합을 통해 모든 세대가 땀 흘리게 하자. 우리 스스로 생각해보면 초고속 압축 성장을 따라가느라 겸양을 배울 겨를도 없었다. 오로지 남을 밟고 올라서야 인정받지 않았던가. 세계 10대 경제 강국으로 올라섰으면 질적으로 높은 스포츠를 즐겨야 한다. 감염병 환경을 잘 대처하고 움츠러든 몸과 마음을 활짝 펼 수 있는 트렌드를 만끽해보자. 자신만을 위한 '건강한 기쁨'을 누려야 한다.

직장인 퇴근 시간의 단거리 마라톤 대회, 신체활동과 건강진단 서비스까지 포함된 리조트, 걷기 코스와 맛집 탐방을 겸용한 지역 상품 등 무궁무진한 아이템을 찾을 수 있다. 공공·민간 시설의 활용도를 높이고 방문객의 증가로 지역경제에 활력을 불어넣을 수 있다. 스포츠케이션은 모든 세대를 포괄적으로 끌고 갈 수 있는 트렌드이다. 민간 영역 혹은 특정 세대의 트렌드로 국한되지 않고 국가 차원의 체육·스포츠 정책으로 자리 잡아 지역 스포츠 산업으로 이어질 수 있길 기대한다.

곧 다가올 여름, 더위를 먹은 세상이라고 앞서 표현했다. 이는 곧 공기 중에 머금은 수증기가 많다는 것이다. 기후 위기와 환경 재난의 걱정과 우려를 하지 않을 수 없다. 스포츠케이션을 즐기고 우리가 흘리는 땀의 가치를 알면서 다음 세대를 위한 환경적 가치까지 함께 고민

스포츠 여유

해볼 수 있길 바란다. 이번 여름, 어디 가서 첨벙거리고 풍덩 빠져볼까.

출처: 문개성(2023.7.1.). 스포츠케이션, 관광지에서 흘리는 땀의 의미. 서울스포츠(2023.7-8.). 서울특별시 체육회, p.6-9.

도움을 받은 자료

아래에 제시한 선행자료 외에 직·간접적으로 정보와 영감을 얻게 한 수많은 자료를 생산하신 분들에게 고마운 마음을 전합니다.

김우성(2020). 다이제스트 스포츠사회학. 서울: 레인보우북스.

김정효(2015). 스포츠 윤리학. 서울: 레인보우북스.

교육부(2015). 초·중등학교 교육과정 총론. 교육부 고시 제2015-74호. 정책자료.

문개성(2016). 스포츠 마케팅. 서울: 커뮤니케이션북스.

문개성(2019). 보이콧 올림픽: 지독히 나쁜 사례를 통한 스포츠 마케팅 이해하기. 서울: 부크크.

문개성(2023.10.10.) 주춧돌에서 디딤돌로. 원대신문(제1428호), 사설.

문개성(2023.7.1.). 스포츠케이션, 관광지에서 흘리는 땀의 의미. 서울스포츠(2023.7-8.). 서울특별시체육회, p.6-9.

문개성(2023.3.2.) 도마 안중근과 균형감각. 원대신문(제1420호), 사설.

문개성(2023a). 현대사회와 스포츠: 미래에도 무한한 인류 공통의 언어(개정2판). 서울: 박영사.

문개성(2023b). 스포츠 경영: 21세기 비즈니스 미래 전략(개정2판). 서울: 박영사.

문개성(2021a). 스포츠 마케팅 4.0: 4차 산업혁명 미래비전(개정2판). 서울: 박영사.

문개성(2021b). 스포마니타스: 사피엔스가 걸어온 몸의 길(하빌리스에서 검투사까지). 서울: 박영사.

문화체육관광부(2022). 2021 스포츠산업백서. 연례보고서.

문화체육관광부(2021). 2021 기준 스포츠산업조사 결과 보고서 .연례보고서.

문화체육관광부(2019). 스포츠 혁신위원회 1~7차 권고내용. 보도자료.

문화체육관광부(2014). 체육계 비리 근절의 중심, 범정부 스포츠혁신 특별 전담팀(TF) 출범. 보도자료.

법제처(n. d.). 고등교육법, 국민체육진흥법, 스포츠산업진흥법, 장애인차별금지법, 학교체육진흥법, 체육시설의 설치·이용에 관한 법률 https://www.moleg.go.kr

원영신(2012). 스포츠사회학 플러스(제2전정판). 서울: 대경북스.

유한결(2022.1.20.). 왜 미국사람들은 대학 스포츠에 열광할까? 스포츠AI.

이종성(2014). 스포츠 문화사. 서울: 커뮤니케이션북스.

임번장(1994). 스포츠사회학개론. 서울: 동화문화사.

정준영(2003). 열광하는 스포츠 은폐된 이데올로기. 서울: 책세상.

정희준(2009). 스포츠 코리아 판타지. 서울: 개마고원.

최관기(1988). 사회계층에 따른 매체 스포츠와 스포츠 매체 선호도의 관계. 미간행석사학
위논문. 서울대학교 대학원.

한국산업인력공단(2016). 국가직무능력표준 NCS. 스포츠 마케팅－스포츠이벤트－스포
츠이벤트경기운영지원.

Allison, L. (1993). The Changing Politics of Sport. Manchester: Manchester University
Press.

Anscombe, G. E. M. (1958). Modern moral philosophy. Philosophy, 33(124), 1－19.

Bailey, R. (2009). Physical education and sport in schools: A review of benefits and
outcomes, in R. Bailey and D. Kirk (Eds.). The Routledge Physical Education
Reader, pp.29－38. London: Routledge.

Barrow, J. C. (1977). The Variables of Leadership. Academy of Management Review, 2,
231－251.

Bass, B. M. (1990). Bass & Sogdill's handbook of leadership: Theory, research, and
managerial application(3rd ed.). NY: Free Press.

Birrell, S. & Loy, J. W. (1979). Media sport: hot and cool. International Review for the
Sociology of Sport, 14(1), 5－19.

Blake, R. R. & Mouton, J. S. (1964). The Managerial Grid: The Key to Leadership
Excellence. Houston: Gulf Publishing.

Blumer, H. (1969). Symbolic interactionism: Perspective and methods. Englewood
Cliffs, NJ: Prentice Hall.

Bourdieu, P. (1979). La distinction: Critique sociale du jugement. 최종철 옮김(2005). 구
별짓기. 서울: 새물결.

Brown, B. A. & Curtis, J. E. (1984). Does running go against the family grain? National
survey results on marital status and running. In N. Theberge & P. Donnelly
(Eds.), Sport and the sociological imagination(pp.352－367). Fort Worth: Texas
Christian University Press.

도움을 받은 자료

Caillois, R. (1958). Les Jeux et Les Hommes. 이상률 옮김(2018). 놀이와 인간: 가면과 현기증. 서울: 문예출판사.

Carron, A. V. (1982). Cohesiveness in sport groups: Interpretation and considerations. Journal of Sport Psychology, 4, 123－138.

Cartwright, D. (1968). The Nature of Group Cohesiveness, In D. Cartwright and A. Zander (eds.), Group Dynamics: Research and Theory, NY: Harper and Row.

Cashmore, E. (2000). Marketing sense of sports. 정준영 옮김(2001). 스포츠, 그 열광의 사회학. 경기: 한울아카데미.

Chelladurai, P. (1978). A Multidimensional Model of Leadership. Unpublished Doctoral Dissertation, Ontario, CA: University of Waterloo.

Chelladurai, P. & Saleh, S.D. (1980) Dimensions of Leader Behavior in Sports: Development of a Leadership Scale. Journal of Sport Psychology, 2, 34－45.

Coakley, J. J. (1986). Sport in Society: Issues and Controversies. St. Louis: Times Mirror/Mosby.

Coakley, J. J. (2009). Sport in Society: Issues and Controversies(10th ed.). 구창모, 권순용 옮김(2011). 현대 스포츠 사회학. 서울: 대한미디어.

Dewar, C. (1979). Spectator fights at professional baseball games. Review of Sport and Leisure, 4, 12-25.

Duncan, W. J. (1981). Some thoughts on teaching management and organizational behavior. Exchange, 4, 8－10.

Eitzen, D. S. & Sage, G. S. (1982). Sociology of American Sport(2nd ed.). Dubuque, Iowa: William C. Brown.

Epstein, D. (2013). The Sports Gene. 이한음 옮김(2015). 스포츠 유전자. 성기: 열린책들.

Erbach, G. (1966/1969) The science of sport and sports sociology, questions related to development, problems of structure. International Review of Sport Sociology, 1, 59-73. Reprinted in Loy J, Kenyon G(Eds.) Sport, Culture and Society: A Reader on the Sociology of Sport. New York: Macmillan, pp. 23-36.

Festinger, L., Schachter, S., & Back, K. (1950). Social Pressure in Informed Groups. A Study of Housing Project. NY: Harper and Bros.

Fiedler, F. E. (1964). A contingency model of leadership effectiveness. Advances in Experimental Social Psychology, 1, 149－190.

Fleishman, E. A. (1973). Twenty years of consideration and structure. In E. A. Fleishman & J. G. Hunt(Eds.), Current development in the study of leadership (pp.1 – 40). Carbondale, IL: Southern Illinois University Press.

Giddens, A. & Sutton, P. W. (1989/2017). Sociology(8th ed.). 김미숙, 김용학 옮김 (2018). 현대사회학(제8판). 서울: 을유문화사.

Guttmann, A. (1978). From Ritual to Record. 송형석 옮김(2008). 근대스포츠의 본질: 제례의식에서 기록추구로. 경기: 나남.

Halpin, A. W. & Winer, B. J. (1957). A factional study of the leader behavior description. In R. M. Stogdill & A. E. Coons(Eds.), Leader behavior: Its description and measurement(pp.39 – 51). Columbus, OH: Bureau of Business Research.

Hemphill, J. K. & Coons, A. E. (1957). Development of the Leader Behavior Description Questionnaire. In R. M. Stogdill & A. E. Coons(Eds.), Leader behavior: Its description and measurement(pp.74 – 85). Columbus, OH: Bureau of Business Research.

Holt, R. & Mason, T. (2000). Sport in Britain, 1945 – 2000. Oxford: Blackwell Publishing.

Homans, G. C. (1974). Social Behavior: Its elementary forms. New York: Harcourt Brace Jovanovich.

Honneth, A. (1996). The Struggle for Recognition. 문성훈, 이현채 옮김(2011). 인정투쟁: 사회적 갈등의 도덕적 형식론. 경기: 사월의 책.

Huizinga, J. (1938). Homo Rudens. 이종인 옮김(2010). 놀이하는 인간 호모 루덴스. 연암서가.

IOC(2018). The Olympic Marketing Fact File 2018 Edition.

Johas, H. (1984). The Imperative of Responsibility: In Search of an Ethics for the Technological Age. Chicago: The University of Chicago Press.

Kahn, R.L. & Katz, D. (1953) Leadership Practices in Relation to Productivity and Morale. In: Cartwright, D. and Zander, A. (Eds.), Group Dynamics, Harper & Row, New York.

Katz, E., Gurevitch, M., & Hass, H. (1973). On the use of the mass media for important things. American Sociological Review, 38(2), 164 – 181.

도움을 받은 자료

Kenyon, G. S. & Loy J. W. (1965). Toward a Sociology of Sport. Journal of Health, Physical Education, Recreation, 36(5), 24−69.

Kenyon, G. S. & McPherson, B. D. (1974). Becoming involved in physical activity and sport: A process of socialization. In G. L. Rarick(Eds.), Physical Activity: Human Growth and Development(pp. 303−332). Orlando, FL: Academic Press.

Kenyon, G. S. & Schutz, R. W. (1968). Accounting for involvement in sport: An heu−ristic approach. Paper presented at the national convention for the American Association for Health, Physical Education, and Recreation, St. Louis.

Kenyon, G. S. (1969). Sport involvement: A conceptual go and some consequences thereof. In G. Kenyon(Eds.), Aspects of contemporary sport sociology, 77−100. Chicago: Athletic Institute.

Leonard, W. M., Schotanus, W., Reynolds, M., & Sövik, E. (1980). A Sociological Perspective of Sport. Minneapolis, MN: Burgess Publishing Company.

Lloyd, F. S. (1937). The Sociology of Physical Education. The Journal of Health and Physical Education, 8(4), 204−267.

Lott, A. J. & Lott, B. E. (1965). Group cohesiveness as interpersonal attraction: A review of relationships with antecedent and consequent variables. Psychological Bulletin, 64(4), 259-30.

Loy, J. W., McPherson, B. D., & Kenyon, G. S. (1978). Sport and Social System. Reading, MA: Addison−Wesley.

Lüschen, G. (1980). Sociology of sport: Development, present state, and prospects. Annual Review of Sociology, 6, 315-347.

MachIntyre, A. (1968). Marxism and Christianity. University of Notre Dame Press.

Magee, J. & Sugden, J. (2002). The world at their feet: Professional football and inter−national labor migration. Journal of Sport and Social Issues. 17(26), 421−437.

McGregor, D. (1960). Theory X and Theory Y. Organization Theory, 358, 5.

McPherson, B. D. (1975). Past, Present and Future Perspectives for Research in Sport Sociology. International Review of Sport Sociology, 10(1), 55-72.

Meed, G. H. (1934). Mind Self and Society. Chicago: University of Chicago Press.

Merton, R. K. (1957). Social theory and social structure. NY: Free Press.

Mills, T. M. (1967). The Sociology of Small Groups. NJ: Prentice−Hall.

Parsons, T. (1966). Societies: Evolutionary and comparative perspective. Englewood Cliffs. NJ: Prentice－Hall.

Perrin, R. & Stanislas, P. (1991). Max Scheler's Concept of the Person: An Ethics of Humanism. London: Palgrave Macmillan.

Pigors, P. (1953). Leadership and Domination, Boston: Houghon Miffin Co.

Postman, N. (1985). Amusing Ourselves to Death: Public Discourse in the Age of Show Business. 홍윤선 옮김(2009). 죽도록 즐기기. 서울: 굿인포메이션.

Rawls, J. (1971). A Theory of Justice, 황경식 옮김(2018). 존 롤스 정의론: 공정한 세상을 만드는 원칙. 경기: 샘앤파커스.

Reith, G. (2002). The Age of Chance: Gambling in Western Culture. 김영선 옮김(2006). 도박: 로마제국에서 라스베가스까지 우연과 확률 그리고 기회의 역사. 서울: 꿈엔들.

Rest, J. (1994). Background: Theory and research. In J. Rest & D. Narvaez(Eds.), Moral development in the professions: Psychology and applied ethics(pp.1－26). Mahwah, New Jersey: Lawrence Erlbaum Associates, Inc.

Risse, H. (1921). Soziologie des Sports. Berlin: Reher.

Sehreischeim, J. F. (1980). The Social Context of Leader－subordiate Relations: An Investigation of the Effects of Group Cohesiveness. Journal of Applied Psychology, 65(2), 183－194.

Siedentop, D. (1976). Developing Teaching Skills in Physical Education. Boston: MeHoughton Mifflin.

Siedentop, D. (1994). Sport Education: Quality Pe Through Positive Sport Experiences. IL: Human Kinetics.

Simonnot, P. (1988). Homo sportivus: Sport, capitalisme et religion(Au vif du sujet). French. Paperback.

Singer, P. (1975). Animal Liberation: A New Ethics for Our Treatment of Animals. HarperCollins.

Smelser, N. J. (1962). Theory of Collective Behavior. NY: Free Press.

Snyder, E. (1970). Aspects of socialization of sports and physical education, Quest, 14, 1－7.

Steiner, I.D. (1972) Group Process and Productivity. Academic Press, Cambridge, MA.

Stogdill, R. M. (1950). Leadership, membership and organization. Psychological Bulletin, 47, 1－14.

Stogdill, R. M. (1974). Handbook of Leadership. NY: Free Press.

Strenk, A. (1979). What price victory? The world of international sports and politics. The Annals of the American Academy of Political and Social Science, 445, 128－140.

Taylor, P. (1986). Respect for Nature: A Theory of Environmental Ethics. Princeton: Princeton University Press, 256－310.

The New York Times. (2021.5.11.). A Sports Event Shouldn't Be a Superspreader. Cancel the Olympics. Opinion, Guest Essay.

Tumin, M. M. (1967). Social Stratification: The forms and functions of inequality. Englewood Cliffs, NJ: Prentice－Hall.

Veblen, T. (1899). Theory of the Leisure Class. 이종인 옮김(2018). 서울: 현대지성.

Webb, H. (1969). Professionalization of attitudes toward play among adolescents. In G. S. Kenyon(Eds.), Sociology of Sport. Chicago: The Athletic Institute.

Weinberg, R. S. & Gould, D. (2015). Foundations of Sport and Exercise Psychology(6th ed.). Champaign, IL: Human Kinetics.

White, R. & Lippitt, R. (1968). Leader behavior and member reaction in three social climates. In D. Cartwright, A. Zander(Eds.), Group Dynamics: Research and Theory, 3－rd Edition, pp. 326－334.

찾아보기

ㄱ

가상체험 76

가치의 사회화 48

가치판단 20

갈등이론 27, 118

감염병 37, 92

강화(Reinforcement) 43, 161

건강 37

검투사 78

게임 8, 12

격자이론(Managerial Grid) 159

격투 스포츠 186

결과주의 35

경륜 70

경마 68, 70, 181, 187

경쟁성 12

경정 70

경험주의 33

계급(Class) 117

계층(Stratification) 117, 122

계층이동 127

고대 올림픽 13

고등교육법 111

공격성 138, 180, 185, 186, 187

공리주의 33

공자(孔子) 168, 169

공정성(Fairness) 35, 82, 139, 144, 188

과소동조(Underconformity) 142, 166, 189

과잉동조(Overconformity) 137, 142, 143, 166, 189

관료화 13

광고 87

광고주 192

구조기능주의 25, 118

구트만(A. Guttmann) 12, 69, 123

국민체육진흥법 60, 110, 190

국수주의 28, 59

국위선양 63, 65

국제올림픽위원회(IOC) 30, 71, 80

귀납법 33

규범생성이론(Emergent Norm Theory) 149

근대 스포츠 12, 13, 68, 97, 123, 126, 139, 175, 183

근대 올림픽 91, 93, 121, 130, 186

근대스포츠 69

기록지향 13

ㄴ

남북 스포츠 62, 104

네미아(Nemea Games) 120

네스(A. Naess) 180

놀이   6, 11, 12
농구   12, 69, 90, 170

ㄷ

대중화   88
대형 스포츠 이벤트   71, 75
덕론적 윤리   35
도덕   17
도박   7, 15, 20, 68, 71, 186, 187
도쿄 올림픽   58
도피주의(Retreatism)   140
도핑(Doping)   18, 20, 25, 61, 69, 83,
    108, 143, 183, 188
동기주의   34, 35
동물 권리론   179
동물 해방론   179, 181
동일화   57
동조주의(Conformity)   140
드워(C. Dewar)   148

ㄹ

레건(T. Regan)   179
레오폴트(A. Leopold)   180
로고스(Logos)   79
루두스(Ludus)   9
르네 지라르(R. Girard)   147
리더십(Leadership)   157
리스(G. Reith)   187
링겔만 효과(Ringelmann Effect)   154

ㅁ

마르크스(K. Marx)   11, 27, 29, 117
매클루언(Marshall McLuhan)   89
맹자(孟子)   165
목적론적 윤리   32
문화   11
물질문화   75
미디어   10, 16, 52, 65, 67, 68, 84, 89,
    170, 183, 192
미미크리(Mimicry)   7
미셀 푸코(Michel Foucault)   147
미식축구   69
민족주의   28

ㅂ

바이러스   37, 92, 184
반란주의(Rebellion)   141
방사능   58, 64, 92
방송매체   84
배구   69, 90
배려윤리   36
법   17
베르크(A. Berque)   179
베를린 올림픽   58, 91, 190
베버(M. Weber)   118
병원균   37
보편적 접근권   86
부가가치이론(Value Added Theory)   149
부르디외(P. Bourdieu)   122
블루머(H. Blumer)   31, 148
비물질문화   76

비판이론   29

ㅅ

사실판단   20
사행산업   187
사회 이동(Social Mobility)   127
사회계층(Social Stratification)   117, 127
사회적 태만   154, 155
사회주의적 여성주의(Socialist Feminism)
    130
사회통제   22, 28, 57
사회통합   22, 57, 85
사회학(sociology)   14
사회학습이론   42
사회화   41
산업혁명   12
상업주의   23, 28, 68, 192
상징   57, 59
상징적 상호작용론   30, 42
상호작용론   118
상황적합성 이론   160
생명중심주의   180
생물학적 환원주의(Biological Reductionism)
    129
생활 스포츠   52
생활체육   101
선   17
선수은퇴   50
성차별   28, 109, 129
세계화   88, 173, 193
세속화   12

수량화   13
수렴이론(Convergence Theory)   149
순기능   22, 58, 70, 99, 138, 141, 163
슈바이처(A. Schweitzer)   180
스나이더(E. Snyder)   47
스타이너(I. D. Steiner)   154
스트렌크(A. Strenk)   63
스포츠   10, 11, 12, 65, 193
스포츠 경기규칙   88
스포츠 과학   182, 189
스포츠 교육학   98
스포츠 규칙   68, 82, 170, 187
스포츠 기본법   114
스포츠 마케팅   173, 176
스포츠 사회학(Sport Sociology)   14
스포츠 사회화   41
스포츠 산업   67, 104, 176, 191
스포츠 상업화   88
스포츠 소비   68
스포츠 에이전트   176
스포츠 윤리   18
스포츠 인권   99, 110
스포츠 정책   60, 163
스포츠 조직   12, 69, 156, 162, 173, 183
스포츠기본법   60
스포츠로부터의 탈사회화(Desocialization
    from Sport)   42, 50, 52, 174
스포츠로의 사회화(Socialization into Sport)
    42, 45, 47
스포츠로의 재사회화(Resocialization into
    Sport)   42, 51, 174

스포츠를 통한 마케팅(Marketing through Sports)   91

스포츠를 통한 사회화(Socialization via Sport)   42, 46, 47

스포츠맨   82

스포츠맨십(Sportsmanship)   26, 30, 41, 48, 49, 58, 77, 80, 99, 145, 150, 165, 168, 169, 176

스포츠산업진흥법   11, 60, 65

스포츠서비스업   66

스포츠시설업   66

스포츠용품업   66

스포츠의 정치적 속성   59

스포츠의 정치화   57

스포츠지도사   52, 102

스포츠화(Sportization)   12, 68

승리지상주의   80, 87, 100, 101, 109

신체 소외   28

신체를 통한 교육   97

신체의 교육   97

싱어(P. Singer)   34, 179

ㅇ

아곤(Agôn)   7, 79

아노미   139

아레테(Arete)   80

아리스토텔레스(Aristoteles)   35, 79, 147

아마추어리즘(Amateurism)   48, 68, 77, 97, 126, 183

아이스하키   69

안중근   37

알레아(Alea)   7

알리슨(L. Allison)   57

야구   12, 69, 90, 120, 191

약물   139, 140, 189

에토스(Ethos)   79

엘리아스(N. Elias)   12

역기능   22, 59, 71, 100, 139, 163

역할의 사회화   49, 53

역할이론   44

연역법   34

올림피아(Olympia Games)   119

올림피즘(Olympism)   64

올림픽   10, 48, 59, 68, 71, 75, 86, 120, 190, 193

외교적 가치   65

외교적 도구   63

요나스(H. Jonas)   179

운동   37

운동역학   6

운동학   6

월드컵   11, 75, 86, 190, 193

위광효과   57

윤리   17

은퇴   52

의례주의(Ritualism)   140

의무론적 윤리   34

이성주의   34

이스트미아(Isthmian Games)   119

이익평등(동등) 고려의 원칙   181

인권침해   109, 110

인류 공통의 언어   11, 193

인류 공통의 유산 193

인류 공통의 상품 11

인쇄매체 84

인종차별 28, 131

인종차별철폐국제조약 132

인터넷매체 84

일링크스(Ilinx) 7

일탈(Deviance) 14, 25, 31, 101, 109,
    137, 185

ㅈ

자유주의적 여성주의(Liberal Feminism)
    130

장애인차별금지법 132

장애차별 132, 133

재사회화 41

전국체육대회 190

전문체육 101, 104

전문화 12, 123

전염이론(Contagion Theory) 149

정과체육 100

정치이념 63

조선체육회 190

조작 57, 71, 140, 163, 166

종차별주의 181

주말리그제 109

주말리그제도 113

준거집단이론 44

중계권 71, 87, 112

집단 생산성 이론 154

집단 응집력(Cohesiveness) 153, 156

ㅊ

체력 37

체육 97

체육시설의 설치·이용에 관한 법률 60, 76

체조 97

첼라두라이(P. Chelladurai) 160

최저학력 106

최저학력기준 109

최저학력제도 113

축구 69, 90, 148, 191

ㅋ

카유아(Roger Caillois) 7

칸트주의 34

캐넌(G. S. Kenyon) 125

캐론(A. V. Carron) 153

캐시모어(E. Cashmore) 10, 12, 183

코로나19 37, 58, 65, 91, 92

코클리(Coakley) 16

코클리(J. Coakley) 25

쿠베르탱(Pierre de Coubertin) 130

쿨미디어 스포츠 90, 148

ㅌ

타이틀 나인(Title IX) 131

탈영토화 173

태도의 사회화 50

테일러(P. Taylor) 180

토마스 홉스(T. Hobbes) 147

투민(M. M. Tumin)　119, 122
팀 구축(Team Building)　156

피티아(Pythian Games)　119
FIFA　72

ㅍ

파슨스(T. Parsons)　26
파이디아(Paidia)　9
파토스(Pathos)　79
판크라티온　186
패스모어(J. Passmore)　179
페어플레이(Fair Play)　26, 34, 41, 48, 49,
　58, 77, 80, 81, 82, 83, 97, 137, 144, 145,
　165, 177, 190
평등화　12
평화증진　63, 65
포퓰리즘(Populism)　87
폭력　109, 110, 140, 146, 163, 185, 186
프로 스포츠　9, 12, 52, 59, 68, 69, 76,
　173, 176, 186, 190, 192, 193
프로페셔널리즘(Professionalism)　49,
　126
플라톤(Plato)　147, 186
피들러(F. E. Fiedler)　160

ㅎ

하위문화　78
하위징아(Johan Huizinga)　7
학교체육　101
학교체육진흥법　105
학원 스포츠　100, 101, 109
한국표준산업분류　65
한나 아렌트(Hannah Arendt)　147
합리화　13
핫미디어 스포츠　90
헤라제전　119, 130
혁신주의(Innovation)　140
호만스(G. C. Homans)　31
호모 사피엔스(Homo Sapiens)　5, 77
호모 스포르티부스(Homo Sportivus)　189
호모 하빌리스(Homo Habilis)　5
환경　178, 184
훌리거니즘(Hooliganism)　148
훌리건　90, 148

저자소개

문개성

(현) 원광대학교 스포츠과학부 교수
(전) 한국능률협회/한국연구재단 평가위원
(전) 서울특별시 체육회 집필위원
(전) 한국스포츠산업경영학회 이사
(전) 한국스포츠산업협회 개발위원(NCS 스포츠마케팅 – 스포츠에이전트)
(전) 한국체육학회/ 한국스포츠정책과학원 영문저널 편집위원
(전) 미국 플로리다대학교 Research Scholar/교환교수(스포츠 매니지먼트)
(전) 문화체육관광부 국민체육진흥공단 Tour de Korea 조직위원회 스포츠마케팅 팀장
(전) 경희대학교 테크노경영대학원 외래교수

저서
스포츠 에이전트 직무해설서: 선수 대리인의 비즈니스 관점(개정3판, 2020/2018). 박영사. 2024.
K – MOOC와 함께 하는 스포츠 마케팅: 온라인 공개 무료강좌(개정2판, 2021). 박영사. 2024.
스포츠 경영: 21세기 비즈니스 미래전략(개정2판, 2019). 박영사. 2023.
현대사회와 스포츠: 미래에도 무한한 인류 공통의 언어(개정2판, 2020). 박영사. 2023.
스포츠마케팅 4.0: 4차 산업혁명 미래비전(개정2판, 2018). 박영사. 2022.
체육·스포츠 행정의 이론과 실제. 박영사(공저). 2022.
스포마니타스: 사피엔스가 걸어온 몸의 길. 박영사. 2021.
나를 성장시킨 노자 도덕경. 부크크. 2021.
스포츠 창업 해설서: 스타트업 4.0 미래시장. 박영사. 2020.
보이콧 올림픽: 지독히 나쁜 사례를 통한 스포츠 마케팅 이해하기. 부크크. 2020.
스포츠 갬블링. 커뮤니케이션북스. 2017.
스포츠 마케팅. 커뮤니케이션북스. 2016.
스포츠 매니지먼트. 커뮤니케이션북스. 2016.
스포츠 인문과 사회. 커뮤니케이션북스. 2015.

수험서
M 스포츠경영관리사 필기·실기 한권 완전정복. 박영사.
M 건강운동관리사 필기 한권 완전정복. 박영사(공저)
M 스포츠지도사 필기 한권 완전정복. 박영사(공저) 외

* 블로그: 스포마니타스(SPOMANITAS)
* K – MOOC(http://www.kmooc.kr): 스포츠 마케팅

스포츠 사회와 윤리: 21세기 과제와 비전

초판발행   2024년 1월 1일

지은이   문개성
펴낸이   안종만·안상준

편 집   탁종민
기획/마케팅   최동인
표지디자인   권아린
제 작   고철민·조영환

펴낸곳   (주)박영사
              서울특별시 금천구 가산디지털2로 53, 210호(가산동, 한라시그마밸리)
              등록 1959. 3. 11. 제300-1959-1호(倫)
전 화   02)733-6771
f a x   02)736-4818
e-mail   pys@pybook.co.kr
homepage   www.pybook.co.kr
ISBN   979-11-303-1874-5   93690

정 가   16,000원